全国高等学校演讲口才课程经典教材
全国教育培训演讲口才课程经典教材

中国社会艺术协会口才专业委员会　组编

新编演讲学

主　　编　李元授
执行主编　孙朝阳

WUHAN UNIVERSITY PRESS
武汉大学出版社

图书在版编目(CIP)数据

新编演讲学/李元授主编;孙朝阳执行主编.—武汉：武汉大学出版社,2023.11

全国高等学校演讲口才课程经典教材 全国教育培训演讲口才课程经典教材

ISBN 978-7-307-24014-8

Ⅰ.新… Ⅱ.①李… ②孙… Ⅲ.演讲学—高等学校—教材 Ⅳ.H019

中国国家版本馆 CIP 数据核字(2023)第 189001 号

责任编辑:任 翔　　责任校对:李孟潇　　版式设计:马 佳

出版发行：**武汉大学出版社** (430072 武昌 珞珈山)

(电子邮箱：cbs22@whu.edu.cn 网址：www.wdp.com.cn)

印刷:武汉精一佳印刷有限公司

开本:720×1000 1/16 印张:21 字数:341 千字 插页:2

版次:2023 年 11 月第 1 版 2023 年 11 月第 1 次印刷

ISBN 978-7-307-24014-8 定价:59.00 元

内容提要

NEIRONG TIYAO

《新编演讲学》系“全国高等学校演讲口才课程经典教材”和“全国教育培训演讲口才课程经典教材”。该教材是根据全国高等学校“演讲学”课程的教学需要与师生的建议编写的。本书运用演讲学的理论，借鉴社会学、文化学、心理学、思维学、美学、传播学、语言学与口才学等相关学科的理论与方法，论述了演讲学的基本原理与规律。该教材紧跟新时代的步伐，采用新的视角、新的理念、新的材料与新的方法，在原《演讲学》教材的基础上精心编写的。全书由演讲原理篇和训练方法篇两大板块构成。演讲原理篇包括导语、演讲学概述、演讲的类型、演讲的准备、演讲稿、演讲的表达艺术、即兴演讲、怎样提升演讲水平和怎样充分表述观点等。“训练方法篇”包括演讲素材的收集与整理、演讲稿的撰写与打磨、模拟演讲与水平提升、怎样把控有声语言、怎样运用体态语、怎样使用辅助工具、演讲者怎样掌控演讲现场和演讲形式的艺术性。本书科学性、实用性、可操作性、可读性兼备，主要作为全国高等学校“演讲学”教材，相关行业及企事业单位的培训教材，亦可供广大演讲爱好者学习参考。

总序

ZONGXU

据悉，全国高等学校有三千多所，几乎每所学校均开设了演讲口才课程，或为“演讲与口才”，或为“演讲学”。各省市的教育培训机构亦开设了演讲口才课程。

过去，一些专家学者为演讲口才教材的编写做出过重要贡献，编写出了一些较好的演讲口才教材。但随着时代的变迁和社会的发展，目前所使用的演讲口才教材也不同程度地存在着“杂、老、粗”等问题。

所谓“杂”，就是全国高等学校所使用的演讲口才教材多种多样，版本多而杂，缺乏规范性与统一性。

所谓“老”，就是目前所使用的教材大多较为陈旧，很多都是十多年前编写的，缺乏时效性与实用性。

所谓“粗”，就是目前所使用的教材质量参差不齐，有些内容也显得较为粗浅，与新时代的要求有较大差距，从而缺乏专业性与权威性。

有鉴于此，有些大学师生强烈要求有关部门能组织高水平的专家学者编写出科学性与专业性强、比较权威的演讲口才优秀教材，以应当前教学之急需。

中国社会艺术协会口才专业委员会自成立以来，也不时收到这样的建议。经过认真思考与研究，我们决定成立相关的工作室，组织有关专家学者来承担这一任务，以尽绵薄之力。

本套教材的编写原则坚持“四个统一”，即理论性与科学性统一、实用性与操作性统一、专业性与可读性统一、规范性与实效性统一。

由于不同高校演讲口才课程名称不同，我们编写了《新编演讲与口才》和《新编演讲学》两本教材。

20世纪90年代，我们就编写并出版了《演讲与口才》《演讲学》教材，多次再版印刷，受到了全国高等学校师生和广大读者的称赞与欢迎。《新编演讲与口才》和《新编演讲学》就是在此基础上精心编写的。

本套教材共包括演讲原理篇、口才应用篇、训练方法篇三个部分。

演讲原理篇：

基于教材的科学性与专业性，编者确定了演讲原理的基本内容：演讲学概述、演讲的类型、演讲的准备、演讲稿、演讲的表达艺术、即兴演讲、怎样提升演讲水平、怎样充分表述观点；基于教材的与时俱进、紧跟新时代步伐，删除了内容较深的演讲与逻辑、演讲与美的专题研究，增加了我们多年来的最新研究成果——怎样提升演讲水平和怎样充分表述观点，科学性与专业性较强。

口才应用篇：

基于教材的实用性、可操作性与可读性，编者选择确定了文化素质教育的几种基本素养与能力：社交口才、沟通口才、论辩口才和谈判口才。我们还通过多方面征求意见，选择确定了几种专业类口才：主持人口才、推销口才、教学口才和求职口才。每一章确定几个关键点，讲述内容丰富，充满哲理，注重科学训练，案例力求精彩。

训练方法篇：

基于教材的实用性、可操作性和有效性，编者总结了自己多年来丰富的演讲培训经验，重新编列了演讲训练纲要：演讲素材的收集与整理、演讲稿的撰写与打磨、模拟演讲与水平提升、怎样把控有声语言、怎样运用体态语、怎样使用辅助工具、演讲者怎样掌控演讲现场和演讲形式的艺术性。每一章确定几个关键点，阐释简明扼要，富有启发性，传授丰富经验，训练方法科学有序，并注重训练实效。

在此，我们倾情寄语全国的大学生朋友与各省市演讲培训班的学员朋友：

人人都要学会演讲，人人都能学会演讲。

大学生与培训班学员大多是朝气蓬勃的青年朋友，是祖国的未来，是民族的希望。“青年兴则国家兴，青年强则国家强。”而演讲是每一个青年朋友的基本功夫与必备技能，大学生与培训班学员学会演讲、学好演讲，不仅对自己的个人成长、事业发展起着至关重要的作用，而且与中华民族的伟大复兴也密切相关，其意义非凡。

编写出一套好的适用于高等学校与教育培训机构的演讲口才教材，是培养千百万青年朋友演讲才能的重要基础工程。因此，我们编写这套教材的初心是：用一套好教材培养新时代千千万万的优秀人才，让演讲活动促进百业发展，促进中华民族的伟大复兴。

李元授

2023年6月于武汉大学

目录

MULU

导语
演讲
——语言艺术皇冠上最耀眼的明珠

演讲是一门语言艺术，演讲能力是一种语言表达能力，是人类有语言以来最重要的一种能力。舌头、金钱、原子弹曾被称为世界三大武器，“一人之辩重于九鼎之宝，三寸之舌强于百万之师”亦是中华文明经典。

演讲属于语言艺术范畴，但又不同于朗诵、主持、故事、辩论、相声等其他语言艺术。

演讲不是朗诵，但需要朗诵般的声情并茂；

演讲不是主持，但需要主持般的字正腔圆；

演讲不是辩论，但需要辩论般的才思敏捷；

演讲不是小说，但需要小说般的人物形象；

演讲不是戏剧，但需要戏剧般的矛盾冲突；

演讲不是小品，但需要小品般的诙谐幽默；

演讲不是相声，但需要相声般的会抖包袱；

演讲不是讲故事，但需要故事般的绘声绘色；

演讲不是演电影，但需要电影般的蒙太奇法；

演讲不是写书法，但需要书法般的意蕴深长。

演讲是什么？演讲是语言艺术皇冠上最耀眼的那颗明珠，是口才的最高表现形式。

本书从演讲原理到演讲训练方法，从理论到实践，八章演讲原理篇，八章训练方法篇，边读边学、边看边练，是一套专业性、理论性、科学性、实用性很强的演讲教材。

演讲原理篇

YANJIANG YUANLI PIAN

第一章
独具魅力　光芒四射
——演讲学概述

第一节　演讲的含义与特征

演讲是一门科学，也是一种艺术。

演讲活动是一种源远流长的社会现象，始终伴随人类文明的发展而发展。

那么，什么是“演讲”呢?

一、演讲的含义

演讲又叫讲演、演说。

“演讲”这一概念，最早见诸《荷马史诗》。相传双目失明的古希腊行吟诗人荷马常年云游各地，演讲关于特洛伊战争的英雄事迹。

在我国，“演说”一词较早出现在《北史·熊安生传》中：“公正（尹公正）于是问所疑，安生皆为一一演说，咸究其根本。”可见“演说”是因疑作答，寻根究底，明辨是非，以期达到释疑解惑的目的。

对于演讲或演说，古代有的称之为“言辞”，有的称之为“谈说”。《说文解字》上讲：“演，长流也。”段玉裁《说文解字注》认为：“演之言，引也，故为长远之流。”转义于语言，就是语流之意。

《说文解字》上称：“说，释也，从言、兑。一曰谈说。”段注云：“说释者，开解之意。”可见“演说”就是通过语言进行铺陈、解释、发挥。

对于“讲”，《说文解字》上解释为“和解”。段注云：“不合者调和之，纷纠者解释之，是曰讲。”这说明“讲”则有剖析矛盾、解释分歧之意。现在，在人们的语感中，“演讲”一词与“演说”同义，就是专指人们“就某个问题对听众说明事理、发表见解”。

显然，演讲是一种言语表现，但并非所有言语表现都是演讲。人们的自言自语、感叹唏嘘不是演讲，日常的寒暄聊天、一般性的个别交谈也不是演讲。

所谓演讲，是指在特定的时空环境中，以有声语言和相应的体态语言为手段，公开向听众传递信息、表述见解、阐明事理、抒发感情，以期达到感召听众的目的。它是一种带有艺术性的社会实践活动。

二、演讲的特征

1. 三方人物·四重联系·五个环节

演讲不同于平时交谈。人们日常交流思想、联络感情、协调行动，常常是讨论式的。

而演讲则不同，它的最基本组成形式是由“演讲者”和“听众”两方面人物组成。在较为庄重的场合，通常由“主持者”“演讲者”“听众”三方面人物组成。

主持者、演讲者和听众三方面人物构成四重联系：演讲者与听众之间的联系，听众与听众之间的联系，听众与主持者之间的联系，演讲者与主持者之间的联系。这四重联系在演讲现场中直接显示出来，同时以其或隐或现的形式，形成反馈回路，直接作用于演讲。

从信息传播的角度来看，如果把演讲活动从演讲者萌发演讲动机开始，至演讲产生一定影响或达到一定的目的为止，看成是一个信息活动的完整过程，那么这个全过程实际上可归纳为以下五个环节：

第一，信息源——形成演讲内容的思想；材料的搜集、积累，并在这个过程中萌发演讲的动机；在这种动机的影响下，进一步对有关内容的材料进行整理和加工，从而构成实实在在的演讲内容。

第二，传播者——演讲者，这是演讲活动的主体。

第三，媒介——口语和相应的体态语言。

第四，受传者——听众。

第五，效果——演讲的成效。

演讲是一个信息循环流通的过程，演讲者通过口语和体态语的媒介将演讲信息传达给听众，听众必然会产生一定的心理反应，形成反馈信息，再传递给演讲者，从而对演讲信息的再输出产生影响。

显然，要使演讲顺利进行，必须使各个环节有效连接、密切配合。这中间演讲者是主体，听众是客体，连接演讲者与听众之间的纽带就是内容和传递内容的媒介。当然，内容是最重要的因素，离开了内容，演讲就无从谈起。

2. 有声语言与体态语言的独白式表达

由于演讲是采取“一人讲、众人听”的口语表达方式，因而演讲者在发表见解、叙事说理时，不可能像平时交谈那样互为前提、相互启发，也不可能像平时交际时常采用某些不言自明的神传意会来代替语言。

演讲者必须通过自身的有声语言和相应的体态语言来逐条逐款层层展开。要讲清思想观点的来龙去脉，就不是三言两语可以实现的。

因此，演讲者的语言总是独白式的，经过认真组织、仔细斟酌、系统成篇的，有着很强的内在逻辑。开头如何引人入胜，结尾如何耐人寻味，中间如何完美无瑕地将自己和听众的情绪推向高潮；叙事、抒情、说理，该如何做到自然和谐、天衣无缝；如何以其深刻的思想性和精巧的文采美来吸引听众、感染听众，拨动听众的心弦，弹奏出最动听的乐曲。这一切都要求演讲者苦心构思、巧妙组合。演讲者这种独白式的言态表达方式，又是有声语言和体态语言的结合体，它要求语言、声音、眼光、动作、姿态有机结合，浑然一体，做到用词准确、声音动听、表情丰富、动作适度、仪态大方、感情充沛，使人产生一种“思风发于胸臆，言泉流于唇齿”的美感。总之，一次成功的演讲，其语言必须具备“措辞准确、声调清晰、体态得当、感情真挚、结构完美”等特点。

值得说明的是，演讲虽然是艺术化的独白式言态表达，但这种“艺术化”有一定的“度”。它是受现实活动的目的和效果制约的有限艺术，实际上只是一种手段性的艺术。如果超越了这个“度”，把演讲搞成评书、单口相声或诗朗诵一般，那就不伦不类，失去了演讲的真实性。评书、单口相声、诗朗诵虽然也是“一人讲、众人听”，但是它们属于艺术范畴，是艺术活动，是艺术活动中的言态表达形式；而演讲是现实活动，它是现实活动的言态表达艺术，而不是艺术活动的言态表达。

3. 适应面广，实用性强，极富鼓动性

作为社会公众交往的演讲，它的适应面很广，不管是政治、经济、军事、外交、法律，也不管是学术、理论、宗教、道德或其他社会问题，都可以作为信息源，成为演讲的题材；不论是老、中、壮、青、少，还是工、农、兵、学、商，只要具有听讲能力，都能成为信息的受体，作为演讲的听众。演讲主要凭借口语表达，不需要过多的物质准备，对场地的要求也不高，礼堂、课堂、广场，甚至街头巷尾，都可以进行。因而，它能紧密地配合形势，适应现实任务的多种需要，及时地开展宣传发动、就职施政、争取民众、传道授业、答疑解惑、布置任务、安排生产等活动。事实上，演讲是最经济、最灵便、最直接、最有效、最实用的宣传教育形式之一。

演讲极富鼓动性。它是以政论为主体的语言实践活动，要求旗帜鲜明，主题明确；赞扬什么、提倡什么、反对什么，泾渭分明，毫不含糊。它说明问题，深入浅出；阐述主张，纵横捭阖，判断、推理、论证，逻辑严密；加上辅之以表情、姿态、声调和手势，更增强了语言的表现力和感染力。它能紧紧吸引听众，产生较大的鼓动作用。在现代演讲中，其功能尤为显著。

第二节　演讲学

一、演讲学的研究对象

在频繁的演讲实践中，人们不断总结经验，探索规律，研究技巧，并逐步概括归纳，形成系统的演讲理论，即演讲学。演讲学以演讲活动为研究对象，研究演讲规律，探讨演讲方法和技巧，是一门社会科学。

演讲活动既然由三方人物、四重联系、五个环节组成，那么作为总结规律、探讨演讲方法和技巧的演讲学，其研究必然离不开这几个方面。简言之，演讲学就是以这三方人物、四重联系、五个环节的方方面面为研究对象的一门社会科学。

着眼三方人物，演讲者是演讲的主体，听众是演讲的客体，演讲主持者实际上兼有主体和客体因素。演讲学要研究主体的要素是什么？客体的要素是什么？作为客体联系的纽带是什么？如此等等。

着眼四重联系，演讲学要研究演讲者如何向听众表达信息、如何控制场面、如何利用信息反馈、演讲者应具备哪些修养，主持者如何协调演讲者和听众的关系、主持者应有怎样的修养，听众的心理状态如何，演讲的内容与演讲的时空环境关系怎样，如何充分发挥演讲的功效……

着眼五个环节，演讲学要研究演讲者如何准备、讲稿怎样撰写、演讲如何分类、如何选题、如何组材、如何记忆、如何设计开头、如何形成高潮、如何安排结尾、如何掌握口语和体态语言的表达技巧、怎样判定演讲效果、如何赏析……

概括起来讲，演讲学要研究的基本内容是：

第一，演讲与社会实践的关系，诸如演讲的地位和作用等；

第二，演讲活动本身的规律，诸如演讲的分类、演讲的准备、演讲稿的撰写等；

第三，演讲的基本技能技巧、控场技巧和主持演讲的技巧等；

第四，演讲评判和鉴定的规律与方法。

二、演讲学是古老的科学

说演讲学古老，是指它由萌生到形成、发展、繁荣，其中经历了漫长的岁月。

远在公元前25世纪，埃及法老伊雷斯的老臣普塔霍特就曾写了如何说话的教喻，这可算是演讲理论的萌芽。

从公元前5世纪中叶到亚里士多德写出《修辞学》，可以说是演讲术的逐步完善和形成时期。

继亚里士多德之后，古罗马共和时期的政治家、演说家马尔库斯·图利乌斯·西塞罗（公元前106年—前43年）写出了《布罗特》《著名演说大师们》《论演说家的最好类型》《论演说家》等著作，对演讲学的建立起了重要作用。

此后，杰出的古罗马演说家、教育家马尔库斯·法比尤斯·昆体良（公元35—100年）在总结演讲理论和演讲实践经验的基础上，写出了《演说术原理》，并制定了教授演讲术的方法，对演讲理论的发展作出了重大贡献，使演讲学进入了一个新时期。

演讲活动在我国也有着悠久的历史。我国古代虽然没有这类专门性的系统理论著作，然而，散见于许多文献和典籍中有关演讲和论辩的言论、论述却十分丰富。

我国历史上最早的、有记载的演讲，是《尚书》中的《甘誓》。这是约在公元前21世纪，夏启与有扈氏战于甘地的战前誓师演讲。“甘誓”除开头两句叙事外，后面全为夏启的演讲。这篇演讲虽然简短，却符合“言有物、言有序、言有文”的言辞标准。

而同样载于《尚书》中的《盘庚》三篇，则是我国文学记载史上最早最典型的演说词。盘庚为迁都所作的三次演讲，内容丰富、说理有力、感情充沛、言辞尖锐、比喻得当，反映出当时我国演讲术已经达到了相当高的水平。

到春秋战国时期，我国社会由奴隶制向封建制过渡，生产迅速发展，政治剧烈震荡，思想活跃，学派林立，形成了“百家争鸣”的局面。诸子百家论道讲学、辩疑驳难、纵横游说，使我国的演讲术在实践和理论上都有很大的发展。孔子认为“言之无文，行而不远”（《左传・襄公二十五年》），提倡“辞达而已矣”“情欲信、辞欲巧”（《礼记・表记》）。还说“质胜文则野，文胜质则史，文质彬彬，然后君子”（《论语・雍也》）。足见孔子主张语言要有文采，能通畅地表达思想感情。他同时反对巧言过实、哗众取宠，指出“巧言乱德”“君子耻其言而过其行”。

孟子继承并发展了孔子的观点，提出“言近而指远”（《孟子・尽心下》），“不以文害辞，不以辞害志”（《孟子・万章上》），主张深入浅出，内容决定形式。

值得一提的是，墨子对演讲理论的贡献颇为突出。他在《小取》中谈到要“论求群言之比”，即要讲究各种表达方式的比较，选择最恰当的表达方法，并且列举了七种方法，诸如“或”（即表达上的或然判断）、“假”（即假言判断的表达）、“效”（即摹形拟声）、“辟”（即譬喻移觉）、“侔”（即对照排比）、“援”（即类比推理）、“推”（即推理联想）。

此外，韩非子、老子、庄子也都对演讲有过精辟的论述。

秦以后，我国的演讲活动及理论研究形成断断续续的发展状况。这中间西汉的刘向在《说苑·善说》中专门阐述了“谈说之术”，就研究演讲的必要性、谈说的基本内容和方法进行了较全面的论述。

南朝的刘勰在《文心雕龙》中把《议对》《论说》列为专章加以论述，最先把演说作为一门学科加以研究，建立了一套演说理论，对演说与时代的关系，以及演说的主题、道理、技巧、风格等作了较全面精辟的论述。

鸦片战争以后，阶级矛盾和民族矛盾加剧，为拯救国家危亡、鼓动变法维新、动员民族革命，演讲活动迅速发展。康有为、梁启超、谭嗣同、孙中山、秋瑾等，不仅是著名的思想家、政治家，而且是出色的演讲家，对我国近代史上演讲事业的复兴和发展起了积极的推进作用，为我国现代演讲活动的繁荣和演讲理论的发展创造了良好条件。

“五四”运动以后，新文化运动风起云涌，革命事业蓬勃发展，演讲活动蔚然成风。革命者成功地利用演讲形式为革命斗争服务，宣传科学、民主，宣传革命理论，涌现出一大批卓越的演讲家，诸如李大钊、陈独秀、恽代英、闻一多、毛泽东等。演讲活动的发展，推动了演讲的理论研究。当时，余楠秋的《演讲学概要》、程湘帆的《演讲学》、杨炳乾的《演讲学大纲》、彭蠡的《演讲术》影响最大。

新中国成立以后，特别是党的十一届三中全会以后，随着思想解放运动的深入和两个文明建设的加强，我国社会主义的演讲事业得以蓬勃发展，涌现出李燕杰、邵守义、曲啸、张海迪等一批有影响的演说家，同时相继出现了各种演讲团、演讲研究会和演讲协会。演讲理论研究受到了应有的重视，许多学校开设了演讲课，而且创办了《演讲与口才》杂志。

现在，演讲已经成为经常性的活动，广大群众纷纷走上讲台，从容大方、潇洒自如，以生动感人的事例、流畅优美的语言，倾吐自己的心声，传递爱国、理想、奉献的情操，高扬科学、民主、文明的风尚……现代演讲如火如荼地开展，成为新时代优美的风景线。

三、演讲学是发展的科学

演讲学是发展的科学，不只是讲我国现代演讲学正处于起步阶段，主要是指随着现代科技的发展，传统演讲学必然出现新的发展和突破。

当今，人类已进入信息时代。在信息社会中，人们的生活节奏进一步加快，社会交往更加频繁，对交际的高速度、高效率要求越来越迫切，信息的供求量急剧地增加。因而，作为连接演讲者与听众之间的纽带——演讲内容，将越来越要求“货真价实”了。也就是说，人们希望投入最少的时间，获得最大限度的有用信息，从而产生最理想的效果。这就要求演讲内容所包含的信息质高量大，这种要求必然会导致演讲的谋篇布局和其他技巧得到创新与发展。

在社会生产力发展水平较低的情况下，演讲活动的范围较小，且是面对面地进行。随着社会的进步和科技的发展，特别是现代网络及信息技术的发展，情况就大不相同了。除了保留面对面的演讲方式外，演讲活动不仅可以借助电话、电视、广播来进行，而且可以借助更多的新媒体、新渠道来开展，诸如微信、视频直播、远程会议系统等，这些突破了时间和空间的局限，把不同地域的演讲者和听众，在不同的时空进行组合，让演讲活动变得随时随地。同时，语言流转技术和转换技术的发展，还使口语交际超出了单纯的人际范围。例如，人机对话已成为最新、最快、最高效的信息传递方式。因而，对人们的口语表达必然要提出更高的要求。

凡此种种，自然会产生多种多样的演讲活动和风格迥异的演讲技巧。试想，在这种情况下，演讲学的理论研究工作和科学实验能不“水涨船高”吗？可以肯定，演讲学必然有更大的发展。

第三节　演讲的社会功能

一、演讲是鼓舞士气的战斗号角

演讲历来是政治家发表政见、阐明观点、批驳论敌、争取盟友的有力武器，特别是在社会处于激烈变革的年代，这种社会作用更显得突出。谋臣启奏、策士应对、诸侯施令、辩士游说，无不以演讲为手段。

刘勰在《文心雕龙·论说》中写道：“一人之辩，重于九鼎之宝；三寸之舌，强于百万之师。”

英国作家麦卡雷说："舌头是一把利剑，演讲比打仗更有威力。"

出身寒微的拿破仑，在群雄角逐的时代，年仅27岁就获得当时法国3000万人民的崇拜。他无不骄傲地说："一支笔、一条舌，能抵三千毛瑟枪。"

在特定的社会条件下，语言的力量确实是惊人的。汉代刘向在《说苑·善说》中，就列举了许多事例："昔子产修其辞，而赵武致其敬；王孙满明其言，而楚庄以惭；苏秦行其说，而六国以安；蒯通陈说，而身得以全。夫辞者乃所以尊君、重身、安国、全性者也。"足见演说的政治威力之大。

历史上，很多口若悬河、能言善辩之士，凭着一条剑舌，活跃在政治舞台上。他们有的劝阻战争，化干戈为玉帛；有的怒斥奸佞，以正气压倒歪风；有的巧设比喻，以柔克刚，争取盟友；有的反唇相讥，绵里藏针，瓦解敌阵。诸葛亮"舌战群儒"和"智激周瑜"就是家喻户晓、老少皆知的故事。

古希腊的德摩西尼是一位杰出的民主政治家和爱国主义者，他充分而有效地把演讲运用于激烈的政治斗争之中，发挥了巨大的社会作用。公元前4世纪中叶，马其顿腓力二世向外侵略扩张，企图鲸吞希腊。为了唤醒同胞、拯救祖国，德摩西尼满腔激愤、慷慨陈词，发表了8篇著名的《斥腓力演说》，措辞尖利，揭露深刻，极大地鼓舞了人们反抗侵略、保家卫国的爱国激情。他的8篇演说，合称为"腓力匹克"，后来被引申为普通名词，专指激昂愤慨、猛烈抨击政敌的演说。

1963年8月23日，美国黑人民权运动领袖马丁·路德·金在华盛顿特区组织领导了一次25万人的集会和游行示威，反对种族歧视、要求民族平等。当游行队伍到达林肯纪念堂时，他发表了著名的《在林肯纪念堂前的演讲》。在这次演讲中，他首先热情洋溢地赞扬了100多年前林肯签署的《解放黑人奴隶宣言》。然后，话锋一转，指出100多年后的今日，黑人仍处在水深火热之中，号召黑人奋起斗争，并且以诚挚抒情的语调，描述了黑人梦寐以求的平等、自由理想："黑人儿童将能够与白人儿童如兄弟姊妹一般携起手来"。这篇演讲内容充实，感情炽烈，气势磅礴，产生了极强的感染力，是一篇反抗种族歧视、争取民族平等的战斗檄文，大大推进了美国黑人民权运动。

正是因为演讲与政治活动联系密切，具有极大的组织、鼓动、批判和推动作用，所以人们不仅利用演讲来为特定的政治目的服务，而且也广泛关心各国政界、军界和知名人士的演讲，从中了解和研究其演讲所透露的信息，预测未来的发展趋势，制定相应的对策。

二、演讲是思想教育的最佳形式

社会的发展从各个方面以各种不同方式，影响着人们的心理状态和精神面貌。特别是青年，受时代的影响表现得更为明显。当代青年兴趣广泛、思想活跃、乐于探索、勤于思考、勇于进取，且十分自尊和自信，不喜欢空洞的说教和粗暴的训斥。演讲的魅力正在于“晓之以理、动之以情、授之以知、导之以美、明之以实、联之以身”，因此对群众特别是对青年一代进行前途、理想、道德、纪律的教育，演讲是最理想的形式。

古希腊学者、唯物主义哲学家德谟克利特有一句名言：“用鼓动和说服的语言来造就一个人的道德，显然比用法律和约束更能成功。”

运用演讲的特殊手段和魅力来“鼓动和说服听众”，正符合当今思想政治工作的要求。现在我国已广泛运用演讲形式进行人生观教育，以及共产主义思想道德教育。

积极开展演讲活动，也是青年进行自我教育的一种形式。事实上，青年演讲者从产生演讲动机、组织演讲材料，到当众演讲的整个过程，也就是自我教育、自我提高的过程。同时，由于青年人之间有着许多共性，青年人自己现身说法，听众能在心理上产生亲切感，在思想上产生强烈共鸣，从而取得“同频共振”的良好效果。

三、演讲是传播知识的有效途径

演讲是高级、完美的口语表达形式，能最大限度地发挥语言在传授知识、探讨学问、宣传成果、交流经验等方面的作用。当今，尽管科学技术快速发展，知识传播途径迅速增多，但作为直接运用语言进行交际的演讲，由于现场的作用，能对人体感官产生多重的综合刺激，高度调动人们的注意力，促进思维活跃，并且使听众在情绪、情感、意志等方面同时受到影响，从而加深对演讲所传播知识的理解，增强学习效果，因此它始终是传播科学文化知识、提高文化素养的有效途径。

四、演讲是经济活动的理想筹码

经济与政治关系密切，政治动态常常直接或间接影响经济的发展。因而，从事经济活动的人，常常能从演讲特别是各国领导人的演讲内容中，捕捉到有关经济的信息，从而预测经济发展动向，以便采取相应的措施，调整相应的对策。同时，在经济活动中，企业的领导人也常常运用演讲，把企业的奋斗目标、战略措施等向企业的员工传达，使领导的意图变成员工的具体行动，从而推动企业各项工作的全面开展。

在我国经济体制改革中，许多由群众民主选举产生的领导，上任时往往会发表就职演说。例如，有一位建筑公司新任经理，一上任就向本单位干部和职工代表作了生动的演讲。他郑重宣布："新班子上任，不只是烧三把火，而是靠众人拾柴燃起建设现代化的熊熊烈火。"然后，他就如何调动"泥瓦匠"的积极性，提出了几项具体措施：首先从提高建筑工人地位做起；其次抓紧解决职工住房问题，让住芦席棚的都住进新楼房，同时限期改造和兴建食堂、澡堂、探亲房和托儿所……总之，这位新任经理紧紧围绕着如何调动职工积极性、从而达到提高经济效益的目的展开论述，使干部和职工代表备受鼓舞。此后，该公司迅速出现"众人拾柴"的良好局面，真正"燃起了建设现代化的熊熊烈火"。

在贸易洽谈中，生动的演讲常常能把客户的注意力吸引到与产品价格相对应的价值上来，使对方感到他们将得到好处，而不是付出代价。在涉外经济活动中，演讲的作用同样不容忽视。当今，公共关系学已成为一门新兴的学科。在公共关系中，演讲与口才有着十分重要的意义。在国外还有专门提供演讲服务的公司，这不仅说明了演讲的重要作用为世人瞩目，而且也表明演讲本身也像商品一样进入了经济活动的市场。

五、演讲是人才考核的重要尺度

演讲既是培养现代人才的有效途径，也是考核人才的重要尺度。从培养人才的角度来看，如前所述，演讲具有传播知识和进行思想教育的功能，对培养人才具有重要作用。此外，由于演讲本身在内容方面和形式方面的特殊要求，还可以有意识地通过演讲实践来训练人们的思维能力、观察能力、分析能力、应变能力和口语表达能力。众所周知，语言是思维的外壳，是思维的手段。没有丰富的思想、敏捷的思维，何来精彩的演讲？研究表明，思维具有独立性、广阔性、层次性、探索性和实践性等五个方面的主要品质。由于演讲活动正是以语言为手段来表达思维的活动，它可以使思维五个方面的品质得到全面的训练和发展。同时，演讲还可以使大脑的各个功能区域，诸如感受区域、判断区域、储存区域和想象区域等处于良好的活动状态，并运转协调，促使思维力、观察力、分析力、表达力、应变力都得到发展。因而，它是培养思维、开拓智力的有效途径。

人的能力可以通过演讲来训练培养，同样，我们也可以从演讲的角度来度量人的能力高低。尽管社会对不同人才的能力构成要求不尽相同，但演讲能力却是各种人才都必须具备的。许多政治家、理论家、实业家的卓越才能，不仅表现在他们的文韬武略、理论创造和经济实践之中，同时还表现在他们的演讲魅力之中。可以说，演讲是一个人思想水平和各种才华技艺的集中“亮相”。有鉴别能力的人，往往可以从人们的讲话中，测量其修养程度和实际本领。在美国大学里，不管是理工类还是文史类，都把基础作文法和演讲学规定为必修课。日本、新加坡等国家规定政府工作人员要进行3个月到半年的演讲训练，才能上岗工作，足见他们对演讲的重视程度。

进入21世纪，历史的车轮已将我们带进了知识经济的新时代。现在，各方面的竞争十分激烈。各单位的竞聘上岗或社会上的人才招聘，均离不开演讲，演讲往往是考核人才的重要尺度。人们通过演讲，不仅可以看出你的口语表达能力，而且还可以看出你分析问题、解决问题的能力，以及你的临场应变能力与人际交往能力，甚至可以看出你的人生追求、思想境界与道德风范。总之，人人都要学会演讲，努力掌握演讲艺术，提高演讲水平。

? 思考与训练

1. 如何理解演讲的含义？

2. 演讲有哪些特征？

3. 为什么说演讲学是一门既古老又年轻的科学？

4. 演讲具有哪些社会功能？

5. 下面是一篇婚宴演讲，请谈谈你对这篇演讲的感受。

各位亲戚、来宾、朋友们：

×××女士与×××先生的婚礼现在开始！

请各位朋友记住2019年元月12日这个特殊的日子，因为这个日子将一对新人呈现在你们面前。在源远流长五千年文明的中国，“12”历来是一个吉祥幸福的数字，因而今天的天公十分作美，和风吹拂，细雨润心。在这风调雨顺的时节中孕育的爱情、缔结的婚姻何愁不茁壮成长呢？

生我者父母。今天在座的有这对新人的父母，为养育这对新人，他们付出了十二分的辛劳。现在让新人向父母大人三鞠躬，十二万分感谢父母的养育之恩，并祝四位老人健康长寿一百二十年！

助我者朋友。过去的日子里，在座的各位朋友曾给予这对新人许许多多无私的帮助，他俩表示十二分的感激！现在和未来的时光里，他俩仍希望获得各位朋友善意的批评教导、真诚的提携奖掖。现在请允许这对新人向各位朋友三鞠躬。

升华靠我们自己。命运始终掌握在自己手中。现在请新人互拜，祝愿对方以百米冲刺的速度去超越前人、超越自我。

但愿意人长久，千里共婵娟。这不仅是一种良好的祝愿。今天，这种良好的祝愿将在他俩身上得到实现：试看人长久，婵娟千里共！

第二章

演讲园地　精彩纷呈

——演讲的类型

第一节　演讲的分类标准

在演讲活动中，演讲者的身份各不相同，演讲的目的多种多样，演讲的内容包罗万象，演讲的方式各有特点，演讲的场地千差万别，演讲的听众形形色色，致使演讲活动种类繁多、异彩纷呈。

为了全面深刻地认识和掌握演讲艺术的本质特征及社会功效，以便更好地组织演讲活动和顺利地发表演讲，可以把演讲按一定的标准区分为若干类别进行研究。

由于着眼点不同，演讲分类的标准也是多种多样的。

着眼于人物，按演讲者的不同身份及演讲者所代表的主管部门和专业机构来分，演讲可分为不同政党、政府部门、民众团体等种类的专业性演讲。

着眼于功效，按演讲的目的来分，演讲可分为：以宣传主张、阐述道理为主的传道性演讲；以传播知识、教授技能为主的授业性演讲；以循循善诱、训导教育为主的立德性演讲；以交流情感、寓理于情为主的抒情性演讲。

着眼于传播技巧，按演讲者采用的主要表现手法来分，演讲可分为：以叙事为主的叙述性演讲；以逻辑论证为主的论辩性演讲；以解说注释为主的说明性演讲；以感情传达为主的传播性演讲。

着眼于时空环境，按场合来分，演讲可分为集会演讲、议会演讲、战地演讲、街头演讲、法庭演讲、教堂演讲等。

着眼于联系手段，按演讲准备情况来分，演讲还可分为即兴演讲、脱稿演讲、照稿演讲等。

从演讲的全过程来看，信息内容是联系演讲主体和客体的关键所在。内容决定形式，不同演讲内容决定着演讲者的语言和态势，影响着演讲的风格和气度，内容是决定演讲成败的最重要因素。因此，演讲分类的重要标准是演讲内容。演讲内容涉及面十分广泛，政治、军事、经济、科学、道德、法律、宗教、社会日常生活等，几乎无所不包，而演讲的内容又与演讲的目的联系极为密切。我们根据演讲的内容和目的，把演讲主要分为政治演讲、经济演讲、军事演讲、学术演讲、法律演讲、道德演讲等六种类型。

第二节　政治演讲

一、政治演讲的含义

政治演讲，是指人们针对国家内政事务和对外关系，表明立场、阐明观点、宣传主张的一种演讲。它是政治斗争的重要武器，其内涵丰富，适应面广。诸如政府首脑的竞选演讲、施政演讲、就职演讲，各级领导宣传大政方针和实施计划的演讲，以及人们在政治集会上代表特定阶级、政党或个人发表的演讲等，都是政治演讲。

二、政治演讲的特点

1. 旗帜鲜明的政治观点

政治演讲的目的在于宣传自己所属政党、集团或个人的政治见解和主张，借以说服和鼓动听众，使其接受并付诸行动。因此，好的政治演讲，总是具有巨大的思想容量、精辟的政治见解、鲜明的立场观点。不仅如此，好的政治演讲，其观点总是先进而健康的，符合历史发展的规律，起着推动社会前进的积极作用。

2. 雄辩严谨的逻辑威力

充分而雄辩的说理，严谨而有力的逻辑论证，是成功的政治演讲的又一基本特点。特别是在论辩性的政治演讲中，要克敌制胜，单有真理是不够的，还要求有辩证的思维、严密的逻辑、高明的策略和犀利的语言等。因此，为了迅速圆满地达到政治演讲的目的，演讲者对其所要表达的观点，总是经过深思熟虑，使其具有很强的说服力。提出问题的前提背景、分析问题的材料依据、解决问题的方法步骤，逐条逐款环环相扣，布局合理，结构严谨，概念明确，判断恰当，推理合乎逻辑，始终保持思维判断的确定性和明确性。例如，列宁的演讲就具有“不可战胜的逻辑力量”。当年，有很多听过列宁演讲的人都说：“列宁演讲中的逻辑好像许多万能的触角，从各方面把你钳住，使你无法脱身，你不是投降，就是完全失败。”

3. 刚劲强烈的鼓动力量

成功的政治演讲，都具有刚劲强烈的鼓动力量。特别是一些政治集会演讲，其内容往往意义重大，为人们所共同关注。演讲者或动员，或宣传，或批驳，或声讨，不仅旗帜鲜明、观点明确、逻辑严谨、论证有力，而且感情真挚、以情动人，以引起听众的强烈共鸣，产生“共振效应”，从而极富鼓动性和号召力。

政治演讲的鼓动力量不是游离于演讲内容之外的豪言壮语，也不是脱离实际的声嘶力竭，而是来自政治观点和主张的正确程度，来自演讲者的真知灼见和真情实感。

第三节　经济演讲

一、经济演讲的含义

现代经济发展要求企业家须不断扩大自己的横向联系和纵向联系，以便顺利地传递信息、组织生产和开展经营活动。所谓经济演讲，就是指这类具有经贸内容性质的演讲。这类演讲大致可分为公关型、总结型、动员型、经验介绍型等几种。公关型是指企业家洽谈贸易，阐述本企业的对外政策，宣传本企业的发展优势和产品特色等；总结型是指企业领导向被授权的大会（如职代会、股东会、理事会、董事会）报告工作并分析评价工作成绩等；动员型是指企业领导向职工解释生产计划以及计划实施的意义和效益，以便最大限度地调动职工的积极性；经验介绍型则是指围绕产品质量、销售、管理等经济活动所进行的科研探讨等。

二、经济演讲的特点

1. 高度的求实性

经济演讲服务于经济效益。因此，演讲的各部分和所有论点都要深思熟虑、严密论证；所提建议以及号召应具有充分的根据；除了出于某种策略考虑外，引用的数据要求准确无误，且有说服力；目标明确而具体。它所提出的措施在企业内部常常具有行动纲领的性质，最终要在工作中得到落实。所以，经济演讲既要有鼓动性，能鼓舞士气，使职工看到希望，又要实事求是地把企业的困难与问题告诉职工，使职工对现状有清醒的认识，从而以主人翁的姿态主动为企业服务。

2. 重视信息，讲究策略

信息在经济领域中起着越来越重要的桥梁作用。它沟通经济实体、经济单位之间的联系，能起到启迪、激励、协调经济生产的作用；在经济管理中，信息也起着上情下达、反馈控制的作用。因此，经济演讲特别重视信息的传播，一方面，它要通过准确的信息传播促进经济活动的开展；另一方面，它又出于以盈利为目的的策略考虑，对于部分信息实行严格的保密。总之，有关经济情报对于经济活动是至关重要的。经济演讲十分重视信息，又特别讲究策略。

3. 语言明确，以解说为主

解说就是用明确的语言把事物的形状、性质、构造、成因、关系、功用等解释清楚，把人物的经历、特点等表达明白。在经济演讲中，企业家常常要将企业的发展情况、产品以及生产计划等向听众作介绍。这些主要依赖解说进行，特别是关于经验介绍和科学总结，更要求作详尽的解说，多举实例，尽可能把经验上升为理论，从中找出规律性的东西，以便推广。

第四节　军事演讲

一、军事演讲的含义

军事演讲是指以战争为中心内容的各种演讲。这种演讲常常用于战前誓师，介绍战争形势、任务、战略、战术等；或用于战地鼓气，激励战士同仇敌忾、勇猛向前；或用于战后庆功、宣传战绩、表彰战斗英雄、推广战斗经验，等等。

1938年5月26日至6月3日在延安抗日战争研究会上，毛泽东主席作了《论持久战》的精彩演讲，被誉为世界十大军事演讲之一。抗战全面爆发后，在国民党内出现了“速胜论”和“亡国论”等论调。在共产党内，也有一些人寄希望于国民党正规军的抗战，轻视游击战争。但是，抗战10个月的实践证明，“亡国论”“速胜论”是完全错误的。抗日战争的发展前途究竟如何？一时成了人们关注的问题。毛泽东的《论持久战》初步总结了全国抗战的经验，批驳了当时盛行的种种错误观点，系统阐明了党的抗日持久战方针。在这篇演讲中，毛泽东分析了中日两国的社会形态、双方战争的性质、战争要素的强弱状况、国际社会的支持与否，指出抗日战争是持久战，最后的胜利属于中国。他还科学地预见到抗日战争必将经过战略防御、战略相持、战略反攻三个阶段。他强调“兵民是胜利之本”，抗战胜利的唯一正确道路是实行人民战争。《论持久战》是中国共产党领导抗日战争的纲领性文献，它指明了抗战的前途，提出了正确的路线。抗战后来的实践，充分证明了毛泽东主席的预见是完全正确的。

二、军事演讲的特点

1. 唤起紧迫感，极富鼓动性

军事演讲与其他演讲比较，更富鼓动性和号召力。这是由其特殊的目的和时空环境所决定的。特别是战地演讲，听众本来就是一个群体，有共同的群体意识，有拥护和服从的心理定式，军队首领所发表的讲话，很大程度上都带有命令性质，只要稍加点拨，就会形成燎原之势，产生极大的号召力。军事演讲这种极大的鼓动性和号召力，常常取决于演讲所唤起的共同反抗意识、复仇情绪和紧迫感。

2. 感情显露，充满“火药味”

军事演讲一般是在阶级矛盾和民族矛盾的白热化阶段进行的。这时，如果不是局外人，谁都会产生强烈的感情冲动。对于事情真相的陈述，对于问题性质的分析，必然要受到各自所属的民族和阶级所制约，因而演讲者的立场十分鲜明，感情总是直接外露，或召唤，或斥责，斩钉截铁，有着强烈的“火药味”。篇幅一般不太长，语言简明有力，掷地有声，如号角，如战鼓，扣人心弦。例如，陈胜起义的演说，全篇仅46个字，8个分句，恰当的语言，表达出极其丰富的思想。一方面，他不仅指明了揭竿起义势在必行，而且末句“王侯将相宁有种乎?”语气铿锵有力，发人深省，十分准确地表达陈胜的高超策略和傲视权贵、显示斗争的勇气；另一方面，又以谁都可以取而代之作号召目标，激起“徒属”奋起反抗。真是一箭双雕，成功唤起了大家的反抗意识和斗争勇气。

3. 具有及时性和隐秘性

由于军事斗争的特殊需要，军事演讲总是密切配合军事行动进行，非常及时地为军事行动服务。军事信息的时效性决定了军事演讲的及时性，同样军事信息的保密性又决定了军事演讲在一定时间、一定范围内具有一定程度的隐秘性。在军事演讲中，涉及的具体保密内容，多用较笼统的、原则的鼓动性与号召性语言所代替。

第五节　学术演讲

一、学术演讲的含义

学术演讲是指介绍科学研究成果、传授科学知识、表述学术见解的演讲。它是一种高层次的演讲，通常在学术研讨会、学术报告会和学术讲座上进行。从传授知识的角度来看，它与授课相近，但在表述上则与课堂教学很不相同，它很少有课堂教学那种相对固定的程式，也不像课堂教学那样受教材和教学大纲所约束。随着人类科学文化不断发展，学科门类愈分愈细，学术交流活动愈加广泛开展，学术演讲在内容方面，其深度和广度日趋丰富；在形式方面，其发展变化也日趋多样。学术演讲对传播文化、普及科学知识、促进科学发展起着积极的推动作用，因而世界各国都利用它来兴办教育、启迪民智。

二、学术演讲的特点

1. 科学严谨的内容

学术演讲要求内容具有科学性。所谓科学性是指所阐述的理论正确反映客观事物内部联系及其发展规律，形成完整、全面、连贯、系统的体系。这就要求从实际出发，实事求是，有正确的观点、翔实的材料、充分有力的证据以及严密周全的论证。可以说，内容的科学性是学术演讲的生命，学术演讲离开了严谨科学的内容，就毫无价值可言。一切片面的、支离破碎的、前后矛盾的主观臆断，都不能登大雅之堂。鲁迅先生1927年在广州所作《魏晋风度及文章与药及酒之关系》的演讲，就是学术演讲的典范。他运用历史唯物主义的观点，以大量历史事实为依据，详细论证了魏晋文风形成的原因，并且对曹操、何晏、王弼、嵇康、阮籍以及陶渊明等人思想的内在矛盾进行了深入探讨，作出了科学的评价。正因为鲁迅的见解完全是通过对大量史料进行具体分析和严密推理而得出，因而具有重要的学术价值。

2. 真知灼见的独创性

学术演讲不仅要求内容有科学性，还要求有真知灼见，有独到见解，具有一定的独创性。所谓独创性，是指对原有理论有所突破，能提出新的问题、新的观点、构成新的理论体系。独创性是推动科学前进的动力，如果只有简单的继承，而无突破性的发展，科学将难以前进。学术演讲最忌人云亦云，即使是介绍某一学科领域发展状况或科学普及教育的演讲，虽然对独创性的要求不高，但也必须尽可能从讲述角度、讲述重点、讲述方法上多做文章，力求讲出一些新意来。事实上，独创性是学术演讲的价值所在。鲁迅的《魏晋风度及文章与药及酒之关系》的学术演讲正是这样，不仅其科学严谨的内容令人信服，而且所提出的见解和所作的分析也特别新颖，令人耳目一新。他在推论中立足历史，面对现实，巧妙地把学术性与现实性结合起来，使学术研究很好地为现实社会服务。鲁迅的这篇演讲，可以说是学术演讲为社会服务的典范。

3. 平易准确的语言

学术演讲的语言要求准确平易，这是由学术资料内容的科学性和独创性决定的。为了完整恰当地展示概念、判断和推理，遣词造句必须非常严谨，表达必须简练明快，例证要求自然恰当。学术演讲常常不可避免地要使用一些专业术语、独特的符号以及独特的表达形式，对于内行来说，这些是熟悉、生动、有趣的；而对于一般听众来说，却可能是陌生、艰涩、枯燥、乏味的。因此，演讲者为扩大演讲的影响，在做到语言严谨准确的同时，应力求达到平易、生动，有时甚至需要运用富有趣味性的语言，来表达艰涩的学术观点，做到深入浅出。鲁迅在《魏晋风度及文章与药及酒之关系》的学术演讲中，许多地方就运用了古今通变的手法，把遥远复杂的历史事实巧妙地与现实联系起来，运用现实与历史不协调的类比，产生强烈的幽默讽刺效果。当他讲到晋人“扪虱而谈”时，机智地打趣道：“扪虱而谈，当时竟传为美事。比方我今天在这里演讲的时候，扪起虱来，那是不大好的。”这种看似与学术无关的话，实际上起到了调节气氛、增强感染力的作用。

4. 多种多样的辅助手段

为了增强听众的直观效果，使深奥抽象的道理具体化，学术演讲还可以借助多种多样的辅助手段，例如幻灯、投影、录音、录像、挂图、板书、实物，以及实际操作、演示等等。鲁迅在作《魏晋风度及文章与药及酒之关系》的学术演讲时，就利用了板书。他的第一句话就是：“我今天所讲的，就是黑板上写着的这样一个题目。”在有关自然科学的学术演讲中，多种辅助手段的使用尤为突出。

第六节　法律演讲

一、法律演讲的含义

法律演讲，就是指以法律为内容进行各种形式的演讲，包括法庭演讲、法律咨询和仲裁活动，以及其他有关普及法律知识的报告、讲座，等等。法律演讲在对公民进行法律、道德及思想教育等方面有着重大作用。特别是法庭演讲，它是实现各种诉讼职能的必要手段，对诉讼活动的质量有着直接影响。法律工作者利用法律演讲可以具体形象地宣传国家的法律，鞭挞违法犯罪行为，维护公民的合法权益，协助法庭实现司法目的和对公民进行法制教育。

二、法律演讲的特点

1. 鲜明的政策性

法律演讲不同于一般演讲，特别是法庭论辩演讲，其本身就是一种诉讼活动，必须严格依照法律进行，以法律为准绳，不能信口开河、敷衍了事，更不允许进行非法的人身攻击。国家的法律是最神圣的，它是统治阶级意志的反映，是方针政策的条文化和具体化。法庭演讲要保证法律的正确实施，因此它必然具有鲜明的阶级性和政策性。演讲者——无论是公诉人、辩护人或审判长，都必须对法律有深刻准确的理解，实事求是，公正坦诚，不偏不倚，尊重法律，尊重个人，体现出鲜明的政策性。

2. 材料的准确性

法律演讲不是简单地引用法律条文，也不是不加分析、不加评价地复述案件事实。法律演讲要广泛地运用逻辑推理、论据和论证。无论是公诉人还是辩护人，演讲时都必须有确凿的证据。叙述案件的实际情况，分析和评价证据，是法庭演讲的主要内容，是它的核心所在。事实胜于雄辩，与论题有关的事实总和，是最为有力和无法反驳的论据。所以法律演讲必须确保材料的绝对准确，不能有任何主观臆断和猜想揣度。因此，法庭演讲总是首先证明诉讼证据是确凿无疑的。

3. 言辞的严密性

准确、鲜明、严谨、字斟句酌、无懈可击，是法律演讲的语言特色。显然，这是由法庭的特定环境、辩论的特定内容和法律语言的特定功能所决定的。一字之差，人命关天，不能有任何差错。例如，如果将“犯罪未遂”说成“犯罪中止”，把“抢夺罪”误为“抢劫罪”，就会铸成大错。含混模糊的词语如“大概”“也许”“可能”之类，在法庭辩论中也常被禁止使用。不论是以“立论”方式发表的公诉演说，还是以“驳论”方式发表的辩护演说，都必须做到用词精确严密，具有雄辩的力量。

第七节　道德演讲

一、道德演讲的含义

道德演讲是指以思想品德教育为目的的一种演讲，它是一种宣传教化手段。演讲者通过对社会生活中的意识形态问题进行分析、说明和评论，可以宣传赞扬真善美，揭露鞭挞假恶丑，支持进步，批评落后，帮助人们认清形势、分辨是非、明白事理、陶冶心灵，促使人们树立正确的世界观、人生观和价值观，培养人们高尚的道德品质和情操。

道德教育演讲在我国有着悠久的历史，积累了丰富的经验。这种教育方式很受各方面的重视，被广泛地推广运用。像李燕杰、曲啸、张海迪等人的演讲，为启迪听众智慧、开拓人的内在潜能、塑造美好心灵，都曾产生过振聋发聩的巨大力量。

二、道德演讲的特点

1. 题材广泛，形式多样

思想道德教育演讲涉及的内容非常广，因为社会生活本身就是丰富多彩的，人生各个方面——理想、前途、爱情、幸福、荣誉等社会各个领域，都可成为道德演讲的内容和对象。在众多的内容中，爱国主义教育是基本内容。古今中外，许多著名演讲都贯穿着热爱祖国这一重大而神圣的主题。李燕杰《国家、民族与正气》的演讲，就是高亢激越的爱国主义颂歌。理想和人生的价值，也是道德演讲的热点。这类演讲往往生动地反映出思想之光，帮助人们树立正确的幸福观、爱情观、价值观，激荡人心，催人奋进。

思想道德教育演讲所牵涉的听众面也很宽。不同年龄、不同职业、不同层次、不同文化的听众，都有不同要求，差异很大。为此，演讲者必然要“因人施教、因事施教、因时施教、因地施教”，这也必然导致形式的多种多样。例如各类报告团的“巡回演讲”，各演讲者在统一主题下进行的“主题演讲会”，选择共同关心问题组织的“问题演讲会”等多种形式。

2. 贴近生活，洋溢时代感

道德教育演讲，要“以理教化”，要讲政治倾向、思想深度，但绝不可搞空头政治、简单说教。道德教育演讲不仅从理论上进行探讨，而且还要十分贴近生活，选择与现实密切相关的内容加以阐述、评论，选择听众共同感兴趣的真实、生动、感人等典型事例进行分析讲解。演讲者熟悉现实生活，了解听众心理需求，以其敏锐的洞察力，把握时代的脉搏，捕捉最新信息，以新思想、新观点给人们以教育和启迪。这里值得一提的是，“时代感”不是“掉洋书袋”，或是扯上几段洋贤哲的洋玩意，就沾上了非凡仙气。自然界不断衍生，人类社会不断发展，每一个时代都有每一个时代的特点，道德演讲总是选择追随时代脚步、带有时代精神和时代变革烙印的先进典型来进行宣传。

3. 疏导指教，充满亲切感

思想道德教育是一种感情的艺术，成功的思想教育是“三分含情、七分叙理”，情理有机结合，情中有理，理中含情。因此，道德演讲一方面“以理教化”，另一方面又“以情感化”，感情色彩很浓。演讲者常常采用循循善诱的疏导说服方式，摒弃训斥口吻，语言亲切平易，感情真挚动人，充满亲切感。特别是对待青年听众，热情诚恳尤其显得重要。他们对指手画脚的训斥，感情相悖，即便金玉良言，也会无动于衷。在思想教育演讲中，演讲者总是善于把感情置于正确思想指导下，发挥它在演讲中的重要作用。例如解放军一等功臣、老山前线英雄徐良所作的《血染的风采》演讲，以真实、生动、有针对性的叙述为主，适当加以抒情议论，语言质朴、优美，饱含感情。他把对祖国的爱、对战友的爱以及对亲人的爱，抒发得淋漓尽致。整个演讲感情诚挚自然，完全是由衷的倾吐，使人感到真实亲切，产生了极大的宣传感染效果。

? 思考与训练

1. 为什么在我国的演讲园地里会呈现出一派异彩纷呈的景象?

2. 着眼于功效，就演讲的目的而言，演讲可分为哪些种类? 着眼于时空环境，就场合而言，演讲又可分为哪些种类?

3. 如何理解军事演讲及其特点?

4. 试比较政治演讲与法律演讲的不同特点。

5. 下面是香港特区行政长官李家超在香港特别行政区第六届政府就职典礼上的致辞，请结合这篇致辞谈谈政治演讲的主要特点。

李家超在香港特别行政区第六届政府就职典礼上的致辞

（2022年7月1日）

尊敬的习主席、各位嘉宾、各位香港市民：

今天，我以谦卑的心情，在国家主席的监誓下，就任中华人民共和国香港特别行政区行政长官。我衷心感谢中央人民政府和香港市民对我的信任，我将带领团队，全力以赴，共建一个关爱共融，充满发展机遇、希望和活力的香港。

二十五年前，踏入七月一号零时零分，在我们现在身处的香港会议展览中心奏起中华人民共和国国歌，国旗和香港特别行政区区旗冉冉升起，香港特别行政区正式成立，“一国两制”这个创新的伟大构想正式启航。

“一国两制”是香港社会的最佳制度保障，是维持香港长期繁荣稳定的重要基石，更是给予特区独特优势的成功国策。四分之一世纪以来，香港在多方面都取得骄人成就，不仅仅被评为全球最自由经济体、全球第三大金融中心、第五最具竞争力城市，我们更是全球最大人民币离岸中心，拥有第一大的航空货运量，以及五所世界百强大学。香港的成就不胜枚举。

当然，香港期间也经历不同的挑战，包括环球金融危机、2014年的违法“占中”、2016年旺角暴动、2019年社会暴乱及外部势力干预香港事务，危害国家安全，以及新冠疫情等。凭借中央强大后盾的全力支持、“一国两制”的生命力和优越性，以及香港市民自强不息、勤奋努力，每次香港都能克服挑战，重新出发，再上新台阶。

这充分反映香港的两大优势：一是“一国两制”给予香港作为特别行政区的独特优势，既是融入国家发展大局的特区，也是联通世界国际城市和最有效连结国家和世界的通道；二是香港的自身优势、香港人的韧力和意志、社会各界的共同力量。

今天，我肩负起中央及香港市民赋予的历史使命，我感到无比光荣，亦深知责任重大。我将全面准确贯彻落实“一国两制”“港人治港”、高度自治方针，维护《宪法》和《基本法》确定的特区宪制秩序，维护国家主权、安全和发展利益，确保香港长期繁荣稳定。

法治是香港赖以成功的基石和核心价值。香港回归以后，《基本法》保障了香港市民的权利和自由，保障了司法独立和终审权。香港的法治水平在世界排名第十九位，先于不少欧美国家。我们的高度法治化、市场化、国际化，真正代表了一座国际城市成功的要素。

《香港国安法》的颁布实施，让香港“由乱到治”，完善选举制度，让香港落实“爱国者治港”原则。新选举制度符合“一国两制”方针，符合香港实际情况，符合香港发展需要，我们要珍惜和长期坚持，发挥好这个制度的价值，达至良政善治。

面前五年，是香港“由治及兴”的关键时刻，特区政府会务实有为，迎难而上，以结果为目标，解决社会问题。管治团队会重视团队文化，优势互补，以改革精神、自我挑战及创新，提升管治效能，为市民解困。领导官员会在问题萌芽时主动介入、积极指挥。政府施政要关心民心所盼。哪怕每天只解决一个问题，但不积小流，无以成江河，持之以恒，必有所成。

特区政府会全面提升香港的竞争力，发展经济。我们会巩固和提升国家

“十四五”规划下香港作为国际金融、航运、贸易中心等固有优势产业，更会全力发展新兴产业。政府会凝聚建设香港成为国际创新中心，发挥并结合香港与内地的自身优势和不同地方的优势，让香港的基础科研成果，结合到内地，特别是粤港澳大湾区的产业链、人才和市场力量等，把创科及各领域做大做强，发展高端竞争力，提升创科力量。

另外，刚开幕的香港故宫文化博物馆，展现中国国宝和历史文化，必将吸引世界各地人士来港，有利于传播中华优秀文化，加上展现现代与当代视觉文化的M+博物馆，以及一系列香港文化艺术展览和表演共冶一炉，香港将被建成为一个中外艺术文化之都，提升香港的国际定位。“一带一路”和粤港澳大湾区建设，都给予香港无限机遇、无限的发展空间。

发展是解决社会问题、改善民生的金钥匙。政府施政会以民为本。我们会正视房屋土地问题，成立行动和统筹工作组，全面提速、提量、提效，增加多元土地房屋供应。我们会以科学精准管控新冠疫情，强化医疗系统应变能力，加强安老护幼。青年是我们的未来，政府会制订青年政策和发展蓝图，增加青年上流空间，并鼓励他们拥抱粤港澳大湾区机遇，实现梦想。我们会优化教育，培育有家国情怀、具世界观与大局观的新一代。

在发展的同时，政府会居安思危，防患于未然。我们会奠定安稳基石，确保有充分的防范和保障能力，应对包括国家安全、金融安全、食物卫生安全、物资供应安全等风险。政府会全面用好话语权，派员及代表团到海外，说好香港故事，让香港的成功和事实宣扬到海外。

我的竞选口号是“同为香港开新篇”，“同”字是当中最重要的部分。“同”反映我对团队的重视，有两重意义，一是我和团队团结一致，同心同向，达致“一加一比二大”的协同效应；二是团结特区政府和社会大众，凝聚政府、社会和个人的力量，共同努力，和衷共济，其利断金。

各位市民，今天，我们站在新的起跑线上。对于过往的成绩，我们绝不自负骄傲；对于未来的挑战，我们必定迎难而上。就让我们团结一致，传承不屈不挠的香港传奇，同为香港开新篇，建设更美好的香港，为香港长期繁荣稳定作出贡献，为实现中华民族伟大复兴作出贡献。

谢谢大家！

第三章
准备充分　信心满满
——演讲的准备

第一节　信息与动机

一、信息与动机的关系

信息是一个综合概念。简言之，信息就是消息。它既不是物质，也不是能量，而是关于外部世界各种事物变化的状态及其规律的描述，它具有知识秉性，是使人们得以了解、适应和控制外部世界的东西。

演讲与信息的关系十分密切，演讲的信息主要指演讲的内容和材料，演讲活动实质上就是传递和接受信息的过程。演讲信息不仅是演讲的内容和材料，而且常常是演讲者萌发演讲动机的重要原因。演讲总是被一定的目的和动机所驱使，为演讲而演讲是不可取的。可以说，信息是萌发动机的基础。

信息是动机萌发的基础，而动机一旦产生，就必然要围绕动机进一步收集和整理信息。因此，动机又是收集和整理信息的原则与依据。

动机来源于对信息的理解，演讲动机实际是演讲的最初目的。动机产生后，由于进一步对信息开始收集和整理，所萌发的演讲动机也会逐步明朗化、具体化。因此，收集和整理信息的过程，也是演讲目的明朗化、具体化的过程。

信息萌发动机，也是因人而异的。对同一信息，不同的人有不同的理解。不同的认识深度，也会产生不同的效应。有的人置若罔闻，熟视无睹；有的人则能激起浓厚的兴趣，产生强烈的冲动。这与演讲者各自的知识积累、兴趣爱好、阅历修养等有着密切的关系。不是任何信息都能促使任何人萌发演讲的动机，也不是每种信息都只能萌发出一种演讲动机。

二、演讲的选题

萌发了演讲的动机，就基本上确定了演讲的最初目的。根据这个最初目的，必须选择主题、确定中心。这个环节非常重要，它直接决定着演讲的主题和价值，影响着演讲的成败。

选择主题就是选择话题，确定谈哪方面的内容。演讲者总是通过阐述、分析、论证选题来表情达意。那么，究竟如何选择话题呢？其基本原则如下。

1. 体现时代精神，顺应历史潮流

演讲的目的在于宣传、教育、组织和激励群众。因此，选题一定要有时代意义，必须紧紧抓住人们普遍关心的问题，抓住社会现实中急需解决的问题。比如思想政治方面的重大问题，与现实社会息息相关的社会风气和道德修养问题，以及反映科学文化发展动态、推动科学文化事业发展等问题。要讲出时代感，讲出新意，演讲者必须考虑演讲的场合、环境、现实状况，以及自己对该问题历史、现状的了解程度，并给以科学的分析、综合和解释，使之符合历史发展的规律。

2. 适合听众要求，内容有的放矢

选题要有针对性，要能深刻影响听众，极大地感染听众。由于民族不同，性格各异，职业有别，年龄有差距，以及生活环境和文化修养不同，演讲所面对的听众，存在着很大的心理差异、认知差异、情感差异等。选题时应考虑不同类型听众的需要，根据不同层次听众的知识水准、兴趣爱好、风俗习惯等来确定。选题只有适合听众的心理、愿望，才能调动听众的注意力，唤起听众的热情与兴趣。例如，对青年人谈男女恋情、谈如何看待流行歌曲等问题很合他们的口味，但对中老年人就未必合适。显然，如果对山区老农大谈高能物理，谈得再好恐怕也不会受欢迎。倘若与老农谈桑麻茶豆、水土改良，情况就会大不一样。

为了适应不同类型听众的需要，选题要考虑“适应度”。选题的“适应度”较大，适应的听众面就较宽；反之，“适应度”较小，适应的听众面就较窄。一般来说，选题的专业化程度越高，其适应度就越小。

3. 切合自己身份，更能“得心应口”

演讲的选题，应切合自己的年龄、身份、气质，符合自己的知识水平和兴趣。这样，演讲者便能自然地融入自己的思想感情，驾轻就熟，“得心应口”。措辞、语调、口气等，也就自然、生动、有声有色、富有活力，给人以新鲜感和亲切感。否则，如果硬要去讲那些不切合身份、气质、年龄和知识水平的选题，必然会力不从心，即使勉强讲了，也必然会显得生吞活剥、生硬呆板、无法感人。

演讲者不妨“驾轻就熟”，选择自己比较熟悉、最感兴趣的话题。这里所说的“驾轻就熟”，不是指搬用过时的套话、空话，也不是指套用固有的框架格式，而是指选择自己比较熟悉、比较了解、比较感兴趣、体会比较深的话题，选择与自己专业、知识面比较接近的话题。这样容易讲深讲透、讲出水平、讲出特色。兴趣来源于实践，来源于对社会现实和客观事物的了解。比较熟悉、比较感兴趣的话题，常常是曾经思考过或有一定了解和研究的话题。可见，演讲者要使自己的演讲门路宽、演讲时左右逢源，平日的思考和知识积累是十分重要的。

4. 注意演讲场合，考虑预定时间

演讲内容要与演讲场合的气氛相协调，也就是要考虑演讲的时间和空间环境。时空环境不仅指演讲现场的布置，也包括时间、背景、组织和听众等因素。显然，在喜庆的场合大谈悲凉，在悲哀的氛围中大讲欢愉，这些都是荒唐的。

选题还应考虑可供演讲的时间。根据心理学研究，一般人的大脑在1小时以内，只能解说或接收一两个重要问题。因此，演讲选题必须集中凝练，富有特色，时间要掌握得恰如其分。如果是参加演讲比赛，更有必要了解限定的时间，否则到临场时修改内容，就会手忙脚乱，甚至无所适从。此外，参加有多人演讲的场合，还要考虑自己演讲所安排的顺序是在开头、中间还是结尾，并且还要了解在自己演讲之前的演讲者，和在自己演讲之后的演讲者的情况。这些都与听众的心理定式和情绪有密切的关系，不可忽视。

三、演讲主题的确定

选定了话题，就有了演讲的大方向。但仅有大方向还不行，还必须确定一条

具体的途径，必须确定主题。主题是演讲的灵魂，它决定演讲思想性的强弱，制约材料的取舍和组织，影响到论证方式和艺术调度。它是选题的具体化、明朗化。没有明确的主题，演讲就如同没有灵魂的偶像，即使讲得天花乱坠，也会让人不知所云、不得要领。

演讲的主题要集中。一般来说，一篇演讲只能有一个主题，必须围绕这个主题展开阐述，否则就容易出现焦距模糊等问题。

演讲主题要求鲜明、正确、新颖、深刻。

鲜明，是指主题要贯穿于全篇，能够给听众留下深刻的印象，引起强烈的反响。

正确，是指其观点及见解具有积极意义，能使听众受到教益，取得良好的社会效应。

新颖，是指见解独特，给人以醒目之感，对听众具有诱惑力和吸引力，能激起听众的兴趣和注意。

深刻，是指提出的主张和见解能揭示事物的本质，能使听众受到启迪，从感性认识提升到理性认识。

而要做到这些，必须在选定角度和发掘深度上下功夫，做到立意深远。庄子云："语之所贵者，意也。"元代陆辅之《词旨》指出："命意贵远，用字贵便，造语贵新，炼字贵响。"可见立意的重要。

四、演讲的标题

标题不等于主题。标题是标明演讲稿的名称，是演讲稿不可缺少的有机组成部分，是演讲的"眉目"。好的标题，具有风流蕴藏、眉目传神等特点，给人留下鲜明的印象，引起听众浓厚的兴趣。如同"指路标"，使听众产生有正确指向的心理定式，为演讲的顺利开展创造良好条件。所以，训练有素的演讲者，都十分重视制作标题的技巧，讲究标题的艺术性。

标题一般在主题确定以后拟出，它可以说是主题和内容最大限度的浓缩。如果按不同的标准进行分类，标题也可分为各种不同的类型。

从结构形式来分，标题可以有正题、副题和插题。一篇演讲通常只有一个正题。有时内容较复杂，或另有所指时，便在正题下面加上副题。副题与正题相互补充，相得益彰。有些篇幅较长、内容较复杂、涉及面较广的演讲，有时还在段落或章节之间用上插题。插题往往反映了各部分的基本内容。事实上，插题可以看成是演讲的纲目。

如果按照演讲标题的制作技巧和功能来分，演讲标题的类型有揭示主题型、设问引发型、界定范围型和象征比喻型。揭示主题型的标题，往往警策醒目，能使听众产生有正确指向的心理定式，与演讲者进行同步思考。设问引发型的标题，能引人注目，启发听众积极思考。界定范围型的标题，界定演讲范围及所涉及的问题。象征比喻型的题目，形象生动，让人产生联想。

如果按照演讲标题的语法结构来分，演讲标题还可分为主谓型、动宾型、联合型、偏正型等。此外，演讲标题还可以按其他标准来划分。

演讲的标题不是演讲者信手拈来、随意拟定的。新颖、生动、恰当而富有魅力的演讲标题，是演讲者经过认真思考和反复推敲而形成的。它们有的寓意深远，耐人寻味；有的思辨性强，饱含哲理；有的鼓动性强，掷地有声；有的豪情满怀，激励斗志。

想要拟好标题，应注意以下几点：

（1）贴切自然

演讲标题的含义要清楚，与内容切合，能概括演讲的基本内容或提示主旨，不可“文不对题”或“题不及意”。同时，标题“大小”要适度，不宜过宽，太宽则难以抓住中心；也不宜过窄，太窄则容易束缚思想。

（2）警策醒目

演讲标题的字数不宜过多，用语要干净利索、简短明快，不能拖泥带水，还要力求新奇、生动、醒目。新奇便富有吸引力，使听众产生急欲一听的心理。但新奇不等于晦涩深奥、艰深难懂。

（3）富有启发

演讲的标题要积极向上，具有时代精神，符合现实要求，令人鼓舞，催人奋进；要耐人寻味，富于启发，能抓住听众渴望听讲的急切心情。同时，题目要饱含情感、爱憎分明，能引起听众感情上的共鸣。

第二节 材料准备

一、演讲材料的收集

1. 收集材料的意义

演讲动机的萌发、主题的确定，与信源的关系十分密切。从材料与主题的关系来看，材料是观点形成的基础，观点从材料中来。这种从材料中抽象出来的观点一旦形成，就成了进一步收集材料的依据。同时，思想观点的阐述，也以材料作为支撑，离开了真实、具体、生动、新颖、典型、充分的材料来阐明思想观点，演讲就会如瘦骨嶙峋的“小瘪三”。只有大量、广泛地收集材料和占有材料，才能使演讲获得成功。概括地说，材料与观点的关系是：信源材料萌发动机，并形成观点；广泛收集材料并以观点为统帅；利用生动典型的材料阐述观点。

在以上这三重反复的过程中，还可能形成小的多重回路，使观点不断得到修正、补充、完善、明确，从而达到内容丰富、有血有肉、令人信服的目的。

可见，善于收集材料对于演讲是非常重要的。唐代诗人刘禹锡有诗云：“千淘万漉虽辛苦，吹尽狂沙始到金。”没有“千淘万漉”的辛勤劳作，怎能有“吹沙见金”的收获与喜悦呢?

当然，收集材料的过程，本身就是一个鉴别筛选的过程。要慧眼识宝，善于识别和确定材料的性质、价值与作用。否则，身在宝山不识宝，即使有好的材料，也会熟视无睹、轻易错过。

2. 收集材料的途径与方法

获取演讲材料的途径很多，概括起来，主要有两个方面：一是获取直接材料；二是获取间接材料。

所谓直接材料，是指演讲者自己的经验和思想。常言道：“事事留心皆学问。”在日常生活、工作、学习中，处处留神观察，认真体验，便能获得许多材料。由于亲身经历，所见所闻所感就是真切动人的最好材料。另外，亲自调查得来的材料，也属直接材料，由于这种材料出现频率较高，司空见惯，有时容易被忽略。因此，必须养成勤记录、整理的习惯。这种材料虽然不是自己的经历，但由于经过亲自调查，对事件产生的背景、经过、结果清清楚楚，讲起来便得心应手，极易赢得听众。

所谓间接材料主要指从图书、报刊、文献以及网络中所获得的材料，这是最广泛的材料来源。借鉴这些材料时要以敏锐的洞察力进行思考、琢磨，不可人云亦云。要从中发掘新意，使之具有新的色彩。

收集材料是一项琐碎的基础工作，必须坚持不懈、持之以恒，同时也要讲究方法。收集的材料可以记纲要、大意，也可摘录；一般记在笔记本、卡片上，或存储在手机、计算机里。每个人记录的习惯不同，但要便于整理归类，便于使用。不管是获取直接材料，还是间接材料，都要做到广泛采撷、精于筛选、善于整理，使之条理化、系统化。要特别引起注意的是，要善于利用收集的材料进行归纳、研究、分析，发掘出新意，提出自己独到的观点与见解。

3. 收集材料的原则

（1）定向

收集材料要把准方向，防止盲目性和随意性。生活千头万绪，书报浩如烟海，时间和精力不容许我们有见必记、有闻必录，这不仅没有必要，也没有可能。我们必须把准方向，有计划、有针对性地收集。所谓把准方向，就是要围绕选题进行，根据选题划定的区域范围，按计划、有重点地收集。选题要大小适中，不宜太窄，也不宜过宽。太窄，往往会漏掉与之相关的材料，使用时没有回旋余地；过宽，往往难以抓住主线和重点，造成内容芜杂臃肿，削弱和冲淡主题。

（2）充分

收集的材料要充分。演讲要求大量、详尽地收集和占有材料，既要纵向了解事物发生、发展的经过，又要横向了解事物各方面的联系；不仅了解事物的正面材料，而且还了解事物的反面材料，以便多方位、多角度进行分析和比较，这样可以避免认识上的主观性和片面性。材料越充分，思路就越开阔，论据就越充足，就越能有力地阐明观点，产生令人信服的雄辩力量。特别是学术演讲和法庭演讲，更要求论据充足，言之有理，言之有据。

（3）真实

所谓真实，就是指材料的客观性，即所选材料是客观世界确实存在的、符合历史实际的。只有真实的材料才有说服力，才有利于人们形成坚定的信念。“纸包不住火”，任意臆造和虚构材料，势必“露馅”。为了保证材料的准确性和可靠性，必须交待材料的出处。如引用事例必须讲清是什么人、什么时候、在什么地方、干什么事、为什么以及怎么样，即恪守5个“W”和1个“H”——Who（什么人）、When（什么时候）、Where（什么地方）、What（什么）、Why（为什么），How（怎么样）。这样可增强真实感，提高信息的可信度和影响力。同时要知人论事，既不夸大事件的意义和拔高人物思想，也不低估事件的价值和贬损人物品德。对于选做论据的书面材料，要严格检查、核对，要善于鉴别，做到去伪存真，切忌抄转讹传、张冠李戴。

（4）新鲜

新颖别致，是就听众感觉而言的。新奇感是促使人们注意的一种心理因素。演讲者立论高妙，演讲材料新鲜，就能较好地激起听众的新奇感，从而引起注意。这对深化主旨、充实内容也有着十分重要的意义。如果演讲者人云亦云，重复使用别人用滥了的材料，就会令人感到乏味，甚至反感。因此，要尽力防止和避免材料的雷同。一方面要留心收集现实生活中新近发生的事情，同时也要善于收集那些过去早已发生但并不为人所知的事例。此外，还要善于观察分析，抓住现实中看似一般的材料，从中挖掘出新意来。这些当然不是信手可得的，而是必须有耐心、有韧劲。鲁迅先生在这方面为我们树立了很好的榜样。他常常借古讽今，十分生动。

（5）典型

收集的材料，既要求真实、新鲜，还要求典型。真实具有可信度，新鲜具有吸引力，典型则由于其深刻揭示事物本质而具有代表性及较强的说服力。演讲的目的在于说服人、鼓动人，因而要认真审慎地收集那些能说明主旨、具有代表性的事实材料和事理材料，防止和避免材料的平淡化。

典型材料与一般材料是相比较而存在的。只有在充分掌握许多材料的基础上，才有比较的余地，分出高下。在与一般材料进行比较时，要发现典型材料，关键在于演讲者的观察分析能力和思想认识水平。

（6）具体

具体，是相对抽象笼统而言的。有些材料虽然真实、新鲜、典型，但由于详略处理不当，尽管讲清楚了来龙去脉，也使人感到“不够味”“不解渴”。这恐怕就在于叙述太简略笼统所致。出现这种情况的原因，往往是忽视了对重点材料的必要渲染。从记叙的诸要素看，常常是对Why（为什么）和How（怎么样）交代得不够。

（7）感人

在演讲活动中，要注意选取能提高听众兴趣和打动听众感情的材料。在现实生活中，许多感人的事情都是看似违背常理、出人意料、不可思议，但又是在情理之中。此外，演讲要感人，讲人们的奋斗经历，讲与听众切身利益相关的事，也容易达到较好的效果。

总之，收集演讲材料要力求做到定向、充分、真实、新鲜、典型、具体、感人。很多优秀的演说家，在这些方面为我们做出了很好的榜样。

二、演讲提纲的编列

编列演讲提纲，是演讲前的重要准备工作，它常常是临场发挥的重要依据。提纲编列的好坏，直接影响到演讲成功与否。

所谓编列提纲，实际上就是确定框架，以提要或图表方式列出观点、材料，以及观点与材料的组合方式。大体来讲，编列提纲有如下作用：

1. 确定框架

编列提纲能把演讲的整体轮廓用文字固定、明确下来。事实上，拟订提纲的过程，正是认识不断明朗化、条理化的过程。通过拟订提纲，可以对论题的设想不断加以修改和补充，使构思更为周密、完善。确定了整体框架，演讲者便能心中有数，逐层展开，不致“东一榔头、西一棒子”，条理不清，言不及义。

2. 优化选材

编列提纲的过程，也是进一步优化选材的过程，是演讲内容逐步具体化的过程。演讲题目、结构层次、典型事例、引用材料以及其他有关资料，都要具体地在提纲中体现出来。在这个过程中，必然要对材料作进一步的筛选和补充。

3. 训练思维

编列提纲的过程，正是演讲者积极思考的紧张过程。在这个过程中，演讲者必然要认真思考，要深入分析演讲的主题、材料、层次、结构和其内在的逻辑联系，促使思维的条理化和科学化。因此，这个过程事实上正是培养和锻炼思维的过程。

4. 避免遗忘

编列提纲也是不断熟悉材料的过程，特别是在不用讲稿仅用提纲进行演讲时，提纲更是起着提示启发、避免遗忘的作用，成为临场发挥的重要依据。

根据演讲的具体目的和要求，以及演讲者对材料的掌握情况等，演讲提纲的编列可粗可细。内容简单，材料易掌握，可编列得粗略些；内容复杂，材料丰富，就宜编列得详细些。粗略的概要提纲，要以极其简练的语言，扼要地列举出演讲的主旨、材料、层次和大意等；详细提纲则要求比较具体，应基本上是讲稿的缩影。

一般来说，演讲提纲中要列举以下四个方面的内容：

第一，演讲的标题。如有副题和插题，均应分别列举出来。

第二，演讲的论点。演讲的中心论点必须明确清晰地列出。中心论点所包含的分论点，以及分论点下属的小论点，也应用简明的语言逐层列出，并根据事理的内在逻辑关系依次排列。

第三，演讲的材料依据。阐明主旨的事实材料和事理材料，也应用简明语言或恰当符号在相应的部位列出。事实材料主要指例证、数据等；事理材料包括科学原理、科学定律、文件精神、法律条文、名言警句等。这些事实依据和理论依据能使演讲持之有故、言之成理，具有说服力和感染力。因此，必须逐一列出，不可忽视，以免遗漏。

第四，演讲的整体结构。演讲提纲的编列，要依据演讲的内在逻辑，体现出演讲内容的先后次序。例如，如何开头，如何结尾，重点内容如何突出，如何过渡，结构层次如何安排等。事实上，演讲提纲就像事先构筑的语流渠道，决定着演讲语流的走向。

有些演讲在提纲编列之后，就可以进行演讲。依纲发挥，常常能收到很好的效果。但为了慎重起见，使演讲更趋圆满，常常需要在提纲的基础上写出详尽的演讲稿。如何撰写演讲稿，将在后面单独列章阐明。

第三节　精神准备

要做好演讲，除了要有充分的材料准备之外，还要有充分的精神准备，即在思想上、心理上、态度上等要有足够的准备。

一、急切的发表欲

从心理学的角度看，影响解决问题的因素很多，动机状态、定式作用、个性特征、知识经验等都是。动机对解决问题的作用显而易见，它是促使人们去解决问题的动力。动机对人越有意义，他为解决问题而作的探索就越紧张、越积极、越强烈。因此，在演讲之前，演讲者对于自己演讲的意义要有充分认识。若有急切的发表欲望，当进入演讲环境时，他就会形成一种准备演讲的心理状态，形成较强的心理定式。按照心理定式固定和强化的规律，如果演讲材料准备充分，演讲者对内容熟悉，就会使演讲的心理定式得到巩固和加强。

二、去掉侥幸心理

演讲特别讲究社会效益。演讲者应有高度的社会责任感，需要事先付出巨大的心血和劳动，不能存在侥幸心理寄希望于偶然产生的灵感，而要以严肃认真的态度对待。从产生动机、选取材料、组织材料，到走上讲台、发表见解，几乎每一个环节都必须认真对待。即使是对演讲稿已经烂熟于心，也不能马虎随便。否则，万一出现差错，就会不尽如人意。

三、树立自信心

演讲是对演讲者心理素质和适应性的严峻考验。演讲时，演讲者常常因为不适应演讲环境而产生胆怯畏惧心理，这种怯场心理往往在准备阶段就产生了。究其原因，是自卑感太强，平日养成了谨小慎微、胆小怕事的习惯。同时，准备不足，心中无底，顾虑重重，怕忘记讲稿，怕遇见强者，怕场上出现特殊变故。毫无疑问，怯场心理对正常发挥演讲技能是非常有害的，必须克服。美国诗人爱默生说："自信是成功的第一秘诀。"对演讲者来说也是这样，要使演讲成功，必须克服怯场情绪，树立自信心。所谓自信心，就是个体对自己认识活动和实践活动的结果，抱有成功把握的一种预测反应，是一种推断性的心理过程，它是演讲者重要的心理支柱。自信心可以坚定自己的意志，可以充分发挥自己的创造性，在复杂多变的情况下，可以做到头脑清醒、随机应变。值得注意的是，这里所说的自信，是指建立在熟悉演讲基本规律、了解演讲时空环境和对自己演讲的基本内容有充分把握基础上的科学的自信，而不是那种对自己、对实际、对知识、对听众都缺乏应有了解的非理性的盲目自信。

四、熟记讲稿

演讲时要做到胸有成竹、从容镇静、侃侃而谈，必须熟记讲稿，反复试讲。特别是脱稿演讲，更应该在这方面下功夫、花气力。对于演讲中最精彩、节奏较快的部分，尤其要烂熟于心、出口如流。心理学认为，记忆是心理过程，记忆包括识记、保持、回忆或再识等三个基本环节。识记是识别和记住事物的过程，保持就是已获得的知识、经验在脑中巩固的过程，而回忆或再识则是在不同的情况下恢复过去经验的过程。从信息加工的观点来看，识记就是信息的输入和编码的过程，保持是信息的储存和继续编码的过程，而回忆或再识则是提取信息的过程。这三者是互相联系、互相制约的。没有识记，谈不上保持；没有识记和保持，也就谈不上再识或回忆。识记和保持是再识或回忆的前提，再识或回忆则是识记和保持的结果与表现。要熟记演讲稿，同样要抓住这三个环节。

熟悉和记忆讲稿的方法很多，具体采用哪种方法，往往取决于演讲的内容和演讲者的记忆习惯。熟悉和记忆演讲稿的方法大体有如下几种：

第一，以意领先，抓纲带目。"意犹帅也"，从意义入手，把握住中心思想，了解各部分的内在逻辑联系，提纲挈领，抓纲带目，既把握了内容，又掌握了结构，能进一步加深理解，在理解的基础上进行记忆。这样便能快速、准确、高效地记住内容。一般来说，理论性较强的演讲，习惯于进行逻辑思维和理论思考的人，常采用这种方法来记忆。

第二，从情入手，以情带理。在记忆的过程中，强烈而真实的情感如同“催化剂”，能使记忆加深。这是因为人的情感与大脑两半球的活动相联系，现实的第一信号和第二信号（即以词为条件的刺激物）都能引起各种情感的活动。演讲稿的语言，常常具有浓厚的感情色彩，能唤起演讲者的喜怒哀乐等情感，从而在语气、语调、音量、音速等方面得到体现。因而，情感有利于记忆。一般来说，感情色彩浓厚的演讲，适合平时感情丰富的人，常用这种从情入手、以情带理的方法进行记忆。

第三，形象记忆，化抽象为具体。形象记忆是人们记忆的一种基本表现和方式。运用形象记忆法，先把所需记忆的重要概念抽取并排列起来，然后在头脑中浮现出这些概念所代表具体事物的形象，最后，再用联想把这些具体形象连接起来，可以达到增强记忆的效果。

例如，要记住下面这段话：“青年朋友们，我们肩负着历史的重托。是千里马，就应嘶风长鸣；是龙种，就应冲腾起舞。当今的世界有着千变万化的流行色，而只有自尊、自信、自强、自立，才是我们精神世界的流行色。我们要争当出头鸟，竞做弄潮儿，把我们的青春、热血、大智大勇，自觉投入新时代的大熔炉里去，为中华民族的伟大复兴发光发热吧！”只要我们依次记住“青年”“肩负重托”“千里马”“流行色”“出头鸟”“弄潮儿”“大熔炉”这些形象，那么整段话的内容就能顺利地记住了。中间的抽象概念，如文中的“自尊、自信、自强、自立”，也可以依次记“自尊”“自信”“自强”“自立”这四者的外在形象特征。总之，依次记住形象性的词句，或把抽象的概念变成具体的形象，脑子里闪现蒙太奇式的画面，就能迅速熟记所需记忆的内容。

第四，高声朗诵记忆法。高声朗诵对熟悉和记忆演讲稿十分有效，其原因在于：一是朗诵发出声音这个主动动作和自己双耳听到声音这个被动性的动作同时进行，能使视觉器官和听觉器官同时活动，增强了对大脑的刺激效果；二是它可以排除其他杂念对大脑的干扰，使思维及相关器官高度紧张、集中，使人能专心致志地记忆；三是演讲主要是口语表达，高声朗诵能使演讲的口语表达得到事先的训练，更有利于演讲口语的流利晓畅。

第五，机械记忆法。记忆人名、地名和历史年代时，常常使用机械记忆法。

这种记忆方法，其速度、精确性、巩固性等都不如理解记忆，但如果运用得当，也比较方便。机械记忆方法大致有以下几种。

1. 谐音记忆

例如，要记住圆周率“3.14159265358979322846262……”确实很难。有一群调皮学生，老师为了惩罚他们，要他们把圆周率背到小数点后22位。有位聪明的学生于是编了一首谐音打油诗，迅速地把它记下来了。他是这样编的：“山巅一寺一壶酒，尔乐苦煞吾，把酒吃，酒杀尔，尔不死，乐而乐。”这首诗不仅谐音，而且构成了一个小情节，很容易使人记住。又如，有人一接触到电话号码里的3944，头脑里便立即出现了大雪纷飞、祥林嫂倒在雪地里的情景。原来这人迅速地把数字转换成了“三九逝世”。

2. 编顺口溜

例如，周恩来同志曾把我国30个省、自治区和市的名称编了一段顺口溜：“两湖两广两河山，五江云贵福吉安，四西二宁青甘陕，还有内台北上天。”

又如，对于四角号码字典规定的各种笔形代号，有人就编了下面的顺口溜：“横一垂二三点捺，叉四插五方框六，七角八八九是小，点下有横变零头。”掌握这个口诀，就掌握了笔形代号。

3. 运用对照

例如，日本领土面积约为37万平方公里，正好等于湖南省面积（21万平方公里）与河南省面积（16万平方公里）之和。

4. 抓住特征

例如，蒙古灭金是公元1234年，这个年号正好是1234的自然排列。又如，鲁迅生于1881年，这个年号正好是由18和它的相反数81构成。

五、反复试讲

从熟记演讲稿到演讲获得圆满成功，这中间还有很长一段距离，试讲便是其中重要的环节。“临阵磨枪、不快也光”，模拟现场进行试讲就像戏剧的彩排一样。通过试讲，不仅可以较全面透彻地了解自己的演讲风格和演讲水平，同时也可以发现自己演讲中可能出现的疏漏，以便及时采取相应的措施。还可以进一步加深和巩固演讲的内容，使自己的演讲更顺畅、纯熟、优美、动人。事实上，试讲的过程，就是演讲者把自己记熟的内容外化的过程，使谙熟于心的那些无声的东西变成抑扬顿挫的有声语流。同时，试讲还是对演讲稿进行实践和修订的过程。

试讲的方法很多，既可像有些演说家那样对着树桩或成行的玉米反复练习，也可像孙中山那样对着镜子反复演讲、琢磨；既可面对亲朋好友反复练习、斟酌，也可对着录音机侃侃而谈。具体采用哪种方法，要因人因时而异。总之，要通过试讲，明确自己的长处，善于发现自己演讲的弱点和不足，采取切实有效的措施，认真加以改正，以力求做到临场演讲时语言规范、口齿清楚、态势恰当、富于表情，达到扣人心弦、撼人胆魄的效果。

? 思考与训练

1. 怎样确立演讲的主题？如要给演讲拟一个好标题，应掌握哪些要点？

2. 怎样收集演讲材料？收集材料应掌握哪些原则？

3. 演讲时树立自信心为什么特别重要？熟记讲稿有哪些行之有效的方法？

4. 下面《救救我们吧》是胡志明于1920年12月在法国社会党第18次代表大会上的演讲，这篇演讲的主题是什么？全文是怎样表达主题的？

各位同志们，我今天来到这里本来是为了和同志们一起为世界的革命事业献出一份力量。但是，我以社会党党员的资格，带着深刻的痛苦来到这里，反对帝国主义者在我的家乡所犯下的滔天罪行。（很好！）同志们都知道，法国帝国主义入侵印度支那已经半个世纪，为了它的利益，它以刺刀征服我们的国土。从那时起，我们不仅遭受耻辱的压迫和剥削，而且还遭受凄惨的虐待和毒害。更明白地说，我们遭受了鸦片、酒精等的毒害。但在几分钟内，我不可能把这伙资本主义强盗在印度支那的暴行全部揭露出来。监狱比学校还多，任何时候都挤满了囚犯。任何本地人员只要有社会主义思想就都被捕，而且有时候不需要经过审判就被杀害。所谓印度支那的公理就是如此。在那个地方，越南人被歧视，他们没有得到像欧洲人或者欧洲国籍的人所得到的那些保障。我们没有新闻自由和言论自由，连集会和结社的自由也没有；我们没有在外国居住或到外国旅行的权利；我们要生活在黑暗蒙昧中，因为我们没有学习的自由。在印度支那，殖民主义者为毒害我们，使我们愚昧无知，千方百计地强迫我们抽鸦片和喝酒。他们已经害死和屠杀了成千越南人，来维护原来并非属于自己的利益。

同志们，2000多万越南人民，等于法国人口的半数以上，就是遭受这样的待遇。奇怪的是，他们还是得到法国保护的人呢！（掌声）社会党必须为支持被压迫的殖民地人民而进行切实的活动。（欢呼声）

5. 演讲要有自信心，缺乏自信，演讲就不会成功。但自信不是天生的，是逐渐培养出来的。演讲家蔡顺华有很深的感受。他大学毕业刚满三年，母校就邀请他为1000多名应届毕业生演讲。他第一次登上大学讲台，不免十分紧张，演讲前，他想起了契诃夫的一句名言，开始自信起来：

各位同学：

到这个讲坛演讲的，应该是丁玲、姚雪垠那样的大人物。今天，我这个“嘴上无毛”的人站在这儿很不般配呀！不过，我很欣赏契诃夫的一句名言：“世界上有大狗也有小狗，小狗不应该因为有大狗的存在而慌乱不安，所有的狗都要叫！小狗也要大声叫！……就按上帝给的嗓门叫好了！”今天，我这个自信的“小狗”就来大胆地叫几声。

“哗哗哗……”底下掌声如潮，演讲大获成功。分析演讲家蔡顺华树立信心的案例，我们从中受到什么启示?

第四章
精心构思　吸引听众
——演讲稿

演讲准备的一个重要环节是写好演讲稿。所谓演讲稿，就是指演讲者在演讲之前，根据口头发表的需要写出的文稿，它是进行现场演讲的主要依据。

事实上，选题立意、选材组材、编列提纲等，都是撰写演讲稿的研究范围。鉴于前面章节已经对上述内容作过介绍，本章所说演讲稿的撰写，是指提纲编列以后的成文过程。

演讲者在提纲编列之后，为了保证演讲成功，常常要依据提纲要求以及口语表达需要，将所要讲的话原原本本地写出来，使演讲的内容更实在、更具体。演讲稿实际上是由"心声"变为有声语言的中介，它既是以无声语言（文字）所记录演讲者的心声，又是演讲者将"心声"转化为有声语言的凭借。演讲者在演讲现场的演讲，就是将演讲文稿这种无声语言转变为诉诸听众听觉的、表情达意的活语言这样一个过程。

演讲稿实质上就是一种特殊的应用文。由于演讲是一种辅之以姿态动作的讲话，演讲内容与形式的构成，必然具有自己的特点。因而，演讲稿与一般文章相比，无论是在传播对象、构思立意、选材组材，还是在题材结构、语言运用等各个方面，与一般文章既有联系又有区别，它可以说是成文性的口语或口语化的文章。

第一节　演讲稿的作用与特征

一、演讲稿的作用

有人认为，演讲无需演讲稿，写个提纲、打个腹稿就行。认为有了成文的演讲稿，就会囿于文辞、照本宣科，使演讲失去其生动性和灵活性。

显然，这些看法都是片面的，这是由于对演讲的特点和演讲稿的作用缺乏全面了解之缘故。诚然，照本宣科念稿式的演讲会使听众厌烦、反感，是拙劣的、不可取的。但是，我们决不能因为演讲稿可能导致这种消极影响，而忽视了它在演讲中的积极作用。事实上，成功的演讲，大多备有完整的演讲稿。演讲稿的积极作用主要表现在以下几个方面：

1. 对选材和提纲的实践性进行检验，进一步保证内容的完善

人们认识问题有一个由此及彼、由表及里逐步深入完善的过程。演讲者完成了材料的收集、整理和提纲的编列以后，对演讲内容已经有了大体轮廓，但它毕竟只是一个框架，而不是完整的文稿。如果仅仅根据提纲去讲，就有可能因为选材、组材和提纲疏漏而出现一些不尽如人意的地方；也可能由于认识的原因而出现临时性更改，打乱阵脚；还可能出现表述的失当等。按照提纲写出讲稿，实际上就等于按照提纲进行默讲。这种默讲不像临场演讲那样，一旦讲出就变成最终形式。在这个过程中，演讲者有充裕的时间对自己的讲话进行修改和完善。因此，这个默讲的过程实质上就是对选材、组材和提纲编列是否恰当的一次实践性检验，也是认识进一步深化、思想进一步明朗化和条理化的过程。通过撰写演讲文稿，可以进一步修改、完善和充实演讲的内容，保证演讲的质量，保证内容的完美，使观点和材料得到高度的统一。

2. 避免临场斟酌词句，增强语言的感染力

演讲主要是以有声语言和相关的体态语言来表达思想，有声语言不仅具有传声性，而且具有表情性。演讲者不仅通过声调的高低强弱、语气的轻重缓急来生动具体地反映客观事物，而且可以通过声调、语气或动作表情等，把“只可意会、难以言传”的东西表达出来，使听众心领神会。然而，在没有讲稿的情况下，演讲者在演讲现场临时把思想转变为有声语言的过程很短，没有足够的时间来斟酌词句，必然会出现一些“嗯嗯”“呀呀”、凌乱啰嗦、结结巴巴、模糊不清和不必要的重复等毛病。为了防止口头语中的各种偏差，必须减少现场临时斟酌词句的情况，预先写好演讲文稿。因为根据提纲撰写演讲文稿，事实上是把默讲

变成书面语言，其实质是把口头语言变成书面语言。在这个过程中，经过认真、仔细的揣摩，那些词不达意、言不及义的现象就能得以较好克服。在正式演讲时再将这种书面语言的讲稿转变为有声语言时，就能达到“出口成章”的程度，使语言表现力大大增强。

3. 保证思路畅通，帮助消除怯场心理

编列提纲为演讲的语流梳理了河床，规定了流向。而成文的讲稿，则具体地描绘了语流的状况。演讲者由于预先设计好了蓝图，心中有底，思路畅通无阻，便可以消除演讲时的种种顾虑和恐惧心理，轻松自如，有利于专心一意加强现场技巧，全力发挥主动性和灵活性，使演讲声情并茂、圆满成功。

4. 帮助限定时速，避免时间松紧失当

演讲通常有时间限制，总是要在一定的时间范围内完成。如果没有准备好演讲稿，时间往往难以掌握得当。要么前松后紧，开头大肆发挥，扩展内容，到后来就大删大砍，虎头蛇尾；要么前紧后松，开头讲得太简略，到后来拖拖拉拉、画蛇添足、令人生厌。有了演讲稿，可以按字数的多少来计算演讲的时间，演讲者在自己的思维中加进文字之外的语言成分，便可以计算演讲的速度，才能有计划、从容不迫地在限定的时间里完成演讲。

5. 促进演讲规律的研究

演讲是一门独立的学科，演讲稿的写作有别于一般文章的写作，也不同于平常讲话记录。演讲稿虽然是书面表达的形式，却要特别考虑口头表达的需要和临场的需要。它虽然最终用口语发表，但却又具有规范、严谨的特点，有更为明确的目的性和清楚的条理性。无论是从发表形式还是从内容构成上看，演讲稿的撰写都有其个性特征，这种特征是受演讲的特点影响和制约所造成。因此，通过对演讲稿的撰写和研究，还可以促进和加深人们对演讲各种技能技巧的研究，正如河床规定了水流的走向，而水流的冲刷又对河床形态产生相应影响一样。

二、演讲稿的特征

演讲的特性决定了演讲文稿具有独特之处，主要表现为声传性、临场性和整体性。

1. 声传性

演讲稿是根据口头发表需要而写出的文稿，是现场演讲的依据，是由“心声”变成有声语言的中介。因此，声传性是演讲稿的显著特点。

为了发挥演讲稿声传性的特点，撰写演讲稿要做到“上口”和“入耳”。所谓“上口”，就是指词句适合口语表达，讲得顺口，自然流畅，具有平时交谈时“讲”的特征。所谓“入耳”，是指听起来明白易懂，没有什么障碍。演讲稿只有做到了“上口”“入耳”，经得起说和听的考验，才能达到声传的目的，起到交流思想情感的作用。否则，忽视了任何一方面，都会有损于感情和信息的交流。

2. 临场性

演讲稿既然是供演讲用的，就必然要考虑演讲的时空环境，要考虑听众的情况和可能出现的种种反应。因此，演讲稿不仅要考虑内容的针对性，还要具有应变性。也就是说，在保持内容完整的前提下，要适当注意内容的伸缩性。比如储备几个能说明问题的例子或生动幽默的趣闻轶事，以便在必要而恰当的时间插入。事实上，演讲稿开头、主体和结尾的撰写，都取决于演讲的内容、环境和听众的情况，要充分考虑它的临场性。

3. 整体性

演讲稿不仅具有声传性、临场性的特征，而且有其自身的整体性。可以说，演讲稿是演讲者的思想修养和知识水平等方面的综合表现。一篇完美成功的演讲稿是由许多相关因素构成的，三方人物、四重联系、五个环节构成了演讲活动的整体联系。演讲稿作为口语表达的准备，同样必然受各种因素的影响。比如，撰写演讲稿首先要明确目的，立定格局，否则就漫无中心，头绪混乱。同时要感情真挚，语言动人，否则就令人厌倦，缺乏感染力。此外，声音的变化和姿态动作也都直接或间接影响着演讲的质量。如果写演讲稿只注意了某一方面而忽视了其他方面，都无法使演讲完美成功。例如我们只注意演讲声传性的特点，仅仅在语言和修辞上下功夫，而忽视了题材结构等其他因素，就不能体现演讲稿整体性的功能。这种顾此失彼的状况，必然导致演讲的失败。

第二节　演讲稿的结构

演讲的文稿，不是主题和材料的简单相加，而是它们严谨巧妙的结合。前面已介绍了演讲主题的确定、材料的选取以及提纲的编列。事实上，编列提纲的过程就是确定框架、考虑观点和材料组合的过程，提纲本身就包括了演讲的标题、演讲的论点、演讲的材料以及演讲的整体结构等。人们常常用健美的人体来比喻完美的演讲稿：高尚的灵魂好比演讲的主题，丰满健壮的血肉如同演讲的材料，而支撑这个血肉之躯的骨骼就是演讲稿的结构。正因为组织结构起着支撑主题思想和材料、使之组成一个完美整体的作用，所以必须从既能准确充分表达内容和主题，又能使听众明白易懂、饶有趣味的角度出发，对演讲稿的结构进行深入探讨和研究。

人们认识客观事物，常常是遵循从已知到未知、从简单到复杂、从现象到本质的规律来进行。同时，各种客观事物、客观事理本身都有其各自的内在规律和逻辑联系。演讲要能准确充分表达内容，使听众明白易懂，也就必须遵循人们的认识规律，符合事物的内在逻辑。所以，演讲稿的篇章结构并非随心所欲、任意为之，而必须选择一种使听众容易理解的顺序来组织和安排材料。既符合认识的规律，又符合事物的内在联系。这样，便能引起听众顺着演讲者的思路主动思考，领会演讲的精神实质。

演讲文稿总是由开头、中间和结尾三部分组成。由于演讲往往以论说为主，因而，一般地说，演讲稿开头总是提出问题，中间分析问题，结尾解决问题。这三个部分必须配合恰当，形成有机整体。开头如何勾勒提要、定好基调，中间如何逐层分析、形成高潮，结尾如何自然结束、发人深省，这些都必须认真揣摩。元代乔梦符说：“作乐府亦有法，曰凤头、猪肚、豹尾六字是也。”他虽然说的是乐府诗的做法，其实，写演讲稿也是这样。

一、开头

凤凰头，小巧美丽。演讲稿开头应该短小精巧，新颖诱人。古人云：“善于始者，成功已半。”演讲的开头，在通篇演讲中处于领先的特殊位置，在演讲者和听众之间架起一座沟通思想情感的桥梁，为演讲的成功开辟道路。出手不凡的开头，能唤起听众的兴趣和求知欲，产生巨大的吸引力。好的开头，能为全篇演讲定下基调——是庄重严肃，还是喜庆欢快，抑或诙谐幽默，往往一开始就给人以清晰的印象。精巧的开头，画龙点睛，勾勒提要，能自然顺畅地引领下文，把听众带进声情并茂的演讲情景中去，造成有利于接受演讲观点的心理定式。然而，要做到开头出语新奇、语惊四座，并非一朝可得。

那么究竟怎样设计和安排演讲的开头呢？这主要取决于演讲的内容、环境和听众的情况。内容和时空环境的多样性，决定了演讲开头的多样性。常见的演讲开头有以下几种：

1. 设问式开头

聪明的提问是智慧的标志。演讲者一开始就提出一个或几个出乎意料的问题，触发听众神经元的亢奋，能够迅速地唤起听众的兴趣和注意力，引起人们的深思，自然地激发听众的参与意识，缩短演讲者与听众的距离，使两者的思想感情得以迅速沟通。同时，提问能加深听众对问题的记忆和理解。

采用设问开头的方式，关键在于问题要提得好、提得恰当。从信息论的观点来看，提问的过程是信息传递的动态过程。提问的信息要与对象、场合相适应，同时讲究内容的合理性和确定性，要使听众感到新鲜、出乎意料，能激发听众积极思考，而且与后面阐述的问题联系紧密，能巧妙而自然地引发出演讲的主体内容。否则，泛泛地为提问而提问，问题设计不当或者故弄玄虚，反会弄巧成拙，不仅不能使人感到新颖别致，反而让人觉得浅陋俗套。

2. 叙事式开头

演讲者一开始就讲述新近发生的奇闻异事、令人震惊的重大事件或生动感人的故事，这种开头，由于故事具有情节生动、内容新奇等特征，容易赢得听众的关注，并能造成悬念，激起听众的兴趣。

例如，《救救孩子》的演讲，就是以叙述两件具体事件开头，然后展开论述的。

《新民晚报》曾披露了这样一个事实：

> 一个四年级小学生每天要带父母亲手剥光了壳的鸡蛋到学校吃。有一次，父母忘了给鸡蛋剥壳，差点憋坏了孩子。他对着鸡蛋左瞅右看，不知如何下口，结果只好原蛋带回。母亲问他怎么不吃鸡蛋，回答很简单——“没有缝，我怎么吃！”
>
> 无独有偶，据某杂志记载，一个将要留学法国的地质学院研究生，因为害怕出国后没有人照料自己的生活，而吓得全身痉挛，有时竟连续发作5个小时。
>
> 神经学专家的结论是：“病人发病的根源在于社会生活能力差，出国反而造成了极大的心理压力……”这个结论，我想不应该只是针对这位患有“出国恐惧症”的研究生，所有的教师，所有的家长，是否也应该考虑一下我们学生的社会生活能力究竟怎样？今后他们能自立于社会、贡献于社会吗？

演讲者选用两件看来酷似笑话、令人啼笑皆非的事实开头，十分生动，富有吸引力，引人深思。听众很自然地被引入“教育改革势在必行”的演讲中去。

用故事触发兴趣的开头，要力求做到：

第一，叙事简明扼要，短小精悍，不可啰嗦拖沓；

第二，事情本身要有针对性，耐人寻味，能触发听众的兴趣；

第三，所叙事情要与中心论题密切相关。

3. 解题式开头

这种开头扼要地解释、说明演讲题目的含义，能自然顺畅地转入正文的论述。

例如，在某次“演讲与口才培训班”结业典礼时，一位民警同志紧接着在一位营业员之后发表演讲。他借营业员演讲的结尾，引出自己的开头。承接顺畅自然，显得生动有趣：

> 同志们，刚才那位营业员同志说，欢迎大家到商场来，可我呢？却不欢迎大家到我那里去，因为我是长春市公安局交通警察大队的。提起交通警察，有人给我们送了个雅号——“马路橛子”。好吧，今天，我就专门讲一讲《好一个马路橛子》。

这样风趣的开头，不仅扼要地说明了题目的含义，也具有即兴发挥的特点。

解题式的开头，要避免冗长啰嗦、同义反复。同时，在承接前面演讲内容时，要力求出新、不落俗套，不要矫揉造作、故作谦虚，也不要巧涂脂粉、自吹自擂。

4. 明旨式开头

这是常见的开头方式。这种方式开宗明义、开门见山，概括主要内容，直接揭示主题，说明演讲意图。

明旨式的开头，常常使用名言、警句、谚语等。因为这些话大多言简意赅，富有哲理性，发人深思，对演讲内容能起到提纲挈领、画龙点睛的作用。

明旨式的开头，要尽量做到集中突出，语言准确凝练，不宜转弯抹角和过多渲染铺垫，否则就容易造成开头臃肿而与主体比例失调。这种开头方式，往往在比较庄重严肃的演讲中使用。

5. 抒情式开头

这种开头意在渲染气氛、以情感人，使听众迅速受到情绪感染，从而注意聆听演讲内容。这种开头多采用排比、比喻、比拟等修辞手法，多采用诗化的语言，有的干脆直接引用诗歌，因而自然优美、形象生动、引人入胜。

6. 示物式开头

这种开头方式多在军事演讲、法庭演讲或学术演讲中使用。它通过展示实物，首先给听众一个感性的直观印象，然后借助具体实物，提出和阐述自己的见解。如军事演讲向听众展示军用挂图或战场实物、学术演讲首先展示科研成果或图表，法庭演讲展示证物等。这样的开头，由于增强了演讲的直观性和实体感、更有利于内容的表达和逐步深化。

除以上开头方式外，演讲的开头还有其他的方式。比如，议论式、归纳描述式等。总之，演讲的开头不可忽视，要求简短切题，力求一开始就给听众造成一种良好的心理定式，切忌套话连篇和陈词滥调。

二、主体

主体是演讲稿的主干部分，篇幅较大。要使演讲的观点站得住、立得牢，就必须做到内容充实丰满、有血有肉。要围绕中心论点，处理好论点与论据之间的关系，合乎逻辑地逐层展开论述，做到结构严谨、层次清楚、过渡自然。在这一部分中，要组织和安排好演讲高潮，使演讲者和听众在情感上产生强烈的共鸣，达到使“快者掀髯、愤者扼腕、悲者掩泣、羡者色飞”的境界。

1. 安排好讲述层次

层次是结构的基础，是作者传递信息、表达主题过程中形成相对完整、相对独立的思想单元。撰写演讲稿、安排层次的过程，实际上就是对所选材料进行归类的过程。要根据客观事物内部联系的特征和共性来合理安排层次。比如，事件一般有发生、发展、结局等几个阶段；问题一般有提出、分析和解决等几个过程；人物有成长变化的历史；场景有空间位置的特征等。因而，层次安排常以时空为序，以逻辑线索为序，或以认识过程为序，形成时空结构层次、逻辑结构层次和心理结构层次。

演讲稿的层次排列形式可分为纵向组合结构、横向组合结构和纵横交叉结构。

（1）纵向组合结构

纵向组合结构是指按照时间的推移来排列层次，包括直叙式和递进式两种。

第一，直叙式。即以时间先后为序，或以事情的发生、发展及变化过程为序。这种结构层次比较单一，事情的来龙去脉很清楚。运用这种方法，要注意突出重点、兼顾一般，切忌平均用力、平铺直叙。

第二，递进式。即按事理的展开或认识由浅入深的递进过程来安排结构层次，或按演讲者感情发展的脉络来安排层次。按事理展开，多采用“叙事—说理—结论”的模式，即摆情况、作分析、下结论，也就是提出问题、分析问题、解决问题。按照由浅入深的递进过程安排层次，其内容则呈螺旋式层层深入，由表及里。这样的安排，说理透彻，说服力强。按照演讲者感情发展的脉络来安排层次，内容起伏跌宕。

（2）横向组合结构

这种组合结构，或按事物的组成部分展开，或按空间分布展开，或按事物的性质归属关系展开。按照不同的排列展开方式，横向组合结构可分为简单列举式和总分并列式。

简单列举式即围绕主旨，把选取的材料逐条逐项并列排出。它们从不同角度来表现演讲中心。总分并列式则常遵循总分思路辐射式地展开，并列的各部分按事物的逻辑关系分类安排，分别围绕主旨阐述一个问题，或说明事物的一个侧面。

采用横向组合结构，要力戒开中药铺似的罗列现象，而要注意发掘各部分材料间的必然联系，发挥整体效应。

（3）纵横交叉结构

有些内容丰富、容量较大、时间较长的演讲，常采用此种结构。它以时间顺序为主线，穿插横向组合材料；或者以横向组合为主，其间穿插纵向组合材料。先按纵向组合容易看出事物发展的全过程，先按横向组合则易于分析出事物各部分之间的联系与区别。采用这种结构，不宜搞得太复杂，否则听众难于理解。

2. 组织与安排演讲高潮

演讲最忌平铺直叙，而必须有波澜起伏。要在感情上紧紧抓住听众，在理论上说服听众，在内容上吸引听众。在演讲的过程中，要组织和安排一个或几个演讲高潮，形成强烈的“共振效应”。演讲高潮实际上就是演讲者和听众感情最激昂、精神最振奋的地方。它是运用典型的事例、准确且阐释精当的议论、深刻的哲理、确切的修辞、生动的语言、真挚的情感、得体的动作所组成的强烈兴奋点。它是崇高美、哲理美和诗意美达到的高度和谐统一。

例如有一篇标题为《在血与火的征途上》的演讲，演讲者在介绍了一位烈士腹部中弹、毫无畏惧地把肠子压在腰带下面继续冲锋，最后用自己的身体滚雷、为战友开辟通道的英雄事迹后，深情地说：

> 这些风华正茂的青年战士，如果活到现在，有谁敢说他们之中不会有将军、部长、博士？可他们刚刚活到新中国的好时辰，就告别人间，把蓬勃的生命和美好的理想，托付给活着的人们，化作向新时代进军的足音和号角，化作一对对倩影在湖面荡舟的安宁和温馨……

这扣人心扉、感人肺腑的叙述和议论，为听众创造出了一个动人的意境，把演讲自然地推向高潮，使许多听众不禁潸然泪下。

组织和安排演讲高潮，要做到语言简洁明快，切忌拖泥带水、冗长啰嗦。体现演讲高潮的名言警句，要从真实可靠的事实和事理中自然发出，切忌牵强附会。

三、结尾

结尾是演讲稿的自然收束。“豹尾”正是形象地说明结尾要雄健有力，言止意长，回味无穷。

明代学者谢榛说：“起句当如爆竹，骤响易彻；结局当如撞钟，清音有余。”（《四溟诗话》）。

明代学者黄政枢也说：“好的结尾，有如咀嚼干果，品尝香茗，令人回味再三。”（《春觉斋论文》）。

可见结尾和开头一样重要。如果演讲的开头和高潮很精彩，结尾又出人意料、耐人寻味，则是锦上添花，给人以美的享受。

怎样设计和安排演讲的结尾呢？常见的类型和方法主要有：

（1）总结式结尾

这种结尾，扼要地总结演讲内容，能起到提醒、强调的作用，给听众留下完整的总体印象。

（2）感召式结尾

这种结尾多是提希望、发号召、表决心、立誓言、祝喜庆、贺成就，以激起听众感情的波涛，给人以心志的激励。

（3）抒情式结尾

这种结尾常常是演讲者在叙述典型事例和生动事理后，油然而生的激情。以抒情方式结尾，言尽而意未尽，留有余韵，给人启迪。

（4）警言式结尾

警言式结尾通过引用谚语、成语、格言、警句、诗词等方式结尾。这种结尾言简意赅，多有韵律感，使内容显得充实丰满，具有哲理性和启发性。

（5）呼应式结尾

这种结尾与开头呼应，使整篇演讲首尾圆合，结构完整。值得注意的是，使用呼应式结尾，不应与开头简单地重复，而应加深主旨，耐人寻味。

从不同的角度来谈结尾，类型还有很多，诸如议论式结尾、象征式结尾、呼告式结尾、幽默诙谐式结尾、示物式结尾等。总之，结尾要有一定的高度，如异峰突起；要韵味深长，使听众情绪激动感奋。切忌虎头蛇尾或画蛇添足，努力避免陈词俗套和苍白无力。

第三节 理义与谋略

撰写演讲稿，要有明确的主题、充足的材料，设计出恰当的结构，采用合适的修辞手法。同时，要使主题、材料、结构、修辞等方面共同配合，形成有机的整体，达到形式和内容的高度统一。

众所周知，内容决定形式，内容是首位的。因此，主题是统帅全篇的灵魂。而主题无非是作者想要传达的某种信息，讲述的某种道理，表达的某种情感。同一个道理、同一种信息，由于时空环境不同、对象各异，要用不同的情感方式来表达，有时委婉规劝，有时愤怒斥责，有时循循善诱，有时平静舒缓。演讲者爱憎分明的情感总是自觉或不自觉地渗透在演讲稿的各个方面。所以，理义和情感，实际上是使演讲稿达到形式和内容高度统一的凝固剂。

从某种意义上讲，演讲稿的主题确定后，构思便是促使演讲者达到演讲目的总体策略。即如何使理义和情感发挥其独特的作用，以征服听众。而要拨动听众心中的“琴弦”，直言往往不及巧说为妙，巧说既“出人意外”又在“人人意中”，使人折服。

演讲的策略和技巧很多，归纳起来，主要有如下几种，在演讲稿的撰写时可灵活运用。

一、欲擒故纵，出奇制胜

所谓欲擒故纵，就是首先故意避开目标，使人放松戒备，然后抓住要义，一举擒拿，达到目的。它往往异峰突起，获得出奇制胜的效果。一些演讲中所用的西门豹治邺的故事，就是运用擒纵法的典型事例。西门豹要破除迷信，却不明言，反而故意装成十分虔诚的样子，与大家一同为河伯送女，等到看过河伯妇之后，他突然对三老、巫祝说："是女子不好，烦大巫妪为入报河伯，得更求好女，后日送之。"便相继把巫妪及弟子、三老一一投入河中。他巧妙地借神权迷信来打击神权迷信，以出其不意的突然一击，严惩了害人者，挽救了受害者，使广大群众猛然惊醒，陋俗才得以破除。

在演讲中，特别是在论辩较强的演讲中，擒纵之法经常被采用。其原因在于它符合"情随境迁"的心理活动过程，易于收到事半功倍的奇效。演讲常常把基本主题组织到另外一些能为听众接受的主题中去，使听众产生一种印象，似乎演讲者与听众在观点方面是相近的，造成演讲者与听众心理吻合的情境，使演讲者的观点自然地被听众顺利接受。

二、悬念吸引，呼应作答

叙事性较强的演讲，往往设置悬念，紧紧地吸引着听众，使听众对事物发展和人物命运产生强烈的关切心情，急切希望能得到解答。悬念能调动听众的想象力、思维能力，使听众从质疑、释疑中受到启迪。没有悬念，就难以吸引听众的兴趣。

悬念的设置在演讲中也需要呼应，往往是先把疑问悬置起来，引起听众对某一事态的密切关注，演讲者却引而不发，故意暂不理会，让听众念念不忘，做出种种猜想。在蕴蓄一段时间后，再行作答，与开头呼应，揭开谜底，产生一种出奇制胜的效果。

悬念常常带有一定的偶然性和突发性，既要新奇，又要真实。解除的过程必须入情入理、交代清楚。没有根基的悬念，无异于空中楼阁、自我否定。

从某种意义上讲，严谨的逻辑推理，首先设置疑问，然后逐层剖析，也是一种“悬念吸引”。演讲者常常喜欢用设问开头，实际上就是对“悬念吸引”的青睐。

三、主动出击，先声夺人

演讲者事先估计听众可能从某方面质疑、反问，在演讲时先主动引出疑问，并加以驳斥。这样便形成了主动进击、先声夺人的局面。这种策略可以从多方面帮助树立自己的观点。

例如，《请看看我们头顶的月亮》这篇演讲，有力地批判了那种崇洋媚外的民族自卑心态。演讲者在列举了时下又兴起的颇为走俏的买卖——免费推销外国人的“最高指示”后，摆出了那些崇拜“外国月亮”的人可能提出的“质疑”——

> ……说到这里，恐怕那些正在目不转睛观看“外国月亮”的先生们又要转过来教训我们：你这是严重的讳疾忌医，阿Q！各位，这能说是讳疾忌医吗？这能说是奉行阿Q主义吗？不！我们没有必要这样做，我们非常迫切需要外国朋友真诚的批评、公正的评价，但绝不是歪曲和侮辱！

接下来，演讲者列举了我们奋扬国威于世界的典型事例，并且说——

> 大量雄辩的事实足以证明：中国，不但有骄傲的昨天，更有自豪的今天；中国不但可以面无愧色地屹立于世界民族之林，而且也有能力、也有信心为全人类的发展，贡献出自己的力量……

演讲者就这样采取主动进攻的方法，先声夺人，批判了民族自卑感，赞扬了民族自尊和自信，显得十分深刻有力。

四、委婉风趣，曲径通幽

同一个道理，在不同情况下，可以有不同的表达方式。一般来讲，直径近、曲路远。然而，有时候人们常避直就曲，采取“以迂为直”的谋略。这种谋略，在演讲中也常运用。明明目标在东而先向西选取一种“抵触情绪”最弱的方式，打开说服的“突破口”，避其锋芒，迂回诱导。

刘勰说：“喻巧而理至。”新奇而含义深刻的比喻，就像寓言一样，意在言外，引人深思。

其实，人们惯常使用的“归谬法”，也可以说是一种以迂为直的手段。想指出对方的错误，不妨先假定对方错误的论题是正确的，然后顺着这个论题引申、推导出更为荒谬的结论，让人一看就明白，毋庸置疑。

据说楚庄王特别喜欢养马，有匹马因过肥而死了，楚庄王要以“大夫”的葬礼为该马办丧事。大臣们纷纷劝阻，楚王不依，并声称“谁敢再劝，杀他的头!”于是谁也不敢开口了。优孟得知此事后，闯入王宫，仰天大哭。楚庄王惊诧不已：“优孟，你为何哭得这样悲伤?”优孟说：“大王心爱的马死了，用大夫的葬礼太不够排场了，应该用国君的葬礼。用玉石做棺，以佳木为椁，让各国使节都来送葬，给它造一个富丽堂皇的祠堂。用金牛金羊祭祀，给它最高的封号。”优孟见楚王疑惑不解，便接着说：“这样，人们就都知道了，大王把马看得比任何人都高贵万倍。”楚庄王听出话里有话，问道：“难道我的过错有这么严重，我该怎么办好呢?”优孟笑道：“依我说，用铜锅做棺椁，使炉灶做棺套，用葱姜上供，给它穿上火做的袍子，埋进人肚里，这是最好的葬礼。”聪明的优孟，正是巧用了归谬法。他一开始虚张声势，为死马大哭，撩人眼目，绕着弯子进入正题，然后一步一步引申到了荒唐的境地，终于让楚庄王醒悟，应允了把死马烹食。试想，如果优孟一开始直接批评楚庄王的错误，恐怕早就“人头落地”了，还谈得上烹马而食吗?

演讲策略还有很多，诸如抑扬并举、波澜起伏、转折灵动、巧妙穿插、气势夺人、绵里藏针等。总之，要因时、因地、因人而异，不可机械套用。

第四节　文采与修辞

演讲稿具有较强的逻辑性，也具有一定的艺术性，对语言艺术有较高的要求。有了好材料，有了好结构，还必须通过优美动人的语言来表达。深刻的思想，精巧的结构，最终都要靠优美动人的语言文字具体化，才能得以体现和传播。要使演讲稿富有文采，必须讲究修辞。

修辞包括选词炼句和合理运用辞格。

选词炼句一般指句式的选择、语音的调配、词语的锤炼等。演讲稿的语言应准确、鲜明、生动，音节和谐、上口入耳，语句精练、晓畅易懂。要使演讲“上口”“入耳”，一般来讲句子不宜过长。句子过长，讲起来费劲，听起来吃力。宜把长句改为适合听的短句，把倒装句改成一般主谓句，把生僻的词换成常用的词。同时，要慎用文言和方言词语。对于艰深的专业术语和抽象的科学概念，要尽可能用浅显明白的语言进行解释，做到深入浅出。在语音方面，要避免因同音词而产生的误解，应把单音词换成双音词。因为单音词声音短促，容易出现同音异义的现象。选用双音词，声音较长，词义明晰，留给听众的印象较深。这些都是演讲语言最基本的要求。

恰当合理地运用辞格，是美化语言的重要途径。所谓辞格，是用以表达一定的思想内容、具有特殊的修辞效果和某种语言形式的修辞方法。辞格不仅表达通顺、准确，而且生动形象，音韵和谐，表意深刻，富有艺术性和审美价值。它能使枯燥变生动、抽象变具体、平凡变神奇。因此演讲中恰当使用辞格，能为演讲增辉添色。演讲中常用的辞格有比喻、比拟、排比、层递、对比等。

一、比喻

比喻就是打比方。它是运用具体、通俗、浅显的事物或道理，来说明抽象、深奥的事物或道理的一种修辞方式。它具有深刻、形象和幽默诙谐的特点，可以增强语言的表现力和感染力，也能增强语言的抒情色彩和喜剧效果。它把精彩的论述与生动形象的描绘融为一体，既给人理性上的启迪，又给人以艺术上的美感，它可以说是语言艺术中的艺术。这种辞格运用范围很广，在演讲中恰当运用能收到理想的表达效果。

运用比喻要贴切得体，要根据对不同本体的爱憎感情，恰当选择具有不同褒贬色彩的喻体。决不能用假恶丑的事物来比喻真善美的事物。当然，也不能用真善美的事物去比喻假恶丑的事物。比喻要有生命力，不在于量而在于质，在于推陈出新。比喻要新鲜、奇特，切忌陈词滥调。英国作家王尔德说得好：“第一个用花比喻美人的人是天才，第二个再用的是庸才，第三个就是蠢才了。”只有那些新颖绝妙的比喻，才能给人深刻的印象。

二、比拟

比拟是拟人和拟物的合称。把物当作人来描写，赋予人的行为和思想感情等，叫拟人。把人当作物来写，或把甲物当作乙物来描写，叫拟物。比拟富有形象性、生动性。在演讲中，恰当地运用比拟手法，能寄情于物，托物言志，引起听众的共鸣和深思；能表达强烈的爱憎感情，增强语言的感染力和战斗力；能渲染气氛，起到烘托的作用。

《大学生演讲选评》一书中选有优秀演讲词《信念的力量》，其中有这样一段：

> 翻开中国的历史看看吧，中华民族经历了多少深重的灾难……长江在哭泣，黄河在哀号。广大的中国土地上，多少人流离失所，妻离子散；多少人逃荒要饭，家破人亡。

“长江”“黄河”是中华民族的象征，说“长江在哭泣，黄河在哀号”是震撼人心的拟人手法、生动形象地表现出祖国沉重受难的历史，发人深思。

运用比拟手法一定要正确恰当，要抓准被比拟对象和比拟对象之间的相似点，特别是褒贬色彩要恰当。例如，海燕、苍鹰，英勇顽强，常用来比拟革命英雄；豺狼、狐狸，凶残狡诈，常用来比拟奸贼坏人。爱憎好恶，十分鲜明。

三、排比

三个或三个以上结构相同、字数相近、语气一致、意义相关又互相平行的词语或段落，连续排列在一起，就构成了排比。排比可分为短语排比、句子排比和段落排比三种类型。它在演讲中运用广泛，既可以用来铺陈描述，又可用来议论说明，还可用来抒发情怀，使演讲增强语势、增强节奏感和旋律美、增强条理性和严密性，提高演讲的说服力和感染力。

运用排比手法，在形式上要做到结构相同、句式整齐、字数相近、音节匀称，在内容上要表意确切明了。各句间语意平行，不可因词害意、重复啰嗦。

四、层递

层递与排比相似，两者都能使语言富有条理性和感染力。不同点在于：排比的词句之间，语意是平列的；而层递的词句之间，语意有层次和级差，它是按照所表达的语意轻重、程度深浅、数量多少、范围大小、时间先后，逐层依次排列在一起的。恰当运用层递手法，能使言语富有层次感和条理性，能产生层层深入、步步推进的修辞效果。

选用层递手法，要注意内容上的锤炼，要精心选择在语言上确有轻重、在范围上确有大小等层次差别的词句，根据表达思想内容的需要，按照递升或递降的顺序来排列，次序不可混乱。

五、对比

把两种不同事物或一种事物的两个不同方面放在一起进行比较，就是对比。从内容上分，对比可分为两体对比和一体两面对比。对立统一的两种事物或概念的对比，叫作两体对比。存在于同一事物中的两个对立面之间的对比，叫作一体两面对比。演讲中恰当运用对比手法，能使形象突出，能较全面地表现演讲者的观点，深刻揭示事物的本质特征。如正义与邪恶、英勇与怯懦、伟大与渺小，等。一经对照，泾渭分明，给人印象极深。

除上述几种辞格之外，对偶、借代、设问、反问、反复、拈连、移就等辞格在演讲中也常常用到。人们在表达某种思想感情、某层中心意思时，往往将多种辞格综合运用，以便取得多方面的修辞效果。

思考与训练

1. 演讲稿的作用有哪些？有什么特征？

2. 为什么要重视演讲稿的结构安排？有人说比较理想的演讲稿结构应当是“凤头、猪肚、豹尾”，这种说法对吗？为什么？

3. 为什么说“要使演讲稿富有文采，就必须讲究修辞”？常用的修辞有哪些？

4. 一般来说，演讲时常用的谋略有哪些？

5. 下面是两个不同演讲的结尾，各自运用了什么手法？取得了怎样的效果？

（1）浩云《论“男子汉”》的结尾：

所以，真正的男子汉，不仅须博大、精深，有理性的头脑，能开创一番事业；不仅须刚毅、坚强，有无畏的精神，敢蔑视一切困难，他也须能宽容，具善意，有爱心。正所谓“无情未必真豪杰，怜子如何不丈夫”也。但愿我们的世界，会因为有更多男子汉的出现，而充满了男性的美，男性的力度，男性的清醒与坚定，也充满了男子汉深厚宽广的爱。

（2）徐宁《叶的事业》的结尾：

伟大诗人泰戈尔有这样一段名言：“花儿的事业是甜蜜的，果的事业是珍贵的。让我们干叶的事业吧，因为叶总是谦逊地垂着她的绿荫。”

幼教事业又何尝不是叶的事业呢？每一个幼儿教师，都像是一片绿叶，在党的阳光下进行光合作用，孕育着花，孕育着果，孕育着神州大地的万千桃李。

让所有年轻的爸爸、妈妈都放心把孩子交给我们吧！我要把我的爱、我的智慧和我的整个生命都奉献给他们。假如命运允许我选择一百次，我还是要选择幼教事业！

我也愿所有的年轻朋友，都尽自己的力量，干好叶的事业、花的事业、果的事业。共同为我们欣欣向荣的祖国增一分明媚的春光、添一片绚丽的色彩。

第五章
绘声绘色　尽善尽美
——演讲的表达艺术

演讲的表达过程，就是演讲内容通过演讲者传达给听众的过程。演讲者事先准备的内容是待传递的信息，演讲者的口语和体态语则是信息传递的载体。演讲者依赖口语和体态语将信息传递出去，听众也依赖演讲者的口语和体态语来接收信息。演讲，作为以口语为主体的信息传递过程，离开了演讲者的口语和体态语，就无演讲可言。同时，演讲是一种具有较高审美价值的艺术化宣传教育形式，它要求其表达既具有准确性，又具有艺术性。如果不重视演讲的表达艺术，即使内容再好，演讲也难以成功。

第一节　演讲的口语表达艺术

众所周知，演讲需要口才。所谓口才，就是口语表达能力，它是演讲的必要条件。演讲表达的主要特点是“讲”。对演讲者来说，写好了演讲稿，不一定就讲得好，正如作曲家不一定是演唱家一样。有文才、善于写出好的演讲稿的人，不一定有口才，不一定能讲得娓娓动听。真正的演讲家，既要善写、还要会讲，既要有文才、又要有口才。从某种意义上说，口才比文才更为重要。如果演讲者讲话哼哼哈哈、拖泥带水、“这个”“那个”一大串，那么，即令有超凡脱俗的智慧，有深刻广博的思想内容，也无济于事。

“冰冻三尺，非一日之寒。”良好的口才，往往是经过严格的口才训练培养出来的。例如，古希腊的演讲家德摩西尼，为了校正发音含糊不清的毛病，曾口含鹅卵石，对着大海练习朗诵。他的这种刻苦精神，令人肃然起敬。

演讲口才的训练，不仅要勤练、苦练，而且还要巧练。所谓巧练，就是要练习得法，摸清规律，掌握要领。例如，日本前首相田中角荣，小时严重口吃，说话困难，后来他分析了口吃的原因，常到深山练习大声说话和朗诵，并争取登台演戏。朗诵和演戏是口头语言和体态语言综合运用的最佳形式，它不仅要求准确、自然，而且要优美感人。通过这种高标准的训练，他不仅克服了口吃毛病，而且练出了口才，成为著名的演说家。

演讲的语言从口语表达角度看，必须做到发音准确、清晰、优美；词句流利、准确、易懂；语调贴切、自然，动情。

一、发音准确、清晰、优美

郭沫若说："语言除意义外，应该要追求它的色彩、声调、感触。同义的语言或字面有明暗、硬软、响亮与沉郁的区别。"

以声音为主要手段的演讲，对语音的要求更高，既要能准确地表达出丰富多彩的思想感情，又要悦耳爽心、清亮优美。为此，演讲者必须认真对语音进行研究，努力使自己的声音达到最佳状态。

一般来讲，最佳语言应该是：①准确清晰，即吐字正确清楚，语气得当，节奏自然；②清亮圆润，即声音洪亮清越，铿锵有力，悦耳动听；③富于变化，即区分轻重缓急，随感情变化而变化；④有传达力和浸彻力，即声音有一定的响度和力度，使在场听众都能听真切，听明白。

演讲语言常见的毛病有：声音痉挛颤抖，飘忽不定；大声喊叫，音量过高；音节含糊，夹杂明显的气息声；声音忽高忽低，音响失度；朗诵腔调，生硬呆板等。所有这些，都会影响听众对演讲内容的理解。因为讲话是线性的、不间断进行的。话一出口，当即就应被人听懂，时间差不允许听众有反复斟酌思考的余地。听众只要稍微停顿、间断，思维的序列就会跟不上演讲的速度。

要达到最佳语言效果，一般来讲，要做到以下几点：

1. 字正腔圆

字正，是演讲语言的基本要求，要读准字音，读音响亮，送音有力。读音要符合普通话声母、韵母、声调、音节、音变的标准，严格避免地方发音和误读。

在读准字音的同时，要尽量做到腔圆，即声音圆润清亮，婉转甜美，富有音乐美。

2. 分清词界

词分单音节词和多音节词。单音节词不会割裂分读，而多音节的词则有可能割裂引起歧义。例如：“一米九个头的张三伫立在空荡荡的山谷里。”这句话中的“一米九个头”本意是“一米九的个头”，读时应为“一米九——个头”，如果词界划分不当，很容易弄成为“一米——九个头”，把“个头”（身材）一词割裂为“个”（量词）和“头”（名词）两个词，因而产生歧义。演讲者如出现这种错误，便会令人忍俊不禁。

3. 讲究音韵配搭

汉语讲究声调，声调能产生抑扬急缓的变化，本身就富有音乐美。

“平仄以成句，抑扬以合调。扬多抑少，则调匀；抑多扬少，则调促。”（谢榛《四溟诗话》）

好的演讲，平仄错落有致，抑扬顿挫，显得悦耳动听。汉语的音乐美和节奏感，还与语气停顿和押韵有关。现代汉语中双音节词占优势，大大增强了语言的响度和节奏感。演讲中若能准确地交替使用单音节词和双音节词，语音音节便显得和谐自然。如果在适当的地方，有意押韵，更能产生一种声音的回环美与和谐美，讲起来上口，听起来悦耳，似有散文诗的风韵。此外，恰当地运用象声词和叠声词，进行渲染烘托，也能收到声情并茂的效果。

二、词句流利、准确、易懂

听众通过演讲活动接受信息时主要诉诸听觉作用。口语与书面语之间有较明显的差距，演讲者借助口语传递的信息，听众要立即能理解。有人说，书面语言是最后被理解，而口语则需立即被听懂。与书面语言相比，口语具有如下特点：

首先，句式短小，演讲不宜使用过长的、冗繁的句子。

其次，使用通俗易懂的常用词语和一些较流行的口头词语，使语言富有生气和活力。

最后，不过多地做某些精确的列举，特别是过大的数字，通常用约数。

此外，较好地使用那些表明个人倾向的词语，诸如“显而易见”“依我看来”等等，并且适当运用“但是”“除了”等连接词，能使演讲显得活泼、生动、有气势。当然，讲究表意朴实的口语化，绝不能像平常随便讲话那样任意增减音节、拖泥带水，这样便损害了口语的健康美，破坏了语言的完整性。

三、语调贴切、自然、动情

语调是口语表达的重要手段，它能很好地辅助语言来表情达意。语言若没有轻重缓急，就难以传情。同样一句话，由于语调的轻重、高低、长短、急缓等不同变化，在不同语境里，可以表达出种种不同的思想感情。因此，演讲者正确选择和运用语调，对表达思想感情有着十分重要的意义。

语调的选择和运用，必须切合思想内容，符合语言环境，考虑现场效果。语调贴切、自然，正是演讲者的思想感情在语言上的自然流露。所以，演讲者想要恰当地运用语调，事先必须准确地掌握演讲内容和感情。著名电影演员李默然曾说：“我主张以情托声，就是用情感把你的声音托出来。”他以朗诵艾青的诗《我爱这土地》为例，朗诵最后两句：“为什么我的眼里常含着泪水？因为我对这土地爱得深沉。”如果以声带情，用大音量读，可以震动人心，但感情不深沉；如果以情托声，前面读时是高昂的，到这两句突然有一种凝固的感觉，一个小小的停顿，接着小音量地读，便能把这种“爱得深沉”的感情表达出来。这段经验之谈，正说明了要情动于衷，才能声形于外。只有当演讲者对所讲的内容理解至深，有真情实感，语调才能用得贴切、自然、动情。

第二节　演讲的体态表达艺术

体态语言也是人类社会交际的信息载体，是演讲语言的组成部分。演讲者不仅要有较强的口语表达能力，而且要善于用动作、表情来辅助说话，也就是要善于用体态语言来表情达意。教育家陶行知曾说：“演讲如能使聋子看得懂，则演讲之技精矣。”这正说明体态语言在传神达意方面具有极其重要的作用。

演讲者登上讲台，首先展现给听众的是视觉形象。仪表、姿态、神情、动作，全都呈现在听众面前，演讲者灵活自如、优美协调的体态动作，能很好地辅助口语，弥补有声语言表达的不足，使有声语言表达的内容更准确、更生动、更完整。特别是有些“可以意会、难以言传”的信息，往往通过一道眼神、一个手势，便能使听众心领神会。因此，在表达情感、情绪和态度方面，体态语言甚至比有声语言更明确、更具体、更富有感染力。演讲者将体态语言和有声语言有机地融为一体，便能够充分地表达内容、感染听众。同时，由于体态语言以具体形象诉诸听众的视觉，优美传神的体态动作，不仅具有显著的表意功能，而且它也能形成现实的艺术美，给人以美的艺术享受，是演讲者文化素养和美学观念的直接反映。

如果忽视体态语言的表达，就会使听众降低听讲兴趣，影响信息的传播，甚至切断和堵塞信息通道。演讲者应尽力掌握体态语言的表达艺术，使深刻的语言、得体的表情和灵活适当的手势融为一体。

一、体态表达艺术的基本要求

作为人类交际信息载体的体态语言，既要求准确、鲜明、生动，又要求端庄、高雅、大方，符合生活美学的标准。具体而言，要求如下：

1. 准确、适时

所谓准确，是指体态语言的表达与口语表达协调默契，符合演讲者的思想情感，能正确地表达出演讲的内容。准确、适时正是体态语言的价值所在。

每一个体态动作都具有一定的词汇含义和表意功能，一定要准确地把握，并恰当地运用。在现实生活中，某一动作所表示的某种词汇含义和感情色彩，都是人们约定俗成的结果。例如：在我国，摇头表示否定、表示反对；点头表示肯定、表示赞同；挥手表示再见；招手表示呼唤；竖起大拇指表示赞赏；翘起小拇指表示藐视……正因为有这种相对稳定的词汇含义，因此体态语言常常能替代口语。但是，它毕竟不像口头词语那样意义明确，而是具有象征性和虚拟性的特点。况且，在表示具体概念和事物的时候，体态语言和其表达的含义也并非一一对应，所以体态语言必然要受口语表达所制约，而不能像聋哑人那样单纯使用动作。只有当体态语言动作与口头表达紧密配合、协调默契时，才能真正显示出其准确的表意功能。

正因为体态语言的词汇含义和感情色彩是人们约定俗成的，所以它的使用有一定的时空范围。同样一个体态动作，在不同的民族、不同的国度、不同的时代，有着不同的含义。例如，同样是点头摇头，我国是“摇头不是点头是”，摇头表示否定，点头表示肯定；而有的民族就恰恰相反，“点头不是摇头是”，点头表示否定，而摇头却表示肯定。又如，当我们伸开食指和中指时，一般是表示数目“二”。自从英国首相丘吉尔首创用这个手势表示“victory”（胜利）后，几乎全世界用这个手势表示“胜利”及“和平”。所以，准确地运用体态语言，就必须既根据内容表达的需要，又要注意时代特征和一定的社会习惯。

由于体态语言具有象征性和虚拟性的特点，所以演讲者运用它时，常常是发挥着“模糊语言”的效用。所谓准确运用体态语言，从某种意义上讲，它所追求的正是与口头语言相和谐的意境，而不可能过多过细、过于繁琐地去具体模拟。

受口语所制约的体态语言，应该与口语表达配合协调、默契，也就是说应该适时。如果体态语言的表达与口语表达相互错位，出示得太早或太迟，就会滑稽可笑。同样，在演讲时，每一个体态动作都必须密切与口语表达相配合。而要达到这种境界，主要靠感情投入。只有当演讲者把全身的热情和精神，都投入思想的表现中去时，才能打破拘束和生硬，动作与口语便自然协调默契，浑然一体。

2. 优美、适度

运用体态语言，动作要做到端正、高雅，符合生活美学的要求。人们听演讲，除了获得信息、受到启迪之外，也需要获得美的享受。演讲者的体态动作，不可能像戏剧舞台动作那样一招一式地要求，那样会过分夸张、喧宾夺主，与演讲的风格很不协调。当然，也不应该畏首畏尾、动作生硬呆板。演讲的体态动作要做到姿态优美、恰如其分，符合人们的审美习惯。

优美自然的体态语言，符合演讲的内容特点和人们的审美习惯，是道理、感情和体态三者的和谐统一。优美自然的体态语言，也必然要符合演讲者的性别、年龄、经历、职业及性格等特征。因性别的不同，而形成体态语言风格上的差异，也是显而易见的。例如，男性演讲时，两手叉腰，双腿分开，昂首挺立，凝视前方，显得威武雄壮、刚毅有力；如果女性也摆出这个架势，就显得不伦不类。女性演讲时，步态轻盈，手势轻柔，动作灵巧，双目含情，显得温柔妩媚；

如果男性这样，那就显得阴阳怪气了。

总之，由于各自的思想修养和个性特征不同，各自的体态语言便自然有差异。演讲者在演讲时，一定要使自己的一举一动、一招一式，都与自己的演讲内容相符，与自己的性别、年龄、职业以及个性特征相吻合。当然也要顾及特定的演讲环境、听众的接受能力和审美情趣。

凡事"过犹不及"，优美的举止总是自然适度的。超过一定限度，就会发生质变，优美也就变成丑陋了。体态语言一定要恰如其分。所谓适度，即身体姿态、动作幅度、眼神流露、面部表情等，一般都要控制在一定的范围之内，以辅佐口语达到充分表情达意为度，不宜过分夸大，甚至"放肆"。否则就会当众失态，有伤大雅，有失身份。手势动作，不可过大或过小。过大，显得"张牙舞爪"；过小，又显得"缩手缩脚"。

3. 精练、适宜

体态语言毕竟是口语的辅助手段，使用时切忌过多过滥、喧宾夺主，而应尽量做到少而精。动作、手势、眼神都必须经过严格选择，有内在的依据，能准确、优美地充分表达出演讲内容。对于那些词语意义不强的习惯性动作和毫无意义的下意识动作，应尽量剔除。正如演讲者必须剔除口语中的"这个、那个"之类的重复口语一样。

手势频繁，动作重复单调，令人眼花缭乱，无形中分散了听众的注意力，会引起听众反感。例如，演讲者在台上盲目地反复走动，或者不停地舞拳挥手，不断地抓耳挠腮、抠鼻揉眼等，都是演讲的"败相"。这些机械乏味的动作，不仅不能发挥体态语言的作用，反而会破坏演讲的整体效果。

精练适宜的体态语言，把理性、情感和言词有机地结合在一起，做到生动形象、简洁明快、疏密有致，宛如演奏乐曲时的鼓点那样，准确而醒目，给人以美感，耐人回味。

二、仪表与风度

仪表是指人的身材、容貌、服饰、姿态等外在因素，以及由这些因素综合体现出来的气质。而风度就是人们对美的仪表的一种衡量尺度，是人们在长期的社会生活与交往中逐渐形成的、具有个人特色的举止和姿态。这些举止和姿态正是人的思想、品德、性格、气质等内在素质的外在反映。事实上，仪表与风度就是一种无声的体态语言，它在一定程度上反映了人的内心世界。演讲者一上台，听众首先就是通过视觉观察演讲者的形象。尽管演讲者还未开口，听众已经根据演讲者的仪表和风度，产生了一连串的心理活动，形成“第一印象”，直接影响听讲效果。

良好的仪表和风度，能产生很强的吸引力，牢牢地吸引听众的注意力。演讲者不仅应该是真理的宣传者，是知识的传播者，而且应该是美的体现者。在演讲现场，演讲者事实上是听众的审美对象。听众不仅通过演讲者生动活泼、含义深刻的演讲获得美感享受，而且也通过对演讲者的仪表、风度的欣赏，受到美的熏陶。

演讲者的仪表和风度，也能在一定程度上体现出民族特点和时代精神。因为仪表和风度在一定程度上反映人的内心世界，而人的内心活动与精神面貌、时代特色紧密相关；同时，人的服饰、发型以及举止，总是带有一定的民族特色和时代印记。演讲者应该自觉地意识到这些方面，尽量使自己的仪表和举止符合民族特点，反映时代精神。

演讲者注意仪表的修饰，讲究风度，以美的姿态出现在听众面前，这种行为本身就显示出对听众的尊重。这种无声的信息传递，很自然地缩短了演讲者与听众的心理距离，可以赢得听众的关注和尊重，形成融洽和谐的气氛。

1. 仪表、服饰

毋庸讳言，身材魁梧伟岸，容貌端庄英俊，五官匀称，体魄健康，令人赏心悦目。这些光彩照人的先天因素，能为演讲者带来极为有利的条件。然而，不是每个演讲者都具备这些条件，容貌身材是先天固有的，一般难以改变。但即使身材或容貌欠佳，甚至有某些生理缺陷，仍然可以采取积极的弥补措施，以内在美去弥补外在的缺陷。即以美的心灵、高尚的道德情操，以及对真理孜孜不倦的追求，去吸引听众、感染听众。高位截瘫的张海迪，必须坐着轮椅上讲台，但是时代精神赋予她特有的内在美，使听众深受震动，无不对她肃然起敬。

俗话说：“人要衣装马要鞍。”服装对人体有“扬美”与“遮丑”的功能，它可以反映人的精神气质、文化素养和审美观念。演讲者的衣着应该整洁合身，庄重大方，色彩和谐，轻便协调。“整洁合身”要求做到外表整齐、干净、美观，与自己的身材相协调。“庄重大方”要求做到风格高雅、稳健，与自己的性别、年龄、职业等协调，充分体现出自己的特点与神韵。“色彩和谐”要求做到服饰与特定的环境和内容相协调。不同颜色所表达的不同寓意和象征作用，已经在人们思维中形成了较为牢固的定式，深色给人以深沉、庄重之感，而浅色使人感到清爽舒适。“轻便协调”要求做到装束合时，感觉良好，行动方便，与季节相符，与广大听众的装束协调，不可过于华丽时髦，那样会分散听众注意力，引起非议，破坏演讲气氛。

2. 风度、礼仪

风度并不是指人的某一动作，而是指人们在长期的社会生活与交往中，逐渐形成具有特色的举止和姿态。这种举止和姿态，是由反映人的思想、品德、性格、气质等内在因素的动作构成，而身姿正是听众评判演讲整体效果的重要指标。优美的身姿能成为表达内容、情感，以及调动听众情绪的有力手段，最能表现出人的风度。

身姿是人的自然形体在空间的形象显现。它由头部、身躯及双腿三部分动作构成。走上讲台时，演讲者应迈步适度，步伐均匀，头正，眼睛平视，口微闭，双臂自然摆动，步态和表情应体现出庄重大方、从容自信、亲切热情，整个体形端庄有力。切忌低头弯腰、忸怩局促或将手插在衣袋中、左摇右晃。

一般来讲，演讲宜站着讲，这样既是对听众的一种礼貌表现，也能给听众一个完整的形象，充分展示出演讲者的神情、仪表、姿态。站的位置宜在台前中间，既便于纵观全场，也利于听众从各自的角度看到演讲者的姿态，站姿要自然、和谐、端正、庄重。

风度与气质的关系也非常密切。所谓气质，是指人所固有的、比较稳定的个性特征，具体表现在人的情感、认识活动和言语行动之中。

从心理学角度来看，不同气质具有不同的动力特征。

多血质的人热情豪放、灵活敏捷，但精力容易分散、朝三暮四；胆汁质的人急公好义、勇敢顽强，但容易粗野暴躁、盲目冒险。这两种气质的人在演讲过程中，常常给人炽热、激昂、刚强、愉悦、开朗的印象。他们语言明快，铿锵有力，举止活泼，表情丰富，身姿手势灵活。这两种气质的人主动性、攻击性和感染力较强，适合于轻快型、高扬型和急促型的演讲。但他们往往容易急躁、粗暴，甚至傲慢无礼，易于轻举妄动、失去理智。有这类气质的人，应加强自我涵养修炼，努力使自己做到稳健、庄重，从容不迫。

黏液质的人严谨细微、坚韧不拔，但常常瞻前顾后、虚伪晦暗；抑郁质的人情感深刻、细致敏锐，但常常多愁善感、神经过敏。这两种气质的人，在演讲时，感情活动比较沉稳、质朴，语言严谨、委婉、徐缓，神情严肃、坚毅，但比较迟钝，缺少灵活性，适合于持重型、低抑型演讲。在演讲中应该尽量做到精神焕发，不卑不亢，举止潇洒。

总之演讲者要善于分析自己的气质特征，发扬优点，克服缺点，掌握和支配自己的气质，使自己的举止风度具有热情、大方、稳重、谦和、诚恳等特点。

风度和礼仪的关系十分密切，优美动人的举止常常是符合礼仪要求的。演讲者英姿焕发、举止潇洒、热情谦和，便显得彬彬有礼。如果敞胸露怀、一步三晃、放荡不羁，不仅没有风度，也是不懂礼仪的表现，往往令人反感。

礼仪是人类社会生活中逐渐形成、并为大家共同承认和遵守以表示友情的方式或仪式。演讲者从步入会场、登台演讲，到演讲结束离开会场，都应该注意体态风度，讲究礼仪规范。

步入会场时，演讲者要态度谦和，步子稳健，潇洒自如，面带微笑。正式登台演讲时，先向主持人点头致谢，然后从容稳健地走上讲台，郑重、恭敬、诚恳地向听众敬礼，并且目光环视全场，表示光顾和招呼。演讲开始要注意选择恰当的称呼，以得体而充满感情的称呼，沟通演讲者与听众的思想感情，激发听众情绪。演讲结束时，应面带微笑，向听众致礼之后，从容下台，切不可过于匆忙，显出羞怯失意的神态，也不可摆出洋洋得意、满不在乎的样子。

三、表情与手势

在体态语言中，面部表情和手势是最能传情达意的。人的面部表情丰富多彩。罗曼·罗兰说："面部表情是多少世纪培养成功的语言，是比嘴里讲的更复杂到千百倍的语言。"它是人的内在思想感情在外貌上的显示，特别是作为脸部重要组成之一的眼睛，更是“心灵的窗户”，能准确、生动地表达人们复杂微妙的思想感情。手是人体敏锐、丰富的表情器官之一，它能以多变的态势造型，传递潜在心声，交流内心情感。富有经验的演讲者，总是充分地利用面部表情和手势，表达出丰富的思想感情，影响听众，感染听众。

1. 眼神

眼神与语言之间有一种同步效应，人们的思想感情常常通过眼神自然流露出来。眼神配合口语，能表达出丰富多彩的思想感情。这是因为人的眼睛有上百条神经联结大脑，它们是大脑获得信息的重要渠道，同时又受到大脑中枢神经的控制。所以，眼睛能自如地传递心灵的信息，反映人的喜怒哀乐之情。演讲者在运用口语传递信息的同时，也自然要通过自己的眼神，把内心的激情、学识、品德、情操、审美情趣等传递给听众。

不同的眼神，给人以不同的印象。演讲者的眼神变化要与演讲内容的发展和自己情绪的变化相协调，要注意眼神运用的多样性，准确地表情达意，给人以胸怀坦荡的感觉。

眼神不仅可辅助口头语言表达思想感情，而且有时还能直接代替语言。眼睛在演讲过程中，既能输出信息，又能接受信息。演讲者在运用目光传递信息的同时，也通过目光察言观色，接受听众的信息反馈，使眼睛发挥组织演讲和收集演讲效果的作用。

2. 面部表情

面部表情与眼神是密切相关的。其实，眼睛的传神常常与面部其他部分的活动相配合来进行。眼神离开了面部其他部分的活动，其表情达意作用就必然受到影响。面部表情非常丰富，许多细微复杂的情感，都能通过种种面部表情来传达，并且能对口语表达起到解释和强化作用。

脸面的颜色、光泽，脸部肌肉的收缩与舒展，以及脸部纹路的不同组合，都能构成喜怒哀乐等各种复杂的表情。眉飞色舞是喜，切齿圆睁是怒，蹙额锁眉是哀，笑逐颜开是乐。口角向上表愉快，口角向下表忧烦，冷漠轻蔑时嘴紧闭，诧异惊讶时口大张。同样是笑，微笑、憨笑、苦笑、奸笑，在嘴、唇、眉、眼和脸部肌肉等方面都表现出许多细微而复杂的差别。演讲者要善于观察面部表情的各种细微差别，并且要善于灵活地驾驭自己的面部表情，使面部表情能更好地辅助和强化口语表达。

运用面部表情，要求自然真实。喜怒哀乐都要随着演讲内容和思想感情的发展需要而自然流露，切不可逢场作戏、过分夸张、矫揉造作，那样会令人感到虚伪滑稽。也不可毫无表情、冷若冰霜，使人感到枯燥压抑。

演讲者的面部表情与口语表达要协调一致，要能准确鲜明地反映自己内在的思想感情，面部表情与有声语言的表情达意应同步进行。同时，演讲者为了有效地传递信息，交流感情，要尽量避免傲慢的表情、讥讽的表情、油滑的表情和沮丧的表情。这些表情都会在听众中产生不良影响，形成离心效应。

3. 手势

手是人体敏锐的表情器官之一。手势是体态语言的主要形式，使用频率最高。由于双手活动幅度较大，活动最方便，最灵巧，形态变化也最多，因而其表现力、吸引力和感染力也最强，最能表达出丰富多彩的思想感情。寓意深刻、优美得体的手势动作，能产生极大的魅力，激发听众的热情，加深听众对演讲内容的理解，使演讲获得成功。

从手势活动的区域来看，大体有三种情况：一种在胸部以上，常常用以表达激昂慷慨、积极向上的内容和感情；一种在胸腹之间，常用以表示一般性叙事说理和较平静的情绪；还有一种在腹部以下，常用以表示否定、鄙视、憎恨等内容和情感。

根据手的不同形状和活动部位，手势动作可分为手指动作、手掌动作和握拳动作。这些手势语言具有多种复杂的含义，应该细心辨识和掌握。例如，常用大拇指和小拇指，分别表示赞扬与鄙夷；单手手掌向前推出，显出信心和力量；双手由分而合表示亲密、团结、联合；握拳显示情感异常激烈，等等。总之，手势的部位、幅度、方向、急缓、形状、角度等的不同变化，所表达的思想含义和感情色彩就有很大差别。演讲者不可拘泥于某种固定的模式，而要根据演讲内容的不同需要，灵活运用不同的手势。

从手势表达的思想内容来看，手势动作可分为情意手势、指示手势、象形手势与象征手势。

情意手势用以表达感情，使抽象的感情具体化、形象化，使听众易于领悟演讲者的思想情感。如挥拳表义愤，推掌表拒绝等。

指示手势用以指明演讲中涉及的人或事物及其所在位置，从而增强真实感和亲切感。指示有实指、虚指之分。实指涉及的对象是在场听众视线所能看到的；虚指涉及的对象远离会场，是听众无法看到的。

象形手势用以模拟人或物的形状、体积、高度等，给听众以具体、明确的印象。

象征手势用以表现某些抽象概念，以生动具体的手势和有声语言构成一种易于理解的意境。

手势动作只有在与口语表达密切配合时，其含义才最为生动具体。演讲者的手势必须随演讲的内容、自己的情感和现场气氛自然地表现出来。手势的部位、幅度、方向、力度都应与演讲的有声语言、面部表情、身体姿态密切配合，协调一致。

?思考与训练

1. 为什么成功的演讲离不开良好的表达艺术？

2. 口语表达艺术的基本要求是什么？

3. 体态表达艺术的基本要求是什么？在仪表与风度、表情与手势方面应注意哪些问题？

4. 古人云：“言之不足，手之舞之，足之蹈之。”试就此论断来说明有声语言与体态语言之间的关系。

5. 下面是张海迪在演讲中的两段话：①内容比较明快；②内容比较凝重。试问：在演讲节奏的处理上应把握哪些要点？请具体分析。

①有一位朋友对我说：“玲玲，我有时觉得心里很空虚。”我就请他和我一起学习。我说：“我们要是学了知识，就会感到生活充实了。”从此，这位朋友就一直坚持学习。1979 年他参了军，参加了边境自卫反击战。在战场

上他写来这样一封信："玲玲，我正在战场上给你写信，这儿硝烟弥漫，战友们都冲上去了，有的战友倒下了。玲玲，我现在想得很多很多，我想我自己要是牺牲了没什么，可是要被打残废了怎么办呢？"他说："你知道吗？这个时候我想起你。我觉得你虽然腿残废了，但是你还是坚持工作和学习，我要像你那样生活下去。"结果，他在战场上勇猛作战，入了党，并且和他的战友们一起荣立了集体三等功，胜利地返回了内地。

②有一次，我趁爸爸、妈妈上班的时候，收拾好东西，给爸爸妈妈写了一封遗书。我在遗书中说："亲爱的爸爸、妈妈，女儿就要离开你们了。当我就要离开你们的时候，我心里是多么的难过。我是一个热爱生活的姑娘，活着是多么的好，可是疾病使我失去了创造美好生活的权利。虽然我有病，但是，我不愿做这沸腾生活的旁观者。我愿像别人一样，做一个社会主义建设者。爸爸、妈妈，请你们原谅我，原谅我。我永远也不会忘记跟你们生活的那些岁月。我吞服了大量的安眠药，并且还给自己打了冬眠灵。我躺在床上，静静地等待离开这个世界。"

第六章

随机应变 游刃有余
——即兴演讲

提前准备“演讲稿”的演讲，是在演讲之前，经过深思熟虑、精心准备的带稿演讲。还有另外一种演讲，是事前不一定能深思熟虑，不能精心准备讲稿，只是临时打好腹稿，作即兴演讲。

第一节 即兴演讲的含义与特点

一、即兴演讲的含义

即兴演讲，又称即席演讲或即时演讲，它是演讲者在某种特定景物或某种人物、气氛的激发下，而产生的一种临时性演讲。这种演讲方式，是在事先无准备、事先没有拟稿的情况之下进行的演讲活动。

早在20世纪30年代，我国演讲家杨炳乾曾有论述：“即时演说者，演说家事先无为演说之意，而忽遇演说之时机，不能不仓促构思，以即时陈述也。”

作即兴演讲，的确有一定难度，最见功力，一般人难以把握。

即兴演讲最突出的特点是“即兴”，它具有明显的“临时性”，所以在一般情况下是没有讲稿的，甚至演讲提纲也没有。但这并不是说演讲者在对自己讲什么和怎么讲都心中无数的情况下，就冒冒失失地进行演讲了。其实，演讲者在临时决定要演讲时，只用了极短的时间，就在心中编好了演讲“提纲”，打好了“腹稿”，然后登台按照预定的思路边想边讲。如1946年7月15日，闻一多先生在昆明市云南大学致公堂李公朴先生的追悼会上所作的《最后一次讲演》，就是一篇著名的即兴演讲。

随着时代的发展，即兴演讲的范围越来越广，使用频率越来越高，诸如主持会议、宴会祝酒、婚丧嫁娶、答记者问等均少不了即兴演讲，我们不可等闲视之。

二、即兴演讲的特点

即兴演讲具有以下三个明显的特点：

1. 具有临场性

即兴演讲不能像命题演讲那样事先拟好草稿，也不能像论辩演讲那样事先进行调研和模拟训练。演讲者往往是当即打腹稿，临场发挥。

2. 具有敏捷性

演讲者必须在短短的时间里，迅速选择话题，进行构思，组织材料，针对具体的对象和情景，发表适切的演讲。即兴演讲的敏捷性，是由临场性这一基本特征所决定的。

即兴演讲者的快速构思，必须抓住“选题”和“定格”这两个关键。否则，漫无边际地去想，反而会把思维搞乱，影响构思的速度和质量。

所谓选题，即话题。它包括两层意思：一是选择主题，二是确定题目（命题式即兴演讲则为“审题”）。选题的好坏，直接关系到即兴演讲的成败和价值的大小。

所谓定格，即确定即兴演讲的格式，给即兴演讲划一个框子，演讲时根据定好的“格”（框子），填上适当的词语即可。即兴演讲者如能做到快速“选题”和“定格”，登台演讲时根据已有的思路边想边讲、边讲边想也就不会很难了。

即兴演讲的定格常用开头、主体、结尾的“三格法”。

例如，曹海霞同学在吉林省中学生的一次即兴演讲比赛中，抽到的题签是《妈妈的眼睛》。

在审题时，她首先确定这篇演讲主要表达的是母女之情，同时也应着力表现对祖国、对人民的深切热爱。

其次，要为演讲定格。

开头借题发挥，引入正题："当我手捧着题签，望着上面'妈妈的眼睛'这5个字时，我的脑海里立刻浮现出一双美丽明亮的眼睛，那就是妈妈的眼睛。"

主体则从三个方面阐述母亲给予自己的勇气和力量："当我感到孤独的时候，我想起了妈妈慈祥的眼睛，它告诉我生活中到处充满着爱，它让我去寻找纯洁的友谊；当我在挫折和痛苦面前叹息和失望的时候，我想起了妈妈闪耀着希望之光的眼睛，它引导着我从失望的迷谷中走出，使我勇敢地接受生活的磨难和考验，鼓舞我在困难面前奋然崛起；当我面临突如其来的侵凌，我想起了妈妈那双坚定的眼睛，它给了我无穷的智慧和勇气"。由于选材恰当，饱含激情，演讲者出色地为听众塑造了一个慈祥、善良、坚毅、顽强的伟大母亲形象。

结尾时，她向听众发出呼唤："朋友们，世界有黑暗更有光明，请你到大千世界中去追寻最能给你力量的美好事物吧！就像我找到了妈妈的眼睛一样，它不但能给你温暖，激励你的斗志，还能净化你的灵魂，温馨你的感情。让我们共同去追求吧！哦，妈妈的眼睛……"此时，演讲者已成功地把一个女儿对母亲的怀念，升华为对真善美执着追求的拳拳之情。

3. 具有简练性

这是就演讲者所使用的语言来说的。演讲者要以简洁、生动、形象的语言去征服听众。这也是由即兴演讲的临场性这一基本特征所决定的。

1993年8月，中国运动员在第四届世界田径锦标赛中一举夺得女子100米、1500米、3000米和10000米的金牌，震动了世界体坛，教练马俊仁即兴回答记者的问话就非常简洁得体：

外国记者问："3000米比赛结束后，中国三名队员为何显得不十分高兴？是否担心赛后的药检过不了关？"

教练马俊仁答："东方人有东方人表达胜利的方式，我们中国女孩，比较含蓄。说实在的，在途中跑时，别的国家选手有5次包抄我们，打乱了我们的计划和节奏。三名队员没有显得十分高兴，为的是没有打破世界纪录。……如果有人硬要中伤中国队员服用禁药，我会送他一颗酸葡萄吃的。"

（《中国体育报》1993年8月23日）

即兴演讲中如能引用一些名言警句、历史典故、神话寓言等，往往会收到词约意丰、事半功倍的效果。

第二节 即兴演讲的类型与要点

一、即兴演讲的类型

即兴演讲可分为不同的类型。就其方式而言，可分为主动式即兴演讲与被动式即兴演讲；若按演讲主题选择的相对自由度来说，可分为命题性即兴演讲、随意性即兴演讲和论辩性即兴演讲。

1. 主动式即兴演讲

所谓主动式即兴演讲，指演讲者被临场的情景所感动，而主动发表的演讲。

主动式即兴演讲必须是有感而发。无论是其他人的演讲，触动了演讲者的感情；还是会场上的气氛，触动了演讲者的感情。总之，这种演讲必须如鲠于喉、不吐不快，而不是无病呻吟的演讲，也不是没有真情实感的演讲。

2. 被动式即兴演讲

所谓被动式即兴演讲，指演讲者原本不准备演讲，但被会议主持人或其他人临时邀请所发表的演讲。

赛场即兴演讲是被动式即兴演讲的典型。

被动式即兴演讲，要强调“切题”与“超旨”。

所谓“切题”，指紧扣主题，不偏不离，不枝不蔓；所谓“超旨”，指超出“公共主题”，不能人云亦云、老生常谈，要题材新颖、与众不同。

这种即兴演讲要把握好“切题”与“超旨”的辩证关系。“切题”而不“超旨”，演讲必然流于公式化，从而缺乏振聋发聩之力；“超旨”而不“切题”，演讲必然成为套话，从而缺乏实事求是之意。

3. 命题性即兴演讲

命题性即兴演讲主要在演讲比赛中运用得比较多。

演讲者按抽到的题目要求，只作3—5分钟的准备就上台进行演讲。

4. 随意性即兴演讲

随意性即兴演讲，这主要表现在日常生活中的学习交流，工作中的协商切磋，会议上就某一个问题的讨论争辩，或在大会上应邀讲话等，发言者被眼前发生的景象或情态所感染，而激发兴致和灵感所作的一种演讲。它是人们在社交活动中最常见、最普遍的一种演讲形式。

5. 论辩性即兴演讲

论辩性即兴演讲，是指两个或两个以上持有对立或各不相同观点的参与者，面对面地进行针锋相对争论的演讲。如商务和贸易谈判、法庭辩论、赛场辩论等。

随着人类社会的发展，人们社交活动的日益扩大和频繁，以及演讲与口才水平的不断提高，对人们即兴演讲能力的要求也就越来越高。即兴演讲的运用范围也越来越广泛，如竞聘答辩、欢迎致辞、宴会祝酒、来宾介绍、婚事贺喜、电视谈话、新闻发布、干群对话等。

二、即兴演讲的优点

随着时代的发展与社会的进步，即兴演讲这种方式越来越受到人们的青睐，其优势越来越明显，主要表现为以下三个方面：

1. 内容针对性强

即兴演讲的内容都在现场准备，贴近现实生活，贴近观众、听众心理。主题的确定，材料的选择，轻重主次的安排，都从观众、听众的需要出发，不易脱离实际。

即兴演讲是动态性强的语言交流活动，边看边想边讲，并根据现场反馈及时调整所讲内容，尽量多提供受欢迎、有用的信息，效果事半功倍。

它没有闭门造车的弊端，也少有隔靴搔痒的空话，有的放矢，实实在在，易于接受。如果再加上重视就地取材，当场捕捉话题，更能激起全场的强烈共鸣。

2. 与听众交流多

即兴演讲多半是在现场有感而发，灵感常常来自听众、观众席上。演讲者与听众、观众之间互相配合默契，共同营造一个良好的信息与思想感情交流环境。台上、台下心理距离小，交流的方式方法多种多样。小到一个会意的眼神，大到和听众、观众握手、拥抱，甚至穿插台上、台下之间的简短交谈，往往气氛格外热烈。

即使在命题演讲之中，“振臂一呼、应者云集”的高潮阶段，往往也是演讲者暂时抛开原来准备的内容或精心设计的态势语言，尽情即兴发挥的关键时刻。

3. 形式更自由

即兴演讲常常是在某个特定的生活场景中进行，而生活场景又多种多样，有的较严肃，有的较宽松，于是演讲形式也不拘一格，只要方便、自然。演讲场地、会场布置、声光设备等，没有固定的模式，大到万人集会，小到数人座谈，都可以发表即兴演讲。演讲者也不一定始终站在台上，可以选择自认为合适的位置。

即兴演讲是否只适合日常社交生活，而不适合重大政治活动呢？那也不尽然。政治活动要求会场气氛较庄重、严肃，但除了各级领导干部之外，广大人民群众的参政、议政积极性也在日益提高，这是政治民主化的必然趋势。人民群众对国家大事与企业大事各抒己见，发挥主人翁的作用，发言的态度要严肃、认真，但发言场合、讲话的方式仍可不拘一格，仍以即兴、方便、自然较合适，过于拘谨，就难以畅所欲言。

三、即兴演讲的难点

知识、思维、语言（口语），是演讲成功的三大要素。即兴演讲最需要的是优良的思维品质。在思想的条理性、周密性、敏捷性之中，即兴演讲最需要则是思维的敏捷性。如果思维的敏捷性差，即使知识储备丰厚，也很难迅速灵活调动。正如同即使有良将精兵，战争打响，却很难调到前线灵活指挥运用。

在日常社会生活中，即兴口才用途最广，但即兴演讲的难度也更大。

1. 准备仓促，很难精雕细刻

即兴演讲与命题演讲、论辩演讲不同，没有过多的时间准备。命题演讲有充分的时间写稿、记稿，酝酿感情，直到“吃透”讲稿达到滚瓜烂熟方登台；论辩演讲甚至模拟练兵多次才出场；而即兴演讲常常带有突然袭击的性质，需要仓促准备，由于时间短，就很难做到精雕细刻。

2. 篇幅短小，容量有限

短暂的即兴演讲，最短的不到一分钟，一般只有两三分钟，长的不过十来分钟，容量有限。所以，即兴演讲只能以小见大，以少胜多；主题集中，高度凝练，不节外生枝；选材严，开掘深，不旁征博引；言简意赅，字字如金，句句中的，言必及人。否则，整个演讲就会像一盘散沙，易撒难收。

3. 多数人缺乏即兴演讲的锻炼

社会生活、劳动人事制度、教育制度等多方面的原因，使人们的即兴演讲能力缺乏充分锻炼和提高。

但是我们可以预见，随着综合素质教育的重视与加强，中国人的智慧将获得空前的大解放，人们即兴演讲的能力与水平将会大大提升。

第三节 即兴演讲的要求与准备

一、即兴演讲的要求

即兴演讲以它少而精、小而活、快而准的特点，符合时代的潮流，符合人们快节奏的生活方式，因此这种演讲方式深受人们的欢迎。而正是即兴演讲的个性特点与特殊功能，决定了即兴演讲的特殊要求。

1. 对即兴演讲者能力的要求

即兴演讲能力是一种高级的演讲能力，最能反映演讲者修养和功底。因为即兴演讲场合常有变化，听众的职业、年龄、生活阅历和文化素养也不尽一致，即使是在同一演讲会的过程中，也常常产生各种预想不到的情况。即兴演讲能力强的人，能在错综复杂的场合，泰然自若，侃侃而谈。他们能从当时当地听众的实际情况出发，及时调节演讲内容和演讲方式，从而提高演讲的效果。

一个人的即兴演讲能力，要能够达到缘事而发、应付自如的程度，而且能做到天衣无缝、出口成章，确实有一定难度，需要下一番苦功夫。这是因为，即兴演讲面临的具体课题多变，它要求演讲者必须具有真才实学，具有较高的才情禀赋。同时，即兴演讲面临的情况比较复杂，这就要求演讲者必须具有最佳的心理素质，特别是要有良好的意志品质，能够控制自己的情绪，调节自己的心境，集中自己的神思来完成演讲。

总的说来，即兴演讲能力的形成，既需要有一定的功底，又需要反复地实践锻炼。否则，即使勉强开始即兴演讲，也难以产生好的效果。因此，要真正成为一个优秀的演讲者，就必须十分注重即兴演讲能力的锻炼和培养。

2. 对即兴演讲内容的要求

对即兴演讲内容的要求，主要有以下两点：

（1）材料必须新颖

“文章最忌随人后”，即兴演讲更是如此。即兴演讲没能给别人留下什么印象的原因，往往是因为内容缺乏新意，不“新”就无魅力可言。

（2）立意必须深刻

即兴演讲的立意要深刻，指讲话的认识要深、意义要深、体会要深、开掘要深，这样才能给听众以深刻的启迪。而要立意深刻，就要选择一个合适的角度。因为同样的一件事情，它可以包含几个意义，我们可以根据不同的目的来确定演讲的立意。要使立意深刻，演讲者确定中心论点的角度就要尽量少而集中，要小中见大。

3. 对即兴演讲方法的要求

对即兴演讲方法的要求，主要有以下两点：

（1）构思要敏捷

即兴演讲因为要在事先无任何准备的情况下，临时构思发表演讲，所以必定要求构思敏捷。诗人陆游说："汝果欲学诗，功夫在诗外。"构思敏捷是以智慧和日常广博知识积累为基础的。构思敏捷，要注意培养敏锐的观察能力和分析、归纳、概括能力；要选取本人熟悉的人、事、物、景为话题，因为只有自己熟悉的事物，大脑反应才迅速、快捷；此外，构思时要选取听众熟悉的、感兴趣的事物和听众关心的热门话题，这样才能与听众产生共鸣。

（2）语言要简洁

即兴演讲，本来篇幅就不长，而短短的几分钟演讲，要给听众留下深刻的印象，就特别要求语言的简洁性，不能说废话、空话、套话，不能冗长啰嗦。并且，使用的句子不能过长，修饰语不宜用得过多。

二、即兴演讲的准备

这里着重介绍即兴演讲的智力准备、心态准备和知识准备。

1. 智力准备

俗话说"养兵千日，用兵一时"。没有日积月累的学习和锻炼，就不可能有妙语连珠、语惊四座的即兴演讲。

即兴演讲比备稿演讲的要求更高，对一般的演讲者来说，具有相当的难度，最见功力。即兴演讲者应具备以下四种能力：

第一，应具备敏锐的认识能力和分析能力。能辩证地看待问题，深刻地分析问题。面对即兴演讲的命题，能宏观地把握它，迅速作出准确的判断，由表及里、由浅入深、由近而远，从而得出深刻的认识，作出正确的判断。

第二，应具备较强的综合能力。即兴演讲者要在很短的时间里，把符合主题的材料粗略地组合在一起，形成一条主线，边讲边修改。增添符合主题需要的材料，摒弃游离主题的内容。

第三，应具备丰富的联想能力。即兴演讲，临场发挥特别重要，应注意观察现场和听众，摄取那些与演讲主题有关的人物、事件和情景，因地设喻，即景生情，做到借题发挥，驰骋想象。

第四，应具备较强的应变能力。即兴演讲事前无充分准备，临场极易出现意外，如紧张、忘词、说错词等。遇到这种情况，只有沉着冷静、巧妙应变，才能扭转被动局面。

总之，精彩的即兴演讲，绝非一日之功。“台上一分钟，台下十年功。”要能娴熟地应对即兴演讲，需长期积累知识，不断提高自己的认识能力、综合能力、联想能力和应变能力。

2. 心态准备

即兴演讲中，演讲者的心理素质直接关系到即兴演讲的成败。即兴演讲要求演讲者在精神上“放松”，这是即兴演讲成功的前提。“放松”的关键在于“自信”。

（1）放松心态

演讲者在即兴演讲时，应该表现得轻松镇定、坦然自若，这样才能较充分地发挥出自己的演讲才能。演讲者要使自己精神放松，首先应该养成“在乎而又不太在乎”的态度。因为演讲者如果“过分在乎”，心中充满“杂念”，从而产生紧张情绪，导致演讲时不能讲出应有的水平。

（2）充满自信

放松的关键在于“自信”。演讲者对自己的观点应该坚信不疑，对自己的即兴演讲能力应该充满信心。不要去想对自己不利的因素，全身心地投入演讲，充分发挥自己的潜能，这样演讲就更能获得成功。

3. 知识准备

我们平时就要广泛积累演讲材料，做好知识准备。这就要求我们在生活中要做有心人，“家事、国事、天下事，事事关心”。平时广泛收集演讲材料，加上平时多思考，即使临场上台演讲也不会慌张。

要注意收集历史资料，对那些重要的历史事件、人物的有关情况要熟记，并分门别类地进行整理；要注意收集现实的资料，对当今国内外发生的重要事件、人物的有关情况要了如指掌，到即兴演讲时方可信手拈来，恰当用上；要注意收集现场的材料，设法熟悉演讲对象，注意观察现场的所见所闻，增加演讲的即兴因素，从而征服听众。

? 思考与训练

1. 什么是即兴演讲？即兴演讲有哪些特点？

2. 即兴演讲可分几种类型？即兴演讲的难点在哪里？

3. 即兴演讲的主要要求有哪些？我们在进行即兴演讲时应做好哪些准备？

4. 即兴演讲要掌握哪些方法与技巧？即兴演讲思维训练的方法主要有哪些？

5. 我们见识过婚礼上的热烈场面，领略过婚礼上精彩的即兴演讲。这里转载的是来自解放军李本钱“在婚礼上的即兴演讲”，请谈谈这篇即兴演讲的特点。

李本钱在婚礼上的演讲

各位首长、各位来宾：

寒霜已至枫叶红，铁树总有开花时。在今天这个光辉的日子里，我终于光荣地结束了单身生活，在44岁的年龄，第一次勇敢地走向了婚姻的殿堂。请允许我和我的新娘，向各位首长、各位战友、向长期关心我们婚姻大事的领导和朋友们致以衷心的感谢！

此时此刻，我思绪万千，感慨良多。在通向婚姻的道路上，我苦苦追寻了20多年。20多年的平凡生活中，我的感情生活极不平静。有阳光下嫩草出土的快意，也有冷风中头撞南墙的失意；有赤膊上阵的莽撞，也有草草收场的悲凉。总之，有泪流，有伤心。但是，我始终抱着铁树总能开花的信念，发扬人民空军创建时期“马拉飞机”的伟大精神，乐观向上，顽强搏击。于是，今天终于站在了婚姻殿堂的门槛上。

没有父母的养育之恩，没有哥哥姐姐的精心呵护，没有在座各位首长和朋友的鼎力扶持，没有新娘的“献身精神”，铁树就开不了花，我也结不了婚。因此，请让我深情地说一句：感谢父母，感谢首长，感谢大家，感谢新娘！

生活美好，爱情甜蜜。婚后，我还要向已婚的兄弟姐妹们学习，争取把损失的时间补回来，争取从明天起，向朋友们发出“珍爱家庭、远离酒桌”的倡议，广泛深入开展“百日无滴酒”活动，争取在我制定的第一个五年计划内，与新娘一道加倍努力，勤奋工作，让祖国的百花园里也有属于我们的一朵。

人说婚姻是围墙，我说墙内有花香。告别了，我的单身生活；告别了，我的铁树总不开花的日子。祝愿未婚的兄弟姐妹们早觅知音，共度爱河；祝愿已婚的每个家庭花团锦簇，一路芬芳！

各位嘉宾：爱情诚可贵，友谊价更高。各位对我们的厚爱，我将永远铭记。再一次感谢你们！

伟大的亲情、友情、爱情万岁！伟大的铁树开花精神万岁！

谢谢大家。

第七章

抓住关键　更上层楼

——怎样提升演讲水平

第一节　演讲艺术的“四个层次”

一、认识演讲艺术的“两个方面”

对“艺术”如何理解呢？

一方面艺术即指文艺，是对社会生活进行形象概括而创作的作品，包括文学、绘画、雕塑、音乐、舞蹈、戏剧、电影等。

另一方面艺术比喻富有创造性的语言、方式、方法及事物。如领导艺术、战争艺术、演讲艺术等。

那么，什么是演讲艺术呢？演讲艺术包括两个方面：一是演讲技巧；二是演讲内容。

所谓演讲技巧，主要指演讲者在声音变化、表情传递、手势运用、道具选择、个人形象展示、交流互动设计等方面的能力与策略。

灵活运用演讲技巧，使演讲更具有吸引的力量、展示的力量、感染的力量。

所谓演讲内容，主要指演讲者向受众传递和表述的演讲主旨、核心观点、论述要点、事实依据、思想内涵……

演讲技巧与演讲内容的关系，可谓是唇齿相依、皮毛共存、形神合一的关系。演讲技巧很重要，但演讲内容为“王”。

在演讲过程中，运用富有创造性的语言、方式及方法，让演讲达到更好的效果，让演讲起到更好的作用。

二、明确演讲艺术的“四个层次”

要讨论演讲水平的提升，就必须弄清演讲艺术的层次。根据我们多年来的研究与探讨，演讲艺术可分为“四个层次”。

1. 学习演讲技巧

这是演讲艺术的第一个层次，是初学演讲者所必须经过的阶段。

演讲技巧涵盖的范围很广，声音、手势、道具、个人形象、互动交流等，都属于演讲技巧的范畴。但是，演讲的核心技巧就是怎样围绕演讲主题进行讲述，怎样开头，怎样结尾，怎样铺垫掀起高潮，怎样点题升华主题。

学习演讲技巧的案例很多，俯拾即是：

小学生演讲：《我想当一名热心的白衣天使》

中学生演讲：《赞美英雄的城市武汉》

大学生演讲：《学习航天员，努力攀登科学高峰》

快递小哥演讲：《把顾客当亲人，用心服务到家》

2. 提升演讲水平

初学演讲者通过一定时间的学习与锻炼，已经熟悉了演讲的方方面面，演讲技能有了一定的提高，已经进入到演讲艺术的第二个层次。这个层次就要求演讲者要认真学习演讲艺术，要切实把握好五个关键点，在演讲中要有鲜明的主题、突出的事迹、感人的细节、闪光的语言和充沛的情感。在各个演讲大赛中，常常可以见到这类优秀的演讲者，案例很多：

王威演讲：《天使之梦》

高思恩演讲：《奔跑吧！青春》

张超凡演讲：《用右手撑起一片晴空》

张宇演讲：《棉花奶奶的梦想》

3. 充分表述观点

这是演讲艺术的第三个层次。这个层次要求较高，即使是许多优秀的演讲者，也很难达到这个层次。因为在他们的演讲词中，很难找到新的观点。在一些领导干部、专家学者、科学家、企业家的演讲中，有的可以找到新颖独到的观点。

演讲者是否能通过演讲充分表述观点，我们提出了六个衡量标准：概括提炼是否鲜明新颖，理论依据是否准确可靠，事实依据是否真实可信，演绎推理是否符合逻辑，所得结论是否科学合理，是否有感召力与感染力。只有达到了这些标准，才可以说能够充分表述观点。

4. 深刻展示思想

这是演讲艺术的第四个层次，是最高层次。通过演讲深刻展示思想，一般的演讲者难以达到如此的高度。像一些领袖人物、国家领导人、大思想家的演讲，往往展示出整体思想，或者展示某一方面的思想。如毛泽东主席《为人民服务》的演讲，通过张思德事迹的讲述，而展示了中国共产党为人民服务的执政理念；毛泽东主席《一切反动派都是纸老虎》《枪杆子里面出政权》的演讲，既是演讲的标题，又是思想的展示。习近平总书记《不忘初心、牢记使命》《绿水青山就是金山银山》《构建人类命运共同体》的演讲，既是演讲的标题，又是思想的展示。

第二节 提升演讲水平的“五个关键”

要提升演讲水平，必须把握“五个关键点”：

充分的说理——说服力

突出的事迹——震撼力

感人的细节——感染力

闪光的语言——感召力

充沛的情感——吸引力

下面，让我们结合护士王威的演讲——《天使之梦》来进行具体阐释。

天使之梦

尊敬的各位评委、现场以及电视机前的观众朋友们：

大家好！我叫王威，是煤炭总医院心脏中心的一名护士，我演讲的题目是《天使之梦》。今天能站在这里，我可真是幸运啊！因为就在五年前，我还是一个生命将要走到尽头的癌症晚期患者。是什么，创造了这生命的奇迹？又是什么，延续了我生活的梦想呢？我想是爱！

8岁时，我被确诊患上了甲状腺癌。父亲拿到诊断书，扑通就晕坐在地上。他拽着医生的手，哀求着："大夫啊！救救我的女儿！"

那一刻父母的天塌了，我的人生暗了。

从此，我只能躺在病床上，大把大把地吃药。一次次地打针化疗，头发掉光了，再长！父母带着我四处求医，但病情却急剧恶化，脖子上迅速增大的肿瘤压迫了气管，我呼吸困难，就连睡觉都得坐着。

有时，深夜我会感觉到有人用手指在探我的鼻息，那是妈妈颤抖的手。她怕，怕再也感觉不到我的呼吸。我紧紧地闭着眼睛不敢睁开，我也怕啊，怕与妈妈泪眼相对的那一刻。那时，能够活下去就是我最大的梦想。

2008年的春节，我接到病危通知。一个人躲在卫生间里大口地吐着血，胸膛里如火烧灼般难受。难道，我的生命、我的梦想才刚刚开始，就这样结束了吗？我多想，多想再看看这世界，再听听鸟儿的叫声……在生命的最后时刻，我还能再做点什么呢？

提起笔我写信给《星光大道》栏目组。如愿登上了这个圆梦的舞台，请栏目组帮我完成最后的心愿——我要捐献角膜、捐献遗体，把生的希望留给需要的人！

想不到的是，节目播出后，一场爱心救助行动迅速在全国展开。我接到了一位特殊观众打来的电话，他就是煤炭总医院王明晓院长。王院长说："王威，你在生命的最后时刻还想着帮助他人，如果你就这么离开了，作为医生我很不甘心。哪怕只有一线希望，我们也要尽全力挽救你！"

我住进煤炭总医院，经各科专家会诊，检查结果是：甲状腺癌晚期，双肺弥漫性转移、淋巴转移、骨转移。手术风险非常大，我很可能就下不来手术台，永远地离开了。手术还做么？妈妈握着医生的手，说："手术你们尽管做！我把孩子交给你们了。”

手术进行了6个半小时，医生小心地剥离开与肿瘤纠缠在一起十几年的血管和神经，从我的脖子上整整取出了10个肿瘤，最大的比我的拳头还要大。手术成功了！睁开眼睛的那一刻，我傻笑着，连泪水都觉得是甜的。是白衣天使精湛的医术给了我新的生命，是人间无私的大爱，如春晖般照进了我的生活！

出院前，王院长来看望我，说：“孩子，以后有什么打算？”我说：“是你们给了我第二次生命，我也要像你们一样，救死扶伤，帮助更多需要帮助的人！”王院长推荐我到护校学习。

都言寸草报春晖，2012年，我再次回到煤炭总医院。过去我是病人被照顾，现在我做护士照顾别人。

怀揣着心中感恩的梦，我细心地为病人输液、换药、剪指甲，耐心地为大小便失禁的患者一次次更换床单，我懂得他们的痛苦，我用心护理他们。

其中，就有这样一位患者姐姐，我发现她总不吃饭，就主动和她聊天。她一边紧紧抓着我的手，一边流着泪告诉我，爱人为了给她治病，拼了命地去赚钱，老父亲守在病床前照顾她在一天天地憔悴，她不知道这样的日子什么时候才是个头，她真的不想活了！我安慰她说：“姐，你看看我脖子上这道疤，我曾是一个被诊断活不过6个月的癌症病人，但通过手术以及核放射治疗，肿瘤标志物没有了，现在好好地活着！只有活着，才有机会回报那些爱我们的人，关怀更多的人，你说是吗？”她看着我笑了，说：“看到你我就看到了希望！”

是啊！

让每一个被病痛折磨的人看到康复的希望；

让每一个家庭能够幸福美满；

让每一个即将结束的梦想能够再一次启程！

这，就是我追逐的梦，一个天使的梦，一颗感恩之心中最朴素的中国梦。

谢谢大家！

王威，女，1987年出生于黑龙江伊春，北京煤炭总医院心脏中心护士，感动中国2016年度人物候选人；荣获北京“最美护士”称号和第9届北京“五四青年奖章”。王威的演讲《天使之梦》在2013“寸草报春晖·共圆中国梦”全国电视演讲大赛中夺得特等奖。

提升演讲水平需要把握的“五个关键点”，在王威的演讲中得以充分体现。

一、鲜明的主题——感召力

我们要考察一位演讲者的演讲是否好，就要看他演讲的主题是否鲜明，因为主题是演讲的灵魂，有了鲜明的主题，才能深深感召听众。

先看看王威的故事：1987年出生的王威，8岁时被确诊患有甲状腺癌，16岁时癌细胞转移到全身。在生命行将走到尽头时，年仅20岁的王威写信给央视《星光大道》栏目组，打算死后把角膜捐献给需要的人，遗体捐献给医学院做解剖研究。医院的天使们深受感动，通过精心治疗，挽救了她的生命。她立即坚决表示，要像医生一样救死扶伤，帮助更多的病人。

我们分析王威的演讲，主题是鲜明的：患癌，捐献遗体；获救，救死扶伤。“只有活着，才有机会回报那些爱我们的人，关怀更多的人。”从绝望到希望，从感恩到奉献，从个人感动到感动他人。主题鲜明，极具感染力。

二、突出的事迹——震撼力

在此基础上，我们特别关注这位演讲者所讲述的事迹是否突出，因为只有事迹突出，才具有震撼力，这是演讲的关键所在。

我们来分析一下王威的演讲。她讲述的事迹是突出的：王威8岁时患甲状腺癌，20岁时生命即将走向尽头，她想：“在生命的最后时刻我还能做点什么呢?”“我要捐献遗体，把生命的希望留给需要的人。”当医院的天使们用精湛的医术给了她第二次生命时，她坚决表示：“我也要像你们一样，救死扶伤，帮助更多需要帮助的人!”看！多么崇高的境界、多么高尚的品格!

三、感人的细节——感染力

在此基础上，我们特别关注这位演讲者的演讲里有没有感人的细节，因为只有感人的细节，才具有感染力，才能让听众感到真实可信、亲切感人。

我们来分析一下王威的演讲。这里有感人的细节：“深夜，我会感觉到有人用手指在探我的鼻息，那是妈妈颤抖的手。她怕，怕再也感觉不到我的呼吸。我紧紧地闭着眼睛不敢睁开，我也怕啊，怕与妈妈泪眼相对的那一刻。”你看！妈妈与女儿心连心、心贴心，相互体贴，感人至深！

四、闪光的语言——关注力

现场听众不仅希望演讲者的演讲里有突出的事迹和感人的细节，还希望能听到带有哲理性的格言警句，听到金句。有了闪光的语言，演讲就会有感召力，犹如画龙点睛。

我们来分析一下王威的演讲。这里有闪光的语言：“让每一个被病痛折磨的人看到康复的希望；让每一个家庭能够幸福美满；让每一个即将结束的梦想能够再一次启程！”“这，就是我追逐的梦，一个天使的梦，一颗感恩之心中最朴素的中国梦。”看！一连串的排比，熠熠生辉，闪闪发光，而且紧扣“共圆中国梦”这一演讲主题。

五、充沛的情感——吸引力

以上四点，是就演讲的内容来衡量的，而这一点主要是就演讲者的情感表达来衡量的。演讲者的演讲如能有充沛的情感，充满激情，才具有吸引力。这就会让躺着的文字活起来、站起来、动起来，这也是演讲的成功之所在。

我们来分析一下王威的演讲。演讲者王威饱含深情，在演讲开头，她动情地说：“是什么，创造了这生命的奇迹？又是什么，延续了我生活的梦想呢？我想是爱！”做完手术后，她激动地说：“手术成功了！睁开眼睛的那一刻，我傻笑着，连泪水都觉得是甜的。是白衣天使精湛的医术给了我新的生命，是人间无私的大爱，如春晖般照进了我的生活！”看！王威的演讲里有多么充沛的激情，从而引起了现场听众强烈的共鸣！

第三节　优秀演讲词赏析

一、高思恩《奔跑吧！青春》赏析

高思恩，女，山西太原人，1994年7月出生，国家二级运动员。2019年11月，荣获“时代新人说——我和祖国共成长”全国演讲大赛总决赛银奖；荣获“2019年中国残疾人事业新闻人物”特别提名奖。下面就是高思恩2019年11月16日在“时代新人说——我和祖国共成长”全国演讲大赛总决赛上的演讲词及赏析。

高思恩演讲词《奔跑吧！青春》赏析	
演讲词	评点
大家一定好奇，为什么我提着一个纸箱子登台?生活中纸箱子的用处有很多，它可以是包装箱，也可以是收纳盒。但它对于我来说却不是那么简单，它是我生命诞生之初的摇篮，是我年幼时谋生的手段，是盛放爱与感恩的百宝箱。	纸箱揭秘，生命摇篮。
那是1994年7月一天的早晨，太原的天空阴沉沉的，火车站附近的一个小院中传出了婴儿的啼哭声，大家闻声而来，聚拢在一个纸箱边。仔细查看，大家发现纸箱中婴儿的左臂患有残疾，在一阵阵怜惜声中，只有一位年已六旬的老人，伸出温暖的双手将女婴抱回了家中。仅仅几分钟后，天空就下起了瓢泼大雨。如果不是那位老人，也许女婴就在大雨中失去生命了。	怜悯女婴，抱回家中；奶奶大爱，听众动容。

演讲词	评点
说到这里大家也就明白了，我就是当年那个躺在纸箱中的女婴，是好心的奶奶给了我第二次生命。奶奶孤身一人，没有工作，没有收入，生活已经不容易。为了养活我，她起早贪黑地捡纸箱，拾废品，含辛茹苦地将我抚养长大。我从记事起就慢慢知道这些了，知道奶奶一个人养活我是多么不容易。于是我下定决心，即使身体不便，也要比别人更快地学会照顾自己，照顾奶奶，让奶奶以后过上好日子。我坚信，只要努力，别人可以的，我也一样可以。	报答奶奶，学会自立。
我每天看着奶奶干活，并默默学着。七岁时我已经学会了做家务，做饭。但我却无法像其他同龄孩子一样走进校园。因为我没有户口，求学之路充满艰辛。我从不奢望像其他小朋友一样有爸爸有妈妈，有好吃的好玩的，但是看到他们能背着书包上下学我真的好羡慕。终于压在心底很久的话还是忍不住跑了出来。我说："奶奶，我什么时候能上学呀？"话音刚落，奶奶泪如雨下。我自责地哭了，奶奶走过来，一把抱住我，我们抱在一起哭了很久很久。终天有一天，我也像其他小朋友一样坐在明亮的教室里了，但是我无法想象，即使吃不饱饭也决不麻烦别人的奶奶，竟然为了我上学不知下跪了多少次，是教育局和残联的帮助，才让我有了上学的机会。	我要上学，困难不少；多方帮助，如愿以偿。

演讲词	评点
我深知这一切均来之不易，于是倍加珍惜。寒冷的冬天家里欠费没了电，就是在路灯下我也要把作业写完。生活不易，为了替奶奶分担，校园里的角落，上下学的路上，别人眼里的废纸箱，就成了我眼中的宝。因为卖掉之后的微薄收入，可以让奶奶少一些辛苦，那已是我最大的快乐。初中就读的学校离家很远，为了节省车费，我就跑着去、跑着回，不知不觉中我成了学校田径场上的短跑冠军，到中考时我成了班上唯一一个体育考满分的人。我喜欢风雨中前进的自己，把树木、房屋甩在身后，向着阳光奔跑。	为省车费，跑步上学；终于成为，短跑冠军。
也是从这一年开始，我和奶奶的生活境况逐渐好转，在派出所、残联、民政部门等多方帮助下，我终于有了户口，政府还让奶奶享受到了低保。那个时候，我和奶奶做梦都会笑出声来。奶奶常常把这些恩情挂在嘴边，总是叮嘱我一定要努力，一定要感恩。	上了户口，享受低保，奶奶叮嘱，学会感恩。
进入高中后，我被推荐代表省市参加各类体育比赛，每一次奔跑我都拼尽全力。90公斤的杠铃把脖子压出了肿块，反反复复的冲刺使脚底磨出了水泡，但无论多苦多难，我都没有放弃。因为我知道，只有坚持才对得起爱我的奶奶和无私帮助我的教练。于是，我咬着牙一步步挺了过来。 高二时，我成为了国家二级运动员，是那一年山西省达级赛测试中唯一一名残疾运动员。随后又多次在全国残运会上获得奖牌。虽然训练和比赛占用了学习时间，但我还是利用一切可利用的时间努力学习。因为我明白人生的比赛不只是赛场上的输赢，更是知识的比拼，思想的角逐。	体育比赛，刻苦训练；获得奖牌，感谢教练。

演讲词	评点
2013年，我如愿考上了山西大学。奶奶看到通知书的那一刻热泪盈眶，我知道在奶奶那喜悦的泪水背后，是为昂贵学费的担忧。幸运的是，我又得到了政府各相关部门、学校和慈善总会的帮助，使我顺利进入了大学校园。四年的时间里我过得十分充实，做公益活动的领跑员，拿下三次单项奖学金，成为学生会秘书长，照顾好八旬的奶奶，完成不间断的训练和比赛，我恨不得生出三头六臂，虽然分身乏术，苦过累过，但只要想到奶奶，想到那些曾经帮助过我的人们就会再一次动力满满。	考上大学，勤学苦练；公益活动，处处争先。
生活总是眷顾我，给我考验，让我成长。2017年初，新年之际，奶奶意外摔倒，腰椎骨折，动手术后近一年不能下床。正值考研备战期的我，每天在家中给奶奶喂水喂饭，帮助奶奶排便、擦洗身体。听着奶奶经常疼痛的呻吟，我心如刀绞。在这样的压力下，我忍住了泪水，咬牙坚持，最终考上了研究生，奶奶的身体也一天天好了起来。	奶奶摔倒，悉心照料；咬牙坚持，终于读研。
20多年过去了，这小小的纸箱已经放不下我长大的身躯，我和奶奶的生活也早已不再依靠它。但它所盛放的爱和感恩却从未消失，反而历久弥深。奶奶为我取名思恩，就是要我常思恩情。这恩情来自同学、邻里、师友，来自政府、社会、国家。心中常念恩情，更要知恩图报。是奶奶让我活下来，是祖国让我长起来。所以我将在这青春年华里，用永不停息的奋斗来回报这个伟大的时代。	首尾呼应，饮水思源；感恩戴德，报效祖国。

演讲词	评点
如果说青春注定是一场与命运抗争的比赛，我愿挥洒爱的汗水，跑出时代速度，将爱与阳光传递！ 谢谢大家！	进而点题，奋力奔跑！

[综　评]

高思恩从一名身患残疾的弃婴，通过努力成长为一名品学兼优的硕士研究生，成为国家二级运动员；组建“时代新人跑团”，开展公益演讲，用青春正能量激励更多青年奋勇向前；获“时代新人说——我和祖国共成长”全国演讲大赛银奖；获全国残疾人运动会短跑项目银牌；2018年被推选为太原市时代新人；2019年担任全国二青会开幕式主火炬手；2019年在全国第十届残运会女子800米项目中获得银奖。

高思恩的演讲有“五个特色”：

第一，鲜明的主题。高思恩身患残疾，成为弃婴，被好心的奶奶收养；但她身残志坚，自立自强，锐意进取，不断创造佳绩，把其拼搏精神充分展示出来了：她从小就学做饭做家务，跟着奶奶捡破烂；她家离学校很远，为节约车费来回跑步，成了短跑冠军；她勤学苦练，成绩优异，考上了大学和研究生；她做公益活动，事事争先……高思恩知恩图报，自强不息，成为了新时代青少年顽强拼搏的典范与楷模！她演讲的主题十分鲜明，深深地感动着现场的每一位听众。

第二，突出的事迹。高思恩的演讲，着重讲述了这样几件事：一是她身为弃婴，从小知恩图报，自立自强，7岁就学会做饭，跟着奶奶捡破烂；二是她家离学校很远，为省车费，她上学来回跑步，日积月累，成了短跑冠军；三是她的学习环境很差，不可能到校外培优，全凭自己的勤奋与智慧，克服诸多困难，先后考取大学和研究生；四是她虽然家境贫寒，却抢着做公益活动，而且事事争先，这样就充分地展示了她自强不息、顽强拼搏的精神风貌，强烈地震撼着现场听众。

第三，感人的细节。高思恩的演讲有诸多感人的细节：纸箱，既是演讲者使用的道具，又是感人的关键细节。它是婴儿生命的摇篮，又是全家谋生的工具，所有听众均为之动容；7岁的孩子就开始自立，学会做饭、做家务、捡破烂，相比许多人家十来岁的孩子仍然过着衣来伸手、饭来张口、在妈妈怀里撒娇的生活，我们不得不为小思恩的自立点赞；小思恩上学来回奔跑，只为节省车费，为奶奶分忧，结果日积月累，成了短跑冠军，又成为国家二级运动员，我们不得不为小思恩的自强点赞。还有一些细节，诸如她一边备战考研，一边悉心照料不慎摔倒卧病在床的奶奶等，强烈地感染着听众。

第四，闪光的语言。独臂女孩高思恩知恩图报，奋力拼搏，报效祖国，说出了诸多闪光的话语："心中常念恩情，更要知恩图报。""我坚信，只要努力，别人可以的，我也一样可以。""我喜欢风雨中前进的自己，把树木、房屋甩在身后，向着阳光奔跑。""无论多苦多难，我都没有放弃……于是，我咬着牙一步步挺了过来。""我明白人生的比赛不只是赛场的输赢，更是知识的比拼，思想的角逐。""我将在这青春年华里，用永不停息的奋斗来回报这个伟大的时代。"等等，这些铿锵的话语，给听众以强烈的震撼。

第五，充沛的情感。高思恩是一个被遗弃的残疾女婴，是仁慈的奶奶将她从死亡中拯救出来，是社会、是国家给她以关怀与温暖，让她健康而幸福地生活着。她比一般青少年更加懂得感恩，感恩之情贯穿于她整个演讲之中："奶奶常常把这些恩情挂在嘴边，总是叮嘱我一定要努力，一定要感恩。""奶奶为我取名思恩，就是要我常思恩情，这恩情来自同学、邻里、师友，来自政府、社会、国家。"这炽热的情感，给听众以巨大的激励。

在高思恩这篇优秀的演讲中，也有需要商榷的地方：比如，奶奶为了让高思恩上学读书，给人下跪一事，能否换一个说法？演讲者有关纸箱揭秘的叙述，好像只是客观的介绍，如能怀着感激之情进行动情的讲述，将会更加感染听众。

二、白岩松《人格是最高的学位》赏析

白岩松，1968年8月20日出生于内蒙古自治区呼伦贝尔市，毕业于中国传媒大学新闻系，节目主持人、记者、作家。2000年被授予"中国十大杰出青年"称号，2009年获得"华语主持群星会年度终身成就奖"，2010年获得央视"优秀播音员主持"奖，2016年获得中央电视台十佳优秀播音员、主持人奖。下面是

白岩松1998年4月28日参加“演讲与口才杯”全国新闻界“作文与做人”演讲比赛所作的演讲。

白岩松《人格是最高的学位》赏析	
演讲词	评点
很多年前，有一位学大提琴的年轻人去向20世纪最伟大的大提琴家卡萨尔斯讨教：怎样才能成为一名优秀的大提琴家？卡萨尔斯面对雄心勃勃的年轻人，意味深长地回答：先成为优秀而大写的人，然后成为一名优秀而大写的音乐人，再然后就会成为一名优秀的大提琴家。 听到这个故事的时候，我还年少，对老人回答中所透露出的含义理解不多。然而，在以后的工作生涯中，随着采访接触的人越来越多，这个回答在我脑海中便越印越深。	借卡萨尔斯的回答，指出做人是第一位的。
在采访北大教授季羡林的时候，我听到一个关于他的真实故事。有一年秋天，北大新学期开学。一个外地来的学子背着大包小包走进了校园，实在太累了，就把包放在路边。这时正好一位老人走来，年轻学子就拜托老人替自己看一下包，自己则轻装去办理手续。老人爽快地答应了。近一个小时过去，学子归来，老人还在尽职尽责地看守着。学子谢过老人，两人分别。几日后北大举行开学典礼，这位年轻的学子惊讶地发现，主席台上就座的北大副校长季羡林，正是那一天替自己看行李的老人。	季老的学位高，其人格更高。

演讲词	评点
我不知道这位学子当时是一种怎样的心情,但我听过这个故事之后，却强烈地感觉到：人格才是最高的学位。后来，我又在医院采访了世纪老人冰心。我问她：“您现在最关心的是什么？”老人的回答简单而感人：“是老年病人的状况。”	将季老的故事升华为主旨。
当时的冰心已接近自己人生的终点，而这位在“五四”运动中走上文学之路的老人，对芸芸众生的关爱之情，历经80年的岁月而仍然未老。这又该是怎样的一种传统！ 冰心的身躯并不强壮，然而她这一生却用自己当笔，拿岁月当稿纸，写下了一篇关于爱是一种力量的文章，在离去之后给我们留下了一个伟大的背影。 当你有机会和经过“五四”或受过“五四”影响的老人接触，你就知道历史和传统其实一直离我们很近。这些世纪老人身上所独具的人格魅力，是不是也该作为一种传统被我们延续下去呢？	冰心临终关爱老人，进而强化主旨。
不久前，我在北大又听到一个有关季先生清新而感人的新故事。一批刚刚走进校园的年轻人，相约去看季羡林先生。走到门口，却开始犹豫，他们怕冒失地打扰了先生，最后决定每人用竹子在季老家门口的地上留下问候的话语，然后才满意地离去。 这该是怎样美丽的一幅画面！在季老家不远，是北大的博雅塔在未名湖中留下的投影。而在季老家门口的问候语中，是不是也有先生的人格魅力在学子心中留下的投影呢？	学子敬仰季老人格，展现美丽画面。

演讲词	评点
听多了这样的故事，便常常觉得自己像只气球，仿佛飞得很高，仔细一看却是被浮云托着；外表看上去也还饱满，但肚子里却是空空的。这样想着就不免有些担心：这样怎么能走更长的路呢？于是“渴望老年”四个字，对于我就不再是幻想中的白发苍苍或身份证上年满60周岁，而是如何在自己还年轻的时候，能吸取优秀老人身上所具有的种种优秀品质。于是，我也更加知道了卡萨尔斯回答中所具有的深义。怎样才能成为一个优秀的主持人呢？心中有个声音在回答：先成为一个优秀的人，然后成为一个优秀的新闻人，再然后，就会成为一名优秀的节目主持人。	回到自身感受，渴望成为优秀的人。 照应开头，浑然一体。

[综　评]

白岩松是中央电视台著名的节目主持人，他质朴自信、机智深刻的语言风格，深受观众喜爱。1998年，白岩松参加“演讲与口才杯”全国新闻界“作文与做人”演讲比赛，以《人格是最高的学位》这篇演讲，获得此次大赛特等奖的殊荣。那么，白岩松夺冠的关键在哪里呢？

我们认为，白岩松的演讲仍然是牢牢把握了提升演讲水平的“五个关键点”：

第一，鲜明的主题。这次演讲比赛的主题是“作文与做人”。白岩松的演讲，开篇借用小故事切入主题，引用大提琴家卡萨尔斯的话“先成为优秀而大写的人，然后成为一名优秀而大写的音乐人，再然后就会成为一名优秀的大提琴家”，亮出了自己的观点，要先学会做人，其次才能做好工作，然后才能取得事业的成功。其主题十分鲜明。白岩松在讲述的过程中，不是枯燥的陈述，而是把说理寓于一个个耐人寻味的故事之中，让听众感同身受，深受启迪。

第二，突出的事迹。为了进一步论证“人格是最高的学位”，白岩松分别讲述了北大教授季羡林和中国现代作家冰心老人的故事。

季羡林作为北大教授、副校长，被新入学的学生要求看管行李，季老“尽职尽责”看管近一个小时。几日后，北大举行开学典礼，这位年轻的学子惊讶地发现，主席台上就座的北大副校长季羡林，正是那一天替自己看行李的老人。

白岩松在医院采访世纪老人冰心时，问到冰心老人：“您现在最关心的是什么?”老人的回答简单而感人：“是老年病人的状况。”白岩松深深地感慨：当时的冰心已接近自己人生的终点，而这位在“五四”运动中走上文学之路的老人，对芸芸众生的关爱之情，历经80年的岁月而仍然未老。这又该是怎样的一种传统!

季羡林教授不以高位自居，心甘情愿以一个普通老人的身份，为学生看管行李。没有惊天动地，没有豪言壮语，但高贵的人格与品格跃然而出，震撼人心。

躺在病床上的世纪老人冰心，最关心的不是自己的健康，“是老年病人的状况”。无我精神，大爱情怀，闪耀着独特的人格魅力，让人感受的岂只是崇高和博大。

第三，感人的细节。当一批刚入校园的年轻人相约去看季老的时候，怕打扰自己所崇敬的老人，便在他门前的地上写下问候话语，然后离去。这是一个非常感人的细节，充分体现了季老的人格魅力，体现了学子对季老的崇敬与景仰之情，也体现了北大学子对长者、对他人的尊重与善意之心。讲到这里，引发出白岩松的感慨：“在季老家不远，是北大的博雅塔在未名湖中留下的投影，而在季老家门口的问候语中，是不是也有先生的人格魅力在学子心中留下的投影呢?”白岩松用语言勾勒出的这个细节、这幅图画，进一步升华了主题。

第四，闪光的语言。在白岩松的这篇演讲中，有很多闪光的语言，让人印象深刻。比如：“冰心的身躯并不强壮，然而她这一生却用自己当笔，拿岁月当稿纸，写下了一篇关于爱是一种力量的文章，在离去之后给我们留下了一个伟大的背影。”“听多了这样的故事，便常常觉得自己像只气球，仿佛飞得很高，仔细一看却是被浮云托着；外表看上去也还饱满，但肚子里却是空空的。”这些诗一般语言，充满哲理，充满力量。

第五，充沛的情感。在白岩松的通篇演讲中，给人印象最深刻的，一个是“理”，一个是“情”。寓情于理，寓理于一连串的故事之中。言简意赅却寓意深长，朴实无华却感人至深。感情真挚，情感充沛，如和风细雨，滋润了听众的心田；又如耀眼的光芒，照彻每一位听众的心灵。

当季羡林教授及冰心老人这样如此有成就的长者为我们树立了做人的榜样，新一代的年轻人又该如何去做呢？最后，白岩松作出响亮的承诺：“先成为一个优秀的人，然后成为一个优秀的新闻人，再然后，就会成为一名优秀的节目主持人。”首尾呼应，饱含深情，令人深思，让人回味。

思考与训练

1. 如何理解演讲艺术的两个方面？

2. 演讲艺术可以分为哪几个层次？你认为你自己属于哪个层次比较恰当？

3. 提升演讲水平须把握哪几个关键点？

4. 谈谈如何通过“感人的细节”来提升自己的演讲水平。

5. 下面是郭光文于2007年4月30日在邵阳市与全市各级主要领导干部见面时发表的演讲，请谈谈你对这篇演讲的感受与体会。

正式成为邵阳人民中的一员

郭光文

各位领导、同志们：

承蒙组织的关心和大家的信任，从今天起，我就正式成为746万邵阳人民中的一员了。

邵阳是一方文明的沃土——她底蕴深厚，人杰地灵。在这方土地上，不仅产生了著名的思想家魏源，而且孕育了杰出的政治家蔡锷；不仅造就了卓越的军事家袁国平，而且培养了优秀的艺术家贺绿汀。

邵阳是一方资源的厚土——她物华天宝，资源丰富。在这方土地上，既有秀丽天成的崀山风景，又有牛羊遍地的南山牧场，更有品种繁多的地下矿藏。

邵阳是一方创业的热土——她基础牢实，来势喜人。

能够为这方无比神奇而又令人向往的土地奉献力量和汗水，这是我前世有缘，今生有幸。此时此刻，此情此景，我深感使命光荣，责任重大。我将以使命为生命，视责任为己任，把自己的全部忠诚和满腔热血，投入到为推动邵阳经济又好又快发展的伟大事业中去。

第一，刻苦学习，当好学生。从岳阳到邵阳来工作，这是我人生的一大转折。在职务上，是由副职岗位向正职岗位转变；在区域上是由湘北门户向湘中重镇转变；在工作上是由党务工作向政务工作转变。要适应这个转变，在某种意义上说，当前摆在我面前的任务：第一是学习，第二是学习，第三还是学习。我将以在座的各位为榜样，虚心向大家学习，争取从思想上、作风上、方法上尽快实现角色转换。

第二，潜心事业，当好公仆。这次工作变动，与其说是组织上给了我一份职务和权力，倒不如说是给了我一份使命和责任。面对使命和责任，我没有超强的能力，唯有坚定的信念；我没有青春的年华，唯有澎湃的热情；我没有动听的豪言，唯有质朴的实干。走向新的工作岗位后，我一定深入基层，调查研究摸实情；开动脑筋，集思广益想实招；尊重实际，尽力而为办实事；力戒形式主义，不图虚名求实效。处处以事业为本，时时把人民群众的冷暖忧乐记在心上，自觉当好人民公仆。

第三，精诚团结，当好助手。在工作中，我决心增强助手意识，倍加珍惜团结，始终坚持把精诚团结作为政治生命来看待，作为思想品德来培养，作为精神境界来提升，作为执政能力来锻炼，主动维护市委领导集体的团结，注重搞好五套班子成员的团结，重视增进全市干部群众的团结。尤其是在市政府领导班子中，努力做到用真诚聚人，用品行服人，用好作风带人，精心营造民主集中、合作共事、和谐舒畅的良好氛围。

第四，严于律己，当好清官。为政是否清廉，事关党和国家的生死存亡，事关黎民百姓的人心向背，事关各级领导的执政形象。在这里，我郑重地向各位领导和邵阳人民承诺，不为权欲所困，不为虚名所累，不为金钱所惑，不为美色所动，时刻以共产党人的浩然正气和人民公仆的良好形象，出现在广大干部群众之中。

各位领导、同志们，为政不在言多，为政无须言多。我将坚持从高从严要求自己，用自己的行动诠释自己的身份，用自己的行动塑造自己的形象，用自己的行动写好自己的人生。

谢谢大家！

第八章

主旨鲜明　一呼百应

——怎样充分表述观点

第一节　要学会通过演讲充分表述观点

一、充分表述观点让演讲上一个新台阶

在前面的章节中，我们讨论了演讲艺术的“四个层次”，即学习演讲技巧、提升演讲水平、充分表述观点、深刻展示思想。能够通过演讲充分表述观点，说明演讲艺术已经上了一个新台阶。这是一个较高的层次，不同于第一个层次，演讲者刚开始学习演讲，着重学一些演讲技巧，学一些演讲的入门知识，怎样开头，怎样结尾，怎样铺垫掀起高潮，怎样点题升华主旨等；也不同于第二个层次，能够抓住提升演讲水平的几个关键点：善于表达鲜明的主题，善于抓住突出的事迹、感人的细节和闪光的语言，善于充分表达自己的演讲激情。演讲者通过一段时间的学习、实践与积累，演讲水平可能提高较快，常常参加演讲比赛，或许可以成为优秀选手，甚至可以获奖；或者常常帮助初学选手，待到有了一定的积累，还可以成为演讲训练的指导老师。通过演讲充分表述观点，这是第三个层次，要求较高。演讲者必须有一定的学养，有丰富的人生阅历，以及较高的理论知识与认识水平，才能提出鲜明、系统的观点。

二、充分表述观点的类型

通过演讲充分表述观点，一般来说，有三种类型：

第一种，演讲者深思熟虑，反复酝酿，产生深刻的认识与深刻的感悟，形成

明确的观点。在酝酿的过程中，同时组织丰富的演讲材料，寻找有力的理论依据与事实依据，变为观点鲜明的演讲。

第二种，演讲者在长期的革命实践或工作实践中，积累了大量的深刻体验与丰富案例，深思熟虑，反复酝酿，再提升到一定的理论高度，酝酿出带规律性的认识，形成了鲜明的观点，通过演讲这种形式充分地表述出来。

第三种，表述观点的不是演讲者个体，而是一个群体、一个机构，科学院、高等院校和部委机关的研究所，或者是中央国家机关的智库，他们试就国家的路线、方针、政策等方面的课题进行了长期专门的研究，从而通过相关的平台，以演讲或其他方式发布其观点。

三、充分表述观点的意义

观点就是演讲的“灵魂”。充分表述演讲的观点，能对演讲起到提纲挈领、画龙点睛、锦上添花、点石成金的作用。

正所谓“观点不到位，演讲全白费。观点到了位，事半又功倍”。

对于党政干部来讲，充分表述观点，让演讲更有号召力、吸引力、说服力、影响力和战斗力。

对于企业家来讲，充分表述观点，让演讲更有表现力、说服力、公信力、传播力和生命力。

方向正确，观点明确，主旨鲜明，一呼百应。从大的方面讲，可以推动一个国家走向兴旺发达，可以推动一个民族、一个地区走向繁荣昌盛。从小的方面讲，演讲者充分表述观点，可以更好地发挥传播效应，实现有效的人际沟通，有利于改变自己的人生境遇，有利于促进事业的成功。

如何充分表述演讲的观点，这就需要认真研究，深入探讨，在实践中摸索出规律，寻找出切实可行的方法来。下面，我们提出了充分表述演讲观点的六个衡量标准，与大家一起来探讨与实践。

第二节　充分表述观点的六个衡量标准

一、概括提炼是否鲜明新颖

观点需要高度概括和精心提炼，而且还要鲜明新颖。新，就是新生和新鲜；颖，其本义是禾穗的嫩芽，后来引申为物体的尖端。

因此，观点的新颖必须具有创新性和新鲜感，让人耳目一新，同时还要达到相当的高度。

比如，毛泽东主席在1927年8月7日召开的“八七会议”上，提出“枪杆子里面出政权”这一著名的观点和科学的论断，别致新颖，形象生动，对中国有着深远的意义和影响。正是在这一著名论断的指引下，中国共产党确定了武装反对国民党反动派的方针，建立了中国共产党领导下的人民军队，紧紧握住为人民打仗的枪杆子，从而取得了一个又一个的胜利，并最终用人民的枪杆子，缔造了一个全新的中华人民共和国。

二、理论依据是否准确可靠

观点的理论依据必须准确可靠，这样的观点才能“立得住、站得稳”。准确是前提，可靠是结果。只有准确的理论依据，才能形成可以信赖和依靠的观点。

毛泽东主席关于“枪杆子里面出政权”的理论依据是什么呢？

罗成在《“枪杆子”与“笔杆子”——中国马克思主义“领导权”的构建逻辑及文明意义》一文中指出：“领导权”是20世纪马克思主义最重要的标识性概念。“领导权”问题的核心是政治支配，20世纪马克思主义者在面对东西欧不同社会历史状况时，各自发展出独立的政治支配策略，其中列宁主张的领导权，针对软弱无力的俄国资产阶级，强调以工农联盟为核心的无产阶级领导权，最终赢得了十月革命的胜利。

罗成进一步指出：“枪杆子里面出政权”呈现了主观的紧急状态，锚定了中国马克思主义领导权构建的主体起点、历史起点与逻辑起点。毛泽东以第一次国共合作开展国民革命运动为鉴，强调对处于客观紧急状态的共产党而言，亟须形成主观的紧急状态，认识到军事运动关系着中国革命的生死存亡，亟须上升到革命领导权战略首位。

因此，毛泽东主席关于“枪杆子里面出政权”是建立在马克思主义理论基础之上，并经过列宁通过实践所检验的，在理论依据上准确可靠。

三、事实依据是否真实可信

观点的事实依据必须真实可信，这样的观点才有坚实的土壤、扎实的根基。

毛泽东主席关于“枪杆子里面出政权”的事实依据是什么呢?

大革命的失败，使中国共产党和中国革命事业遭受惨重损失。国民党反动集团疯狂实行大逮捕、大屠杀，制造“白色恐怖”，在一年时间里，杀害了共产党员和革命群众达31万多人。汪寿华、萧楚女、熊雄、陈延年、赵世炎、夏明翰、郭亮、罗亦农、向警予、陈乔年、周文雍等党的著名活动家，为了人民的解放事业先后牺牲。至1927年11月，中国共产党党员数量由大革命高潮时期的近6万人，急剧减少至1万余人。

1927年4月27日至5月9日，中共中央在武汉召开五大，会议接受了共产国际七大关于中国问题的决议，批评了陈独秀的右倾错误。会议通过的《政治形势与党的任务议决案》认为，在五卅以来的国民革命运动中，党“忽略了与资产阶级争取革命领导权的斗争”，提出“共产党必须领导劳苦群众反对封建资产阶级等反动派，以巩固革命的胜利”。但会议并未提出任何具体措施，在客观紧急状态中任由形势继续恶化。1927年7月15日，武汉国民政府宣布“分共”，第一次国共合作的国民革命运动宣告失败。8月1日，南昌起义爆发。8月7日，中共中央在汉口秘密举行紧急会议，确定土地革命和武装反抗国民党的总方针，着手构建“军事——经济”强制领导权。

在这种特殊的历史背景下，在这样重大的历史关头，毛泽东主席在会议上提出了“枪杆子里面出政权”的鲜明观点和重要论断。这一观点的事实依据不仅清楚明白、真实可信，而且振聋发聩，对中国革命有着重要而深远的意义。

四、演绎推理是否符合逻辑

所谓演绎推理，就是从一般性的前提出发，通过推导即“演绎”，得出具体陈述或个别结论的过程。这种演绎推理必须符合逻辑，否则推导出的结论就不成立。

同样，演讲过程中通过演绎推理所得出的观点和结论，也必须符合逻辑，否则观点就站不住脚，结论就难以成立。

仍以毛泽东主席的“枪杆子里面出政权”为例。

在“八七会议”上，毛泽东主席指出：从前我们说孙中山先生专做军事运动，我们则恰恰相反，不做军事运动，专做民众运动。蒋介石、唐生智都是拿枪杆子起的，我们独不管……以后要非常注意军事，须知政权是由枪杆子中取得的。

实际上，在早些时候，毛泽东主席也曾讲过：革命不是请客吃饭，不是做文章，不是绘画、绣花，不能那样雅致，那样从容不迫、文质彬彬，那样温良恭俭让，革命是暴动，是一个阶级推翻另一个阶级的暴力行动。

毛泽东主席关于“枪杆子里面出政权”这一科学论断，演绎推理的逻辑严密，令人信服。

五、所得结论是否科学合理

所谓科学合理，就是要符合客观实际，并能够反映事物的本质和内在规律。

演讲充分表述观点，所得出的结论必须科学合理，这样的观点与结论才能经得起实践的检验，经得起历史的考验。

“枪杆子里面出政权”这一结论的科学性，就在于它符合客观实际。在大革命失败后的“白色恐怖”之中，共产党人只有拿起“枪杆子”、建立人民的军队，才能以武装的革命反对武装的反革命。毛泽东主席说：“没有一个人民的军队，便没有人民的一切。”

这一结论的科学性，还在于它经得起实践和历史的检验。在“枪杆子里面出政权”这一光辉思想的指引下，中国共产党领导的人民军队由小到大、由弱到强，召之即来、来之能战、战之能胜，披荆斩棘，所向披靡，从一个胜利走向另一个胜利。

六、是否有感召力与感染力

演讲无论是宣传自己的政治主张、观点，或是传播道德伦理情操，还是传授科学文化知识和技艺，都是为了让听众同意自己的主张、观点和立场，以取得共识，并在此基础上激发听众的实际行动，向着理想境界迈进。要达到这样的演讲目的，演讲所表述的观点，必须具有强大的感召力和强烈的感染力，这样才能更好地达成共识、激发行动。

最后还是以毛泽东主席的“枪杆子里面出政权”为例。

它的感召力与感染力来自其形象性与生动性。“枪杆子”指的是武装力量与武装斗争，只有拿起枪杆子，革命才有出路，才能推翻“三座大山”，才能武装夺取政权，才能解放全中国。言简意赅，形象生动，哪怕是普通党员、普通工人、普通农民，一看就明，一听就懂，印象深刻。

它的感召力与感染力来自其鼓舞性与行动性。无论是党员同志、工农大众，还是爱国人士，听到、看到这句话，都会受到极大的鼓舞，看到美好的前景与希望，充满必胜的信心，并能够激发出大家共同的行动。

它的感召力与感染力来自其战略性与科学性。在特殊的历史时期，在中国革命的紧要关头，毛泽东主席以科学的精神、以战略的眼光提出了“枪杆子里面出政权”这一重要观点，为中国革命指明了方向，让中国人民看到了希望，把中国人民感召在一起、团结在一起，并最终夺取了中国革命的伟大胜利。

第三节 科学家屠呦呦演讲词赏析

一、屠呦呦简介

屠呦呦，女，1930年12月生，浙江宁波人，中国中医科学院终身研究员、青蒿素研究中心主任。50多年来，她带领团队攻坚克难，让青蒿举世闻名；2015年荣获诺贝尔生理学或医学奖；荣获2016年度国家最高科学技术奖；2019年荣获“共和国勋章”。

二、《屠呦呦获奖致辞》赏析

下面是2015年12月7日屠呦呦在诺贝尔奖颁奖仪式上的致辞及赏析（注：该获奖致辞摘自网络）。

《屠呦呦获奖致辞》赏析	
演讲词	评点
尊敬的主席先生，亲爱的使用过青蒿素的人们：	尊敬亲爱，用词确切。
今天我极为荣幸能在卡罗林斯卡学院讲演，我报告的题目是：感谢青蒿，感谢四个人。	报告题目，明确主旨。
我不是中国本土第一个获得诺贝尔奖的人，我只是中国科学家群体中第一个获奖的女性科学家。我相信未来中国将有许多的项呦呦、齐呦呦、柴呦呦、尚呦呦、魏呦呦能够获得这一殊荣。 在此，我首先要感谢诺贝尔奖评委会、诺贝尔奖基金会授予我2015年生理学或医学奖。这不仅是授予我个人的荣誉，也是生长在中国大地上成片成片的青蒿的荣誉，更是中国中医的荣誉。 可以这么说：我是一个为青蒿素或者说是为诺贝尔奖而生的人。	荣誉属于中国中医。

演讲词	评点
1930年12月30日黎明时分，我出生于中国浙江宁波市开明街508号的一间小屋。听到我人生第一次“呦呦”的哭声后，父亲屠濂规激动地吟诵着《诗经》的著名诗句“呦呦鹿鸣，食野之蒿……”并给我取名呦呦。 不知是天意，还是某种期许，父亲在吟完“呦呦鹿鸣，食野之蒿”，又对仗了一句“蒿草青青，报之春晖”。	感谢父亲，精心起名；呦呦源自诗经妙语。
也就是从出生那天开始，我的命运便与青蒿结下了不解之缘。 只是当时，我还不认识什么是青蒿，也不知道什么是青蒿素，也不知什么是中医，更不知道什么是诺贝尔奖。	蒿草青青，不解之缘。
感谢完父亲，我想感谢中国的一位伟人——毛泽东。这位伟大的政治家、思想家、军事家、诗人十分重视民族文化遗产，他把中医摆在中国对世界的“三大贡献”之首，并且强调“中国医药学是一个伟大的宝库，应当努力发掘、加以提高”。 1954年，毛泽东指示：“即时成立中医研究院。”它就是我的工作单位——中国中医研究院的前身，也是成就我一番事业的平台。 我时常在想：假如没有成立中医研究院，假如把我分配到一个乡村医院，我顶多是一个平庸的中医，更别谈什么青蒿素、什么诺贝尔奖了。	感谢领袖，重视中医。

演讲词	评点
我还要感谢一个中国科学家——东晋时期有名的医生葛洪先生，他是世界预防医学的介导者。 葛洪精晓医学和药物学，一生著作宏富，自谓有《内篇》二十卷，《外篇》五十卷，《碑颂诗赋》百卷，《军书檄移章表笺记》三十卷，《神仙传》十卷，《隐逸传》十卷；又抄五经七史百家之言、兵事方技短杂奇要三百一十卷。另有《金匮药方》百卷，《肘后备急方》四卷。 当年，每每遇到研究困境时，我就一遍又一遍温习中医古籍，正是葛洪《肘后备急方》有关“青蒿一握，以水二升渍，绞取汁，尽服之”的截疟记载，给了我灵感和启发，使我联想到提取过程可能需要避免高温，由此改用低沸点溶剂的提取方法，并最终突破了科研瓶颈。	感谢医圣，指点迷津。
只叹生不逢时，如果东晋时期就有诺贝尔奖的话，我想，葛洪应该是中国第一个获此殊荣的医者。	来点幽默，妙趣横生。
我还想感谢一个人，准确地讲，应该是一群人，一群数以百万的非洲人。正是他们对中国中医、对青蒿素的信任，才换来生命的重生，见证了青蒿素的神奇。	感谢非洲，广泛使用。

演讲词	评点
在感谢四个人的同时，我还要感谢当年从事523抗疟研究的中医科学院团队全体成员，感谢全国523项目单位的通力协作。	感谢团队，通力协作。
我唯一不感谢的，就是我自己。因为痴迷青蒿素，我把大量的时间、精力和情感投入到科研当中，没有尽到为人妻、为人母的义务和责任。	不谢自己，亏欠家人。
最后，我要万分感谢的，是一种生长在中国大地上的草本植物——青蒿。它星散生长于低海拔、湿润的河岸边砂地、山谷、林缘、路旁等，也见于滨海地区。在中国近二十个省、自治区都能见到它的身影。 一岁一枯荣的青蒿，生，就生出希望；死，就死出价值。 其茎，其叶，其花，浓香、淡苦，蕴含丰富的艾蒿碱、苦味素，是大自然送给人类的一种廉价的抗疟疾药。 在我的科研生涯中，一代又一代，一茬又一茬的青蒿"前赴后继"，奉献了自己的身躯，成就了中国的中医事业。 正是因为他们的牺牲，才铺就了我通往诺贝尔的坦途。 青蒿呦呦。 情感呦呦。 生命呦呦。	感谢青蒿，无私奉献。

演讲词	评点
临来瑞典前，我曾经有一个想法，想带85株青蒿来到卡罗林斯卡学院，让它们和我一起分享成功的喜悦。但我怕在机场、海关遇上安检、植检的麻烦，便打消了这个念头；我还想邀请85名参与过523项目的科学家来到瑞典，共同发布青蒿素的科研报告，但我怕诺贝尔奖基金会无法承担这笔庞大的开支。最终，我决定还是一个人来，代表中国、代表中国中医和中国科学家，领取诺贝尔奖。 尊敬的主席先生，再过几天，我就要返回中国，临走前，我有一个小小的请求，希望您能告诉世界：屠呦呦获得诺贝尔奖的理由。	美好心愿，处处为人。
作为一名中医工作者，我有幸参与了青蒿素的研发工作，但我不是以获得诺贝尔奖为终极目的。 我唯一的追求是：抗疟、治病。	抗疟治病，唯一追求。
因此，我不想对于自己已经没有多大价值的诺贝尔奖，给我的晚年生活带来巨大的困扰、烦恼和质疑。 我喜欢宁静。蒿叶一样的宁静。 我追求淡泊。蒿花一样的淡泊。 我向往正直。蒿茎一样的正直。 所以，我请求您能满足一个医者小小的心愿。	宁静淡泊，高风亮节。

演讲词	评点
终有一天，我将告别青蒿，告别亲人。如果那一天真的来到，我希望后人把自己的骨灰撒在一片青蒿之间，让我以另外一种方式，守望终生热爱的土地，守望青蒿的浓绿，守望蓬勃发展的中国中医事业。	守望青蒿，完美人生。
衷心感谢在青蒿素发现、研究和应用中做出贡献的所有国内外同事们、同行们和朋友们！ 深深感谢家人一直以来的理解和支持！ 衷心感谢各位前来参会！ 谢谢大家！	感谢诸位，首尾呼应。

[综　评]

神州大地，流传着一个最响亮的名字——屠呦呦。屠呦呦，是首位华人诺贝尔生理学或医学奖获得者。她发现的青蒿素，用于治疗疟疾，挽救了全球数百万人的生命。

屠呦呦的演讲词，充分表述了演讲的观点，而且完全符合“充分表述观点的六个衡量标准”。

第一，概括提炼鲜明新颖。“感谢青蒿，感谢四个人。”这是屠呦呦的演讲题目，也是演讲的核心观点。观点简洁清晰，直观明了，但不乏鲜明新颖，让人产生联想，耐人寻味。感谢青蒿，这个很容易让人理解。因为数十年来，屠呦呦潜心研究青蒿素，与青蒿结下了不解之缘。是屠呦呦成就了青蒿，也是青蒿成就了屠呦呦。那么，要感谢的四个人究竟是谁呢？给人们留下了悬念，留下了想象的空间。原来她要感谢的第一个人，是她的父亲；要感谢的第二个人，是中国的一位伟人——毛泽东；要感谢的第三个人，是中国古代的一位科学家——东晋时期有名的医生葛洪先生；要感谢的第四个人，实际上是一群人，这就是数以百万的非洲人和当年从事523抗疟研究的中医科学院团队全体成员。感谢完别人后，屠呦呦说："我唯一不感谢的，就是我自己。因为痴迷青蒿素，我把大量的时间、精力和情感投入到科研当中，没有尽到为人妻、为人母的义务和责任。"而这恰恰体现出她献身科学事业的执着信念、忘我精神、无私奉献，感人至深，更让人肃然起敬。

第二，理论依据准确可靠。"感谢青蒿，感谢四个人。"这一演讲的核心观点，虽然不涉及理论依据，但屠呦呦讲到科研瓶颈的突破，是受到我国东晋时期名医葛洪的启发，她所运用的中医理论是准确可靠的。葛洪《肘后备急方》中有明确的截疟记载："青蒿一握，以水二升渍，绞取汁，尽服之。"正是这一中医理论给了她灵感和启发，让她联想到提取过程可能需要避免高温，由此改用低沸点溶剂的提取方法，并最终取得了成功。

第三，事实依据真实可信。"听到我人生第一次'呦呦'的哭声后，父亲屠濂规激动地吟诵着《诗经》的著名诗句'呦呦鹿鸣，食野之蒿……'并给我取名呦呦。不知是天意，还是某种期许，父亲在吟完'呦呦鹿鸣，食野之蒿'，又对章了一句'蒿草青青，报之春晖'。也就是从出生那天开始，我的命运便与青蒿结下了不解之缘。"这是屠呦呦感谢父亲以及父亲给自己取名"呦呦"的事实依据，让人如临其境，如见其形，有极强的画面感与现场感。

"1954年，毛泽东指示：'即时成立中医研究院。'它就是我的工作单位——中国中医研究院的前身，也是成就我一番事业的平台。我时常在想：假如没有成立中医研究院，假如把我分配到一个乡村医院，我顶多是一个平庸的中医，更别谈什么青蒿素、什么诺贝尔奖了。"这是屠呦呦感谢伟人毛泽东的事实依据，这是中国那代人的亲身经历，这是中国中医研究与发展的真实历史。

第四，演绎推理符合逻辑。屠呦呦巧妙地把自己的名字"呦呦"与家父的珍爱联系起来，与诗经名句"呦呦鹿鸣，食野之蒿"和相对应的"蒿草青青，报之春晖"联系起来；把自己的研究业绩与伟大领袖毛泽东对中国中医事业的高度重视联系起来，与医圣葛洪经典文献的启示联系起来，与非洲百万使用青蒿素的疟疾患者联系起来，与自己通力协作的研究团队联系起来，与源源不断的源自中国大地青蒿植物的无私奉献联系起来，与蓬勃发展的中国中医事业联系起来，不仅构成了一幅宏大而绚丽的画卷，而且演绎推理的逻辑性强，环环相扣，令人折服。

第五，所得结论科学合理。屠呦呦的整个演讲，正是因为其理论依据准确可靠、事实依据真实可信、演绎推理符合逻辑，因而让“感谢”发自肺腑，让“感谢”贯穿全篇。“感谢青蒿，感谢四个人”，科学合理，令人信服，震撼人心。

特别是对生长在中国大地上的草本植物——青蒿，屠呦呦更是倾注了她独特的情感：“一岁一枯荣的青蒿，生，就生出希望；死，就死出价值。其茎，其叶，其花，浓香、淡苦，蕴含丰富的艾蒿碱、苦味素，是大自然送给人类的一种廉价的抗疟疾药。在我的科研生涯中，一代又一代，一茬又一茬的青蒿‘前赴后继’，奉献了自己的身躯，成就了中国的中医事业。正是因为他们的牺牲，才铺就了我通往诺贝尔的坦途。青蒿呦呦，情感呦呦，生命呦呦。临来瑞典前，我曾经有一个想法，想带85株青蒿来到卡罗林斯卡学院，让它们和我一起分享成功的喜悦。”

听到这里，看到这里，有谁不被屠呦呦对青蒿的真情实感所打动呢？又有谁不对生长在中国大地上这种朴实无华的草本植物充满由衷的敬意呢？

第六，有感召力与感染力。屠呦呦的整个演讲，观点鲜明，构思巧妙，充满诗情画意，具有强烈的感召力和感染力。

屠呦呦潜心研究青蒿素新药，不是为名，不是为了获得诺贝尔奖。她说：“我唯一的追求，是抗疟、治病。”

“我喜欢宁静。蒿叶一样的宁静。

我追求淡泊。蒿花一样的淡泊。

我向往正直。蒿茎一样的正直。”

屠呦呦与青蒿心心相印、息息相通、融为一体，构成了人与自然的和谐画卷，共同谱写出牺牲与奉献的动人交响。

屠呦呦表示葬身青蒿，更是感天动地。“终有一天，我将告别青蒿，告别亲人。如果那一天真的来到，我希望后人把自己的骨灰撒在一片青蒿之间，让我以另外一种方式，守望终生热爱的土地，守望青蒿的浓绿，守望蓬勃发展的中国中医事业。”

这种真挚的情感，这种高尚的情怀，这种无我的精神，无不让人动容，无不感人至深。

思考与训练

1. 怎样认识充分表述演讲观点的意义？
2. 充分表述演讲观点衡量的标准有哪些？
3. 如何让演讲观点更具有感召力和感染力？
4. 请谈谈科学家屠呦呦的演讲词对你有哪些重要启迪？如何学习借鉴？
5. 下面是任正非的一次内部演讲（节选），请分析该演讲是如何表述观点的？

星光不问赶路人（节选）

（2021年1月22日）

一、华为别无选择，只有义无反顾

克劳塞维茨在《战争论》中讲过："伟大的将军们，是在茫茫黑暗中，把自己的心拿出来点燃，用微光照亮队伍前行。"

1. 万里长征，我们只迈开了一小步

什么叫战略？就是能力要与目标匹配。

我司历经三十几年的战略假设是："依托全球化平台，聚焦一切力量，攻击一个'城墙口'，实施战略突破。"

而现实是我们的理想与我们的遭遇不一致，美国的制裁使我们全球化战略不能完全实施，我们可能依靠不了部分全球化平台，至少最先进的美国平台不支持我们。

现在必须全面靠自己打造产品，这是我们的能力与战略极大的不匹配，是我们最薄弱的环节，逼着我们从小学生做起，而且要快速跳级再跳级到博士。

我们哪有这么大的弹跳能力。我们既不是巧媳妇，也没有米。

……

但是，我们有信心、有决心活下来。

美军上将马丁·邓普西说过："要让打胜仗的思想成为一种信仰；没有退路就是胜利之路。"

华为也别无选择，只有义无反顾。

……

2. 激活组织，组成生力军

我们的人力资源政策，要胸怀宽广，敢于启用优秀的员工超过我们，要坚决引进比自己更优秀的人。

要不断激活我们的组织，提升有贡献的员工，组成合成的生力军。

……

3. 看不见未来的生存，没有意义

没有明天了，这样的生存是没有意义的。

过去几百年来，西方科技像灯塔一样照亮了人类追赶的道路，不仅仅是飞机、火车、汽车、轮船、收音机、卡拉OK……也不仅仅是欧拉公式、拉格朗日方程、傅里叶变换、门捷列夫元素周期表……也不仅仅是贝多芬、歌德、米开朗基罗、托尔斯泰……他们对人类文明进步的贡献，是我们敬仰的。

在美欧日俄等国的灯塔照耀下，整个世界都加快了追赶步伐。

今天的人类繁荣与英欧美日的“灯塔”是分不开的。我们要尊重这些文明国家、尊重先作出贡献的先辈。

孔子都二千多年，我们还不是在尊孔吗?

今天我们已积累到一定程度了，也想要学习在无人区点亮5G的灯塔，作出我们应有的贡献，回报世界给我们的引导，让我们的光辉也照亮大家共同前行。

二、功夫不负有心人，星光不问赶路人

当我们尝试迈出第一步，刚刚擦亮一根火柴，企图点亮一座灯塔时，就受到美国的不理解。

不理智的一棒打下来，一开始我们还真以为是我们合规犯了什么错误，在自查自纠；接着第二棒、第三棒又打下来，一棒比一棒狠，我们才知道是要打死我们，并不是小羊在上游喝了什么水。

求生的欲望，使我们振奋起来了。

全体员工表明了：“宁可向前一步死，决不后退半步生”。

我们并不以此灰心，我们也不会怨恨，美国仍然是世界的科技灯塔，我们仍然要一切向先进的人学习。

1. 研发力量要聚焦

我们既要垂直向上探索新技术、新理论对产品的影响，也要重视产品在场景化中组合应用的竞争力。

让喜马拉雅山的雪水流下来浇灌南泥湾、牡丹江，让它流过马六甲海峡，穿过红海、直布罗陀海峡，流向加勒比海。

“南泥湾”计划，不是一个短计划，把一片黑土地都浇肥。

2. 在低潮期，推行管理的结构性改革

管理上，要保障供应；为前线提供优质服务，在服务支持中实现监管；要合并重叠的组织，在合理优化的前提下，减少机关的横向跨度，减少机关的层级。

发文要严格思考，按重要性级别分别由一级部门批准、二级部门批准。基层部门不许发管理类文件，工作联络单除外。不要无端干扰一线作战组织。

我们在低潮时期，每年仍拨备十亿美元给战略预备队，为来自一线的功臣、英雄、员工提供转人磨芯机会。

每个员工都要努力学习，无论在职还是脱产，都要珍惜自我学习的机会，要把新的技术、新的商业模式、新的精神面貌传下去，让组织活泼起来，血液加速循环起来。

“蓬生麻中，不扶自直”。特别是在艰苦地区、艰苦国家工作的员工，更要加强学习，有优先垂直提拔的机会，你们已取得了火线考验的资格，为什么技能要输给别人，失去自己可以优先获得的机会呢？

今天你们桃李芬芳，明天就是时代的栋梁，要肩负起生产自救与蓬勃振兴的重担。

不要辜负了时代对你们的期望。

沉默不是懦弱，忍耐不是麻木，善败者不亡。青春泣血，生命绽放光芒。

我们正处在一个伟大的时代，同时又遭遇百年闻所未闻的风暴打击。翻滚的黑云，夹着电闪雷鸣，山崩地裂般地席卷我们。

我们一时惊呆了，手足无措。

当我们清醒过来，要像海燕一样，迎着雷电，迎着暴风雨嘶叫着飞翔，朝着一丝亮光，朝着希望，用尽全身力量搏击，奋斗，前进，再奋斗，再前进，嘶喊着胜利。

岁月不负有心人。

训练方法篇

XUNLIAN FANGFA PIAN

第九章

海纳百川　顺理成章
——演讲素材的收集与整理

演讲是一种实践。一次成功的演讲，需要不断地训练，实打实地训，白加夜地练，每一位演讲者都需要掌握一定的演讲训练方法。

在进入训练方法篇时，我们先做一个演讲能力测试。

1. 你喜欢当众发表自己的见解吗？

A. 喜欢（2分）　B. 不太喜欢（1分）　C. 不喜欢（0分）

2. 你习惯于演讲前做充分准确吗？

A. 是（2分）　B. 有时是（1分）　C. 从不（0分）

3. 你能在演讲前精心设计仪表仪容、手势动作和表情眼神吗？

A. 能（2分）　B. 有时能（1分）　C. 不能（0分）

4. 你能在演讲一开始就迅速抓住听众的注意力吗？

A. 能（2分）　B. 有时能（1分）　C. 不能（0分）

5. 你能紧紧围绕演讲主题，寓理于事、情理交融地表达自己观点，使听众一目了然并心悦诚服吗？

A. 能（2分）　B. 有时能（1分）　C. 不能（0分）

6. 你能在演讲过程中密切注意听众的反应并及时调整自己演讲的内容与方式吗？

A. 能（2分）　B. 有时能（1分）　C. 不能（0分）

7. 你能在演讲出现忘词、停电等意外情形时从容应对吗？

A. 能（2分）　B. 有时能（1分）　C. 不能（0分）

8. 你能在必要时与听众有效互动吗？

A. 能（2分）　　B. 有时能（1分）　　C. 不能（0分）

9. 你的普通话标准、声音清晰悦耳吗？

A. 是（2分）　　B. 一般（1分）　　C. 不（0分）

10. 当众讲话或演讲时，你有紧张得语无伦次的现象吗？

A. 从无（2分）　　B. 有时（1分）　　C. 经常（0分）

以上10道测试题，满分20分。

得分17分以上，说明演讲能力很好；

得分12至16分之间，说明演讲能力一般；

得分11分以下，说明演讲能力较差。

你的分数是多少？

得分：______

一分耕耘，一分收获，演讲需要不懈地付出、不断地训练。训练方法越接近实战越有效果，演讲者要有"吃得苦中苦、方为人上人"的思想准备，要有"时不我待、只争朝夕"的训练干劲。

现在，我们就围绕演讲实践活动过程，给大家提供一些可参考可复制的训练方法。

演讲，首先要写演讲稿，写演讲稿首先要根据演讲主题收集和整理演讲素材。演讲素材收集的多与少、精与泛、正与偏、确与误，对演讲事例选取、演讲思路形成、演讲逻辑确立、演讲稿撰写、演讲成功与否有非常重要的基础性作用。

一名优秀的演讲者，需要重视演讲素材的收集与整理，更应该清楚演讲素材收集的种类、整理的方法、运用的原则。只有掌握大量有效的材料，才有可能做到"手中有料、口里不慌"。

演讲素材是指与演讲主题内容相关而未经集中、提炼和加工的原始材料。需要强调的是，演讲原始材料汗牛充栋、浩瀚如烟，特别是当今网络信息资源丰富，搜一个关键词，"跳"出N多个网页，不知道看哪个好。作为一名演讲者，一定要找相关素材，不能"眉毛胡子一把抓"，更不能搜集废材料，甚至是错材料。

第一节 演讲素材收集的种类

一、文字

一般来说，演讲素材中文字是最基础的原始材料。每一篇演讲稿都是以文字形式体现，每一次演讲都是无声文字的有声表达。由此可见，文字素材收集的重要性。

为了让大家在实战中感受训练方法，我们现以“赓续红色血脉·致敬革命英烈”主题演讲比赛为实例，若以《我的偶像杨靖宇》为题参加这次演讲比赛，试试如何搜集这篇演讲稿的文字素材呢?

首先，搜集最权威、最全面的杨靖宇生平文字材料，在文字中寻找真实的历史，以文字的形式收集杨靖宇个人准确信息。主要从党史资料、学术研究成果、正式出版的人物传记中收集，收集途径可以专程去档案馆、图书馆查阅资料，也可以浏览互联网下载资料。值得一提的是，当前很多档案馆、图书馆的大量资料已经数字化，网上资源是我们便捷收集材料的首选途径和无限“宝藏”。

比如，搜集抗日英雄杨靖宇的资料，我们可以登录党史学习教育官网。在2021年中国共产党成立100周年之际，2021年2月，中共中央印发《关于在全党开展党史学习教育的通知》，就党史学习教育作出部署安排。3月，党史学习教育官网正式上线，官方微信公众号“党史学习教育”也同步推出。在党史学习教育官网【党史故事】栏目，有一篇文章《杨靖宇：抗日民族英雄》。有关针对杨靖宇生平的介绍如下：

杨靖宇，1905年生于河南省确山县。1926年加入中国共产主义青年团。1927年4月参与领导确山农民暴动，同年5月加入中国共产党。大革命失败后，组织确山起义，任农民革命军总指挥。1928年后，在河南、东北等地从事秘密革命工作。曾5次被捕入狱，屡受酷刑，坚贞不屈。

1931年“九一八”事变后，他任中共哈尔滨市委书记兼满洲省委军委代理书记。1932年秋被派往南满，组建中国工农红军第三十二军南满游击队，任政治委员，创建了以磐石红石砬子为中心的游击根据地。1933年9月任东北人民革命军第一军第一独立师师长兼政治委员。1934年4月联合17支抗日武装成立抗日联合军总指挥部，任总指挥。后任东北抗日联军第一军军长兼政治委员、东北抗日联军第一路军总司令兼政治委员。率部长期转战东南满大地，威震东北，配合了全国的抗日战争。中共六届六中全会曾致电向以杨靖宇为代表的东北抗日武装表示慰问，赞之为“冰天雪地里与敌周旋7年多的不怕困苦艰难奋斗之模范”。

1939年在东南满地区秋冬季反“讨伐”作战中，他与魏拯民等指挥部队化整为零、分散游击。自己率警卫旅转战于濛江一带，最后只身与敌周旋5昼夜。1940年2月23日在吉林濛江三道崴子壮烈牺牲，时年35岁。为纪念他，1946年东北民主联军通化支队改名为杨靖宇支队，濛江县改名为靖宇县。

以上信息是我们写好一篇演讲稿的基础性文字，具有权威性。我们在搜集整理这方面文字时往往会出现很多种版本，很多种说法，让自己不知哪个对哪个错。这种情况下，就要找最权威的出处。这篇文稿的来源有中央党史学习教育领导小组办公室、人民网和中国共产党新闻网背书，又是最新的研究成果，自然是我们搜集文字素材的首选。

要写好《我心中的偶像杨靖宇》这篇演讲稿，仅仅掌握以上几百字的生平介绍远远不够，还需要从以下几个方面入手：

一是有关讲述著名抗日民族英雄杨靖宇将军生平事迹的人物传记。例如，《杨靖宇将军》（郭红婴著，吉林人民出版社，2006年出版）。

二是有关杨靖宇最新的史料，以及杨靖宇后人最近的情况和活动资料。例如，吉林省档案馆揭秘的杨靖宇牺牲前最后100天的档案资料。

三是有关“赓续红色血脉·致敬革命英烈”主题内容。什么是红色血脉？什么人物才能称为革命英烈？这些概念，我们要找到权威出处，厘清楚、审好题。

例如，2021年10月第19期《求是》杂志发表中共中央总书记、国家主席、中央军委主席习近平的重要文章《用好红色资源、赓续红色血脉，努力创造无愧于历史和人民的新业绩》，文章强调，红色资源是我们党艰辛而辉煌奋斗历程的见证，是最宝贵的精神财富。红色血脉是中国共产党政治本色的集中体现，是新时代中国共产党人的精神力量源泉。

又如，《革命英烈传（上下）》（苏州大学出版社，丁启清/解晶/艾新军/黄鹏著，2010年9月出版）；中华人民共和国退役军人事务部“中华英烈网”的大量文字资料；以及2021年第一批纳入中国共产党人精神谱系的伟大精神：建党精神、延安精神、抗战精神、东北抗联精神等。

四是主流媒体新闻报道特别是专题报道、社论评论、署名文章等内容，可以让我们更有深度地了解民族英雄这个“群像”。例如，《总书记说到过这样一些英雄》一文，1.2万多字，其中有杨靖宇等一大批民族英雄，还有很多金句名言。找到这样的素材，应有“如获至宝”之感。现节选部分，供大家参考体会。

总书记说到过这样一些英雄（节选）

人民日报记者　温红彦　宋静思

“一个有希望的民族不能没有英雄，一个有前途的国家不能没有先锋。”

……

英雄是民族最闪亮的坐标。在中华民族5000多年源远流长的文明历史中，每当遇到生死存亡的关键时刻，总有无数可歌可泣的英雄儿女挺身而出、慷慨前行。

近代以后，特别是中国共产党成立以来，为赢得民族独立和人民解放、实现国家富强和人民幸福，无数革命先烈矢志不渝、前赴后继，无数平凡英雄艰苦奋斗、无私奉献，谱写了气吞山河的英雄壮歌。

他们犹如一颗颗星、一盏盏灯、一簇簇火，光耀天空、烛照大地，推动中华民族不断发展壮大，照亮中华民族伟大复兴的光辉前程。

永志不忘——

“共和国是红色的，不能淡化这个颜色。无数的先烈鲜血染红了我们的旗帜，我们不建设好他们所盼望向往、为之奋斗、为之牺牲的共和国，是绝对不行的。”

……

2020年7月24日，习近平总书记在吉林考察工作结束时的重要讲话中指出："抗日战争时期，在极其恶劣的条件下，杨靖宇将军领导抗日武装冒着零下四十摄氏度的严寒，同数倍于己的敌人浴血奋战，牺牲时胃里全是枯草、树皮、棉絮，没有一粒粮食，其事迹震撼人心。"

1931年9月18日，日本帝国主义制造九一八事变，开始大举侵占中国东北。1932年，杨靖宇受党中央委托到东北组织抗日联军，率领东北军民与日寇血战于白山黑水之间。面对日军疯狂镇压，杨靖宇充满斗志："革命就像火一样，任凭大雪封山，鸟兽藏迹，只要我们有火种，就能驱赶严寒，带来光明和温暖。"

1940年2月，杨靖宇在冰天雪地、弹尽粮绝的情况下，孤身一人与大量日寇周旋，战斗五昼夜后，在濛江县（今吉林省靖宇县）壮烈牺牲。

天下艰难际，时势造英雄。在抗日战争这场救亡图存的伟大斗争中，中华儿女为中华民族独立和自由不惜抛头颅、洒热血，母亲送儿打日寇，妻子送郎上战场，男女老少齐动员。

……

五是与正面主题对应的反面教育题材，对演讲稿写作也有震撼性的辅助作用。如，杀害杨靖宇烈士的凶手之一——时任伪通化省警务厅长岸古隆一郎反思谢罪剖腹自杀的典型事例。现转载部分内容（来自网络）：

1940年2月23日，杨靖宇已经被日军围困长达五天。之所以被包围是因为叛徒的出卖导致东北抗联危在旦夕，杨靖宇为了掩护大部队安全转移，自己留下断后，后来却已无法脱身。而此时杨靖宇面对的敌人最高指挥官就是岸谷隆一郎。

岸谷隆一郎在伪满地区已经待了很长时间，深知杨靖宇的大名，所以下令一定要抓活的。他以为杨靖宇现在孤身一人，子弹粮食都很有限，断然不可能逃出他的手掌心。但是事态的发展却超出了他的预料。五天过去了，杨靖宇不仅没有投降，反而打死了不少日军士兵。这让岸谷隆一郎如坐针毡，最后决定放弃活捉的想法，所有日军一拥而上，这一天下午4点半，杨靖宇壮烈殉国。

这时候久闻杨靖宇大名的岸谷隆一郎才第一次见到了对方，他看着这个穿着破破烂烂、武器又非常老旧的人，实在是想不通杨靖宇是怎么一个人撑过五天的。于是岸谷隆一郎让军医剖开了杨靖宇的胃部，他惊讶地发现里面一丁点粮食都没有，只有草根和棉絮。在场的人，包括军医在内，没有人知道杨靖宇是怎么在这种条件下活过来的。

之后岸谷隆一郎对自己的部下说，虽然杨靖宇是敌人，却是天大的英雄。当时杨靖宇的头颅已经被送到了通化省城，岸谷隆一郎就请最好的木匠重新雕刻了一个杨靖宇的头颅，下葬杨靖宇之后，他又让当地的书法大家写下了“杨靖宇之墓”五个字，然后又请了一位日本高僧来为杨靖宇超度。

此事之后，岸谷隆一郎开始研究东北抗联将士的心理，越研究他就越觉得日本发动这场侵略战争是毫无意义的。于是岸谷隆一郎最后决定以死谢罪，他在自己的遗书中写道，中国拥有像杨靖宇这样的铁血军人，一定不会亡国。然后岸谷隆一郎给自己的妻儿喂下了毒药，自己也剖腹自尽。

岸谷隆一郎以死谢罪的事例非常典型，敌人的悔罪恰恰有力证明了民族英雄杨靖宇的伟大。事例很有说服力、感染力和震撼力。网络评价也有很多，红色文化网一篇题为“杀害杨靖宇的刽子手悔恨到剖腹自尽，其侄女79年后代为写下忏悔书”开篇的一段描述，供大家参考：

胜利没有辜负英雄的期待，尽管这胜利姗姗而来。

和平没有辜负英雄的热血，几番风雨，层林尽染，热血化作信仰的颜色，画美了山河！

一个英雄辞世六年之后，3094平方公里的秀美山川，齐声奏响永不消逝的乐章，英雄的名字镌刻神州大地，万民传唱。

命世之英，区宇以宁。

英雄辞幕，星河长明。

……

六是有关偶像的文字资料。偶像一词从哪来，偶像如何诞生，偶像文化有什么社会背景，偶像文化对当下社会有什么影响，又有何利弊？等等。例如，我们在中国知网可以收集《论新中国成立以来青少年偶像文化的变迁》（李凡卓，厦门大学军事教研室，《中国德育》期刊，2020年7月）、《明星偶像崇拜的失范与重构路径研究——以流行文化中的青少年学生群体为例》（马赫，吉林大学，2020年博士论文）等文章。

七是有关《东北抗日联军史》《抗日战争史》《中国共产党简史》的内容，甚至是1840年以来的中国近代史的书籍、文章。

八是其他关于演讲主题和内容的相关材料，包括但不仅限于以上列举。

从这些文字收集内容和过程不难看出，要进行一次5分钟、千把字的演讲，需要我们搜集的文字恐怕需要十几万、几十万甚至上百万。如果作为一名大学生演讲者，当你站在台上演讲的时候，你不再是一名学生，而是台上的一名师者，你想要给大家一杯水，你必须有一桶水，甚至一片海。

二、图片

图片在近年演讲中的作用越来越重要，主要是因为演讲现场所需要的设备有了大大改进，现代科技水平越来越高，20世纪的演讲基本通过演讲者本人使用有声语言进行，如果能够使用一些实物作为道具进行演讲，形式和效果都会增强。如今，科技水平日新月异，演讲设备越来越先进，不少演讲场地具备LED屏幕、投影仪、多功能电视等设备支持，加之PPT（PowerPoint的简称，一款演示文稿软件，PPT文件可设置幻灯片的内容和效果，放映幻灯片即可演示）知识的运用，使得图片可以呈现，极大增强演讲效果，也使图片的收集变得格外重要。

继续以“赓续红色血脉·致敬革命英烈”主题演讲《我的偶像杨靖宇》为例：

首先，要搜集杨靖宇的照片。例如，目前唯一一张杨靖宇的生前照片是他青少年时期拍摄的（图1），牺牲后的照片（图2），还有牺牲后被残忍割下的杨靖宇人头的照片（网络和相关展馆均有，这里不陈列）。这些珍贵的历史照片可以在东北抗日联军纪念馆、杨靖宇将军纪念馆搜集，也可以在网上进行搜集。

图1

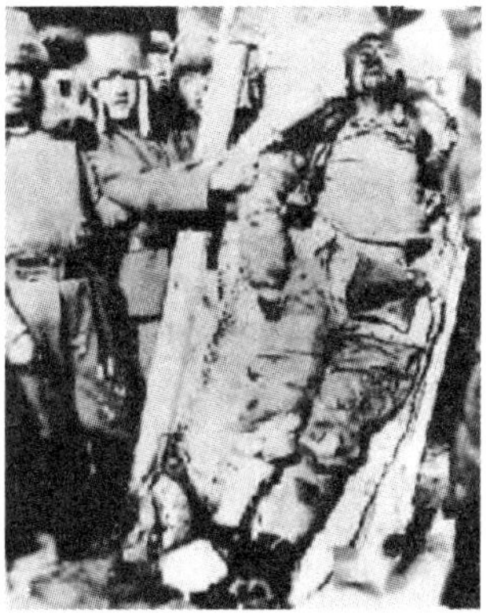

图2

其次，搜集有关杨靖宇烈士的画作图片。例如，经常看到的杨靖宇正面画像（图3），油画《杨靖宇将军》（图4）。

图3

图4

第三，搜集各类书籍、读物、纪念馆陈列等图片，或者截图。我们最常用的百度图片检索杨靖宇，大量相关图片都可以是我们收集的对象，这里就不一一列出了。

图片与文字的最大不同，是图片给予观众的视觉冲击直观而震撼，如果能够把图片背后的故事特别是文字资料进行收集挖掘，图文合一，将为接下来的演讲稿撰写提供更有深度的空间。

三、音视频

音频也叫声频，是指我们可以用耳朵听到的声音，但没有可视的图像；视频有可视图像，但不一定必须有音频，可以没有声音。与演讲内容相关的音视频资料搜集在演讲中的作用越来越大，因为音视频资料对演讲者有感性加理性的双重冲击，这些资料不仅对演讲稿写作有非常重要的作用，还可以在演讲中直接植入，作为演讲的重要组成部分，往往会起到意想不到的效果。

再以《我心中的偶像杨靖宇》为例，虽然因当时条件所限，没有留下杨靖宇的原声和影像资料，但我们完全可以在有关杨靖宇的影视作品中，包括纪录片、舞台剧、电影、电视剧中找到音视频资料。如，建党100周年特别节目、大型系列微纪录片《丰碑》之民族英雄——杨靖宇；献礼新中国成立70周年电影《杨靖宇》；国防大学教授金一南将军讲述杨靖宇故事的视频，等等。

我们搜集资料，不能把音视频范围仅仅放在杨靖宇身上，相关的音视频还可以是烈士后人的采访、对话、寄语，也完全可以是当年的敌人、指挥杀害杨靖宇将军的伪通化省警务厅长岸谷隆一郎后人谢罪的音视频，还有相关正反面偶像人物的音视频、有关红色血脉的音视频，以及演讲者认为还有必要了解的知识点所需要搜集的音视频，等等。

无论是文字、图片还是音视频，资料的收集都是为撰写演讲稿做准备，也帮助演讲者理解和掌握演讲内容。资料的收集也不是仅有文字、图片、音视频，还可以有实物，只要是对演讲有辅助作用的信息、物件都是我们收集的范围。

可能大家会疑惑，一个几分钟的演讲，至于搜集这么多资料吗？其实，这就是我们经常说的“台上一分钟、台下十年功”的道理所在。

第二节　演讲素材整理的方法

提到方法，首先想到的是哲学方法论，演讲素材整理同样可以在哲学方法论中找到方法，也可以在互联网技术中找到科技方法。这里向大家介绍的分类整理法、思维导图法和归纳总结法就是我们需要掌握的基本方法。

一、分类整理法

首先介绍的是十进制分类法，属于比较传统的方法。十进制分类法的原理是以数字代号分类，分类中有十大类，大类再细分十小类，每小类再可以细分。这个原理适用于图书、档案管理等。由于我们现在收集到的资料，存储介质一般都是电脑、U盘、光盘、移动硬盘、网盘、云存储等。演讲素材可以参照十进制分类法进行整理分类，只是不一定必须每类都分为十小类，分几类因需而定。还以《我心中的偶像杨靖宇》演讲稿资料收集为例，可以参照十进制分类法原理进行如下文档分类。

《我心中的偶像杨靖宇》演讲稿资料（文件夹）

1 文字（文件夹）

　　1.1 杨靖宇生平

　　　　1.1.1 杨靖宇简介

　　　　1.1.2 杨靖宇家谱

　　　　……

　　1.2 杨靖宇战斗故事

　　　　1.2.1 杨靖宇指挥的抗日战斗

　　　　1.2.2 杨靖宇壮烈牺牲的故事

　　　　……

2 图片（文件夹）

　　2.1 杨靖宇本人照片

　　2.2 杨靖宇家人照片

　　2.3 杨靖宇重要关联人员照片

　　2.4 新闻活动照片

　　……

3 音视频（文件夹）

　　3.1 音频

　　3.2 视频

4 实物清单

5 其他

我们开展演讲活动，可以是一个几分钟的参赛演讲，也可是一场几十分钟的公众演讲，也可能是几个小时的专题演讲，甚至是系列演讲。作为一名演讲者，我们收集到的各种原始演讲资料应该是海量的。这里用一篇几分钟的演讲稿素材做案例，只是告诉大家一种方法，授之以渔。大家也可将整理的素材打印或复印，按照图书管理方式以十进制方法分类整理保存，形成纸制版资料库，音视频文件可另作备份。

二、思维导图法

如果说分类整理法是传统的素材整理方法，思维导图法就是比较现代的电子化方法。思维导图是一种图像式思维工具，最大的特点是思维放射，思维导图是以一个中央关键词引发放射性思考、形象化构造和分类，这个中央关键词又可以辐射所有关联的代表字词，由此形象化进入大脑的资料，无论是文字、数字，还是线条、颜色，亦或是意象、感觉、想法等，都可以列为一个中心向外发散出成千上万的关节点，每个关节点作为与中央关键词的一个连结，又可成为另一个中心主题，再向外发散出成千上万的关节点，呈现出放射性立体结构，这些连结就像我们大脑中的神经元一样，互相连接，互为作用，形成每个中心主题的数据库。所以，思维导图也被称为脑图、心智地图等。

思维导图可以手绘，也可以通过电脑软件实现。思维导图软件有很多，功能基本大同小异，我们可以根据自己喜好进行下载。例如，鱼骨图思维导图等。

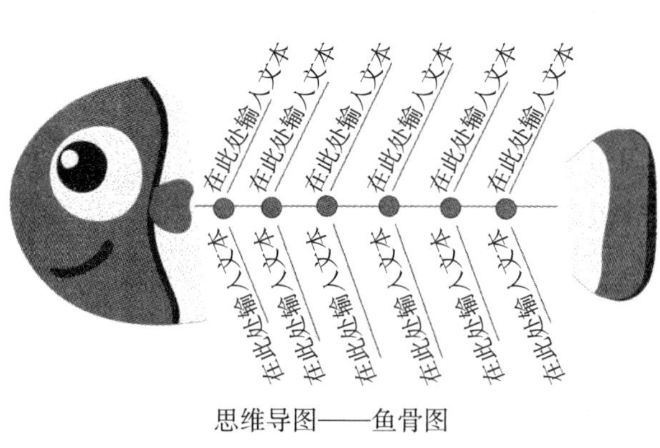

思维导图——鱼骨图

思维导图调动了左右脑机能，利用记忆、阅读、思维的规律，挖掘大脑潜能，具有发散性、联想性、条理性、趣味性。思维导图优点很多，实用性很强，是人们整理资料、学习知识的重要工具，特别是随着思维导图知识的普及、软件的开发，在年轻人工作学习中已普遍运用。当前，思维导图在大中小学教学和实践中已屡见不鲜，不少小学生也已经开始训练和运用思维导图。

大家如果采用思维导图法整理演讲素材和学习相关知识，可以尝试下载专用的思维导图软件学习运用，这里不专门赘述。

三、归纳总结法

演讲素材整理需要带着问题、带着思考、带着观众、带着撰稿的意识进行归纳总结，挖掘中心，论证观点，建立思想。

针对演讲素材进行归纳总结，可以从以下三个方面入手。

1. 归纳提炼中心

素材再多，也只能体现一个中心，这个中心往往是演讲主题，也可能直接是演讲题目。这就需要我们在整理素材的时候搞清楚到底要“讲什么”，能否用在素材中找到的一段话或者一句话说清楚这个中心，所有的素材都要为这个中心服务。比如，“赓续红色血脉·致敬革命英烈”主题演讲，以《我的偶像杨靖宇》为题目。这里大的题目是“赓续红色血脉·致敬革命英烈”，演讲者以《我的偶像杨靖宇》为题演讲，我们如何在如上所列的大量资料中找到演讲的中心内容？这个中心不是唯一的，是由演讲者根据实际情况确定的。可以突出杨靖宇的爱国情怀为中心，也可以论证当下偶像文化为中心，也可以杨靖宇事迹为切入点讲述群英谱点题赓续红色血脉。确定了核心“讲什么”，那么在素材选取整理过程中便会有的放矢。

2. 理出逻辑框架

在素材堆中寻找到了“讲什么”，接下就整理解决“怎么讲”。俗话说“巧妇难为无米之炊”，有了中心，怎么论证中心、解释中心？我们在前文中列举了很多素材可以说，相关内容都有涉猎。素材这么多，怎么整理出与中心内容密切相关的素材呢？这就需要大家以逻辑思维建立演讲框架，分出主次、层次和细分，且能相互印证，互为联系。

还以《我的偶像杨靖宇》为例，若主题确定重点讲述杨靖宇爱国情怀。“怎么讲”就需要建立一个论证框架，可以由三个故事组成：一是面对村民劝降时的回答——“如果我们都不爱国，我们国家不就完了吗”；二是面对生命最后一刻敌人劝降时的回答——“开枪吧，我将抗争到底”；三是岸谷隆一郎遗书——“中国拥有像杨靖宇这样的铁血军人，一定不会亡国”。这三个故事典型有力、震撼感人、正反印证。有了这个逻辑框架，“怎么讲”就了然于心，素材整理的方向也就清楚了。

3. 总结思想观点

没有思想的演讲等于零。每一位演讲者都要问问自己“为什么讲”，到底想给观众什么启迪？有什么意义？达到什么效果？这些思想火花往往存在于素材中的社论、评论或者是反思性、批判性、总结性的文字之中。再以《我的偶像杨靖宇》为例，思想观点“藏”在哪些资料里呢？“藏”在人民日报发表的署名文章《总书记说到过这样一些英雄》开篇论述，文中有很多金句，都是思想火花，可以作为总结性的思想观点。

第三节　演讲素材运用的原则

一、真实原则

演讲是严肃的实践活动，讲出去的每一句话、每一个字都要经得起历史的推敲、担得起历史的检验。我们常说，说出去的话、泼出去的水，收不回来。演讲者在台上要讲真话，不能讲假话，不能讲错话，每一个故事都要真实可信，不能瞎编乱造，不能错漏百出。特别是涉及重要人物、重要时间、重要情节、重要历史等信息更要慎之又慎。

比如，杨靖宇到底多高？是1米8几还是1米9几？金一南将军在一次演讲中谦虚地作了回应。金一南将军谈到自己去吉林集安东北抗日联军纪念馆时，讲解员说杨靖宇将军不是1米8几，而是1米92。又如，网上有不少资料显示杨靖宇“历任抗日联军总指挥政委等职”“杨靖宇最后战斗6天6夜”。对于这些资料，我们在前文中，关于党史学习教育官网上【党史故事】《杨靖宇：抗日民族英雄》中，可以找到正确答案。

对于诸如此类的考证，希望能够掌握一种严谨求真的方法，养成一种严谨求真的理念。无论我们什么时候做什么演讲，讲的每一句话，写的每一个字，都应该把真实放在第一位，也要善于在浩瀚的资料海洋中去伪存真，求真务实，以史学考证的严谨态度对待每一个字。

二、典型原则

典型材料是我们确定演讲稿采用的重要标准。典型的含义告诉我们典型材料是指有代表性、有特性的材料。再以《我心中的偶像杨靖宇》演讲稿撰写为例，根据以上收集到的资料和信息，我们可以确定这篇演讲稿的典型资料：

（1）杨靖宇牺牲前与敌人面对面对峙的动人细节：文字、图片和视频。

（2）岸谷隆一郎谢罪自杀（自杀前毒死妻儿）和其侄女岸谷和赴吉林谢罪的档案材料，包括图片、音视频。

这两份材料，两个人物，两个故事，敌我双方，一反一正，鲜活新奇，鲜明对比，可以构成一个5分钟演讲的主体素材。

三、切题原则

只要是正式的演讲活动，演讲的内容都是有主题的，没有无主题的演讲。那么，演讲切合主题就是最关键的问题了。即使你的演讲素材再好，内容再感人，写得再有文采，但不符合主题，甚至偏题跑题，也就一票否决了。所以，演讲素材运用一定要用到刀刃上，这个刀刃就是演讲主题。好素材都是相对的好，切合主题的素材相对于这个演讲主题就是好素材；再好的素材不符合演讲主题，那就没有意义，只能束之高阁。

思考与训练

1. 如果演讲素材收集按步骤进行，你根据课程内容，觉得主要可以分几步？

第一步：________________

第二步：________________

第三步：________________

……

2. 资料收集可以来自网络、报刊、书籍、广播电视等，你认为还有其他方法吗？

其他方法：________________

____

3. 试用以下树状思维导图（图片来自网络）将杨靖宇将军相关素材进行整理归纳。

4. 继续收集岸谷隆一郎及其侄女岸谷和有关谢罪的材料，不少于10条且内容不重复。

5. 尝试与杨靖宇烈士陵园人员建立联系，从而进行电话采访或社会实践。建议采取的方式有：

方式一：网络搜索

结果：________________

方式二：114查询

结果：________________

方式三：熟人联络

结果：______________________________

……

6. 下面是2019年“时代新人说——我和祖国共成长”广东省演讲大赛总决赛金奖获得者季文静演讲稿《在烈火中永生》。请大家分析符合真实、典型、切题原则的稿件资料分别有哪些？

在烈火中永生

演讲者：季文静

今天的红色故事，要从60年前一个2岁的小男孩说起，他叫崔定邦。他经常问：“我的妈妈去了哪里？”每当他想妈妈的时候，他总是忍不住小声抽泣，他总会问外婆：“我想妈妈了，我的妈妈到底去了哪里？”外婆总是语重心长地告诉他：“妈妈去了很远的地方工作，等你长大了就能见到了。”

于是，小定邦的心愿从见到妈妈变成快快长大。小定邦上小学了，会识字了，他认识的第一个名字就是妈妈的名字——向秀丽，他把妈妈的名字记在心底，一遍又一遍。就在他上小学的时候，在语文课本里他看到了一个感人的故事：

1958年12月13日，星期六晚上，在广州繁华的上下九路，何济公药厂化工车间灯火通明，向秀丽正在忙碌地工作。

意外发生了！一个满装20公斤重的酒精大瓶瓶底突然断裂，酒精“哗啦”一下流淌出来，流向了车间内10个火红的煤炉，一接触到煤炉的热气，酒精瞬间燃烧起来，火苗蹿了起来，火势迅速蔓延……

更可怕的是，7桶60公斤重、用煤油浸着的金属钠就放在了离酒精倾泻处不到4米的地方，金属钠易燃易爆。一旦接触火源，将会发生剧烈爆炸，到时不仅整个工厂毁于一旦，还会殃及周边的商铺、居民、学校，后果不堪设想。千钧一发之际，向秀丽在用帽子、围裙阻止火势蔓延无效之后，她直接侧身卧地，用身体截住燃烧的酒精，截住了酒精流向金属钠，截住了蔓延的火焰，火苗扑向了她那沾满酒精的身躯……

工友们冲上来，想为她扑灭身上的大火。她却高声大叫：“不要管我，赶紧叫人救火！”

大火被扑灭了，但她被烧成了重伤，她的双腿无法弯曲，膝盖几乎可以看见骨头。昏迷了三天三夜的向秀丽醒来后第一句话，便问："金属钠有没有爆炸？工厂安全吗？工友有没有受伤？"

经过33天的抢救，因伤势过重，向秀丽于1959年1月15日献出了年仅26岁的生命。

向秀丽牺牲后，广州市人民政府追认向秀丽为革命烈士。

老一辈无产阶级革命家董必武、陈毅、林伯渠等同志为她题词。

雷锋，也在日记中写道"我决心永远学习向秀丽同志，学习她在紧急关头，挺身而出，英勇牺牲的精神！"

2012年，向秀丽的英雄事迹入选《复兴之路》展览，她被党中央誉为"党的好女儿"。

今年国庆，向秀丽被党中央追授予"最美奋斗者"。

今年，广州举办学习英雄向秀丽活动。我作为访谈者见到了英雄的儿子，62岁的崔定邦，他深情地对我说："小时候我常常问：妈妈去了哪里，长大后，每当遇上不如意的事情，我就会想起妈妈奋不顾身的形象，内心就会涌现出克服困难的信心与力量！"

60年过去了，向秀丽从未被忘记。她的名字，已成为一种精神留在广州这片热土。

秀丽街、秀丽楼、向秀丽突击队、向秀丽党支部……

"爱岗敬业、无私奉献、舍己救人"的向秀丽精神，已成为羊城的红色基因，激励着一代又一代人成长。

以"最美奋斗者"为榜样，我们要把这份精神传承下去，在新时代的社会实践中不断焕发新的光芒！

真实性表现在：____

____

典型性表现在：____

____

切题性表现在：____

____

第十章
悉心备稿　精心加工
——演讲稿的撰写与打磨

撰写演讲稿对不少演讲者来说是比较头疼的事，因为很多演讲者台上张口能说，台下提笔却不能写，如何做到提笔能写、张口能说?

撰写演讲稿，是一门硬功夫，只会讲、不会写，不是一位真正的演讲者，而是一位文字解说员，只是把别人写的一篇文字以最好的方式表达出来而已。要过写稿这一关，就要有打铁还需自身硬的气魄，硬碰硬地学、硬碰硬地练。只是在学与练的过程中，要讲究方法，也有方法可循。这一章，就与大家谈谈如何快速撰写与打磨演讲稿。

第一节　一事一理一情快速撰写

撰写演讲稿的方法很多，不少书籍都有介绍。这里尝试介绍一种相对较直接、较易学、较实用的一种方法——“事理情”法。展开一点说，就是讲述一个故事，得出一个道理，抒发一段情感。

一、事——有故事性

事，指的是演讲要有故事，演讲稿要体现故事性。讲道理不如讲故事，讲天边不如讲身边。我们在提笔写演讲稿之前，可以先不考虑演讲稿怎么写，先试着写出一个完整的故事。什么是完整的故事?要有时间、地点、人物、事情发生的经过和结果，如果故事有戏剧性的冲突、曲折的情节、鲜活的人物形象，这个故事基本就可以“出彩”了。

二、理——蕴含道理

理，就是从故事中得出一个道理，传播一种思想，传递正能量。演讲要有思想，没有思想的演讲等于零。演讲要有故事，但演讲不等于讲故事。纯讲道理，可能观众不太愿意听，或者听不进去；纯讲故事，那是故事会，缺少演讲的思想性。从故事中引出道理，甚至故事本身就蕴含着道理，我们能把这个“理”从故事中总结出来，顺理成章，观众才可能明事理，才能从中受到启发，甚至产生改变，这样的演讲稿才可能取得好的演讲效果。

三、情——抒发情感

情，指的是演讲者在演讲中的情感抒发。这个情感要建立在事理之上，才可能在情理之中。没有故事情节基础的情感抒发，难免会有虚假之嫌。因为情感来自对故事的感受，来自对道理的理解，来自情绪的自然流露。你的情感是喜？是悲？是忧？是愁？是怒？是恨？……都需要根据故事情节的铺垫，不能无缘无故地爱，也不能无缘无故地恨。情感的流露坦诚自然，也就水到渠成了。

以上讲了撰写演讲稿时运用“事理情”法，按照一事一理一情的思路着笔，找对了路子，打开了思路，写出了故事，往往会有“万事开头难”的感叹，接下来就可能下笔从容，文思泉涌，水到渠成。

具体撰写过程中，对事、理、情的布局可以灵活掌握。一般来讲，一篇1000字的演讲稿，故事内容可以占到60%及以上，情和理各占20%。这样的分配是一般常见的稿件布局分配。在撰写过程中，可根据千差万别的实际情况灵活配置。

下面，我们以2019年“时代新人说——我和祖国共成长”演讲大赛全国总冠军由浩杞的演讲稿《初心的热度》为例，看看“事理情”法的运用。

《初心的热度》 演讲者：由浩杞	
演讲词	**评点**
2015年8月12日我参军入伍，就是天津港大爆炸那一天！110名消防员牺牲，很多人劝我千万别去消防，太危险！但我还是来了！踏入红门，穿上这身战斗服，才真正知道，它的身上有着怎样的热度！	开场即开始讲故事。运用当时“天津港大爆炸”热点事件开场。
相信大家看过这样的照片，消防员抱着燃烧的煤气罐冲出火场，我们看不清他们的脸，也不知道他们是谁？但网友亲切地称他们为：“抱火哥！”其实，有很多“抱火哥”，视频中的我也算一个！	“抱火哥”由来的故事。讲述自己“抱火”的感人故事。这个故事240多个字，占整个演讲篇幅的四分之一，是整篇演讲稿的主体故事。
记得2017年3月1日23:47分，广东省某镇一个杂货店着火，违规囤放的烟花爆竹炸翻了一个燃烧的煤气罐，瓶口一直向下喷火，烈焰包裹瓶身，其内部温度压力越来越高，随时可能爆炸！千钧一发！谁上？党员上！我和指导员毫不犹豫冲进火场，靠近“炸弹”，用尽力气举起压在煤气罐上燃烧的木梁，缓缓地把它扶正，屏住呼吸，小心翼翼，一步一步生怕一丁点撞击，我的心都跳到嗓子眼了，烈火把我的手套和战斗服烧得滚滚发烫，但我绝不能松手！忍着疼，咬着牙，抬出、降温、关阀、熄灭。事后才发现，整个手臂全是水泡，这，烙下了一个小“勋章”吧。	值得注意的是，这个故事中从靠近燃烧的液化气罐到熄灭火焰，100多字都是细节描写，画面感极强，描写很到位。

演讲词	评点
当兵4年了，今年第一次回家，我多了勋章，妈妈多了白发，我妈看到这个(烫疤)问我怎么弄的？这两年我一直瞒着没告诉她，怕她担心嘛！她看着我，眼含热泪，紧紧抓着我的手说："妈就你这么一个儿子，不要你做英雄，只要你平平安安回来！"	这是第二个完整的故事，讲述了一段演讲者和妈妈的感人对白。这个故事110多个字，占到了整个演讲稿的十分之一多篇幅。 就从这个故事开始，泪点就开始铺设了，可以说，整段都是泪点，最大的泪点是妈妈说的那句话。
平安回家，是每一名消防员家人日夜的期盼啊！而我们消防员的期盼，是百姓们都能平安回家。	这是一小段抒情，是对妈妈情感的回应，自然流露。
几个月前，27个平均年龄不到23岁的孩子，他们炙热的战斗服就永远的烙印在木里的深山！一个与我同龄的"90后"党员干部叫张浩，刚结婚不久，父亲查出了肝癌，战友劝他多回家看看陪陪家人，可是一个战斗接一个战斗，一个任务接一个任务，他每次都说：干完这场再回！可惜，他再也没机会回家，再也没机会看父亲，父亲来看他了！一张照片，一本日记，一套炽热的战斗服，一面鲜红的国旗！他们离家时还是个孩子啊！归来，是人民的英雄！	讲述当时刚刚发生不久的消防员张浩救火牺牲的故事，190多个字，占整个演讲篇幅的五分之一。这里的故事泪点频出。

演讲词	评点
何为信仰？何为忠诚？何为使命？何为初心？摸摸我们的战斗服，回想，它伴我们出生入死，身经百战，上面已经深深地烙上了烈火的热度，面对熊熊烈焰谁不怕？那到底为什么，我们一次次舍生忘死，勇往直前？让逆行者的日记告诉你：我们都是普通人，没法改变生命的长度，但我们的职业可以改变生命的厚度，守一方水土，保一方平安，就是我人生最大的意义！	这一段说理。以“何为信仰？何为忠诚？何为使命？何为初心？”设问开始，以“让逆行者的日记告诉你”说出道理：我们都是普通人，没法改变生命的长度，但我们的职业可以改变生命的厚度。 这一段190多个字，占整个篇幅的四分之一。
我骄傲我是逆行者，更是共产党员，从不后悔！一如当年的共产党人从举起右拳那一刻，就随时准备为党和人民牺牲一切！为人民服务，就是我们的初心！ 敬礼！	这一段抒情，作为结尾段，仅仅60多个字。情感上升到了中国共产党入党誓词时宣誓的情怀，上升到了中国共产党的宗旨：全心全意为人民服务。高度很高，却又顺理成章。

［综　评］

“时代新人说——我和祖国共成长”演讲大赛是由中共中央宣传部、国务院国资委、中央军委政治工作部、全国总工会、共青团中央等单位主办，是庆祝新中国成立70周年群众性主题宣传教育活动的重要组成部分，旨在通过群众性演讲比赛的形式，在全社会大力唱响礼赞新中国、奋进新时代的旋律。演讲大赛规模之大、规格之高、影响之广泛，近几十年来少有。

由浩杞参加“时代新人说——我与祖国共成长”演讲比赛的主题是建党初心。可以看出，从题目到开场方式，到故事选取与铺垫，再到理和情收尾，可以看出，这是一篇精心准备的稿件，花费了很多心思，付出了很多努力。从框架上看，就是事—理—情相互映衬，以事为主，以理服人，以情感人。

题目《初心的热度》，与消防员的身份联系起来，一听就有故事。整个演讲，故事部分占整个篇幅的70%以上，完整的故事有三个。

第一个故事最重要也是主体故事，讲述自己“抱火”的经历，故事中间没有穿插讲道理，也没抒发情感，但在听故事过程之中，相信观众的情绪都受到了感染，不自觉地感受到了消防员的崇高和勇敢。这里有一个值得大家特别注意的地方，就是他讲述的是自己真实经历而不是别人的“抱火”故事。其实，这个故事讲完了，很多道理大家也就明白了。

第二个故事是紧接着第一个故事展开的，讲述了演讲者第一次休探亲假回家时与妈妈的一段对话，仅仅110多字，故事结尾是妈妈说了一句揪心而最朴实的话：“妈就你这么一个儿子，不要你做英雄，只要你平平安安回来！”相信观众听到这里已经泪目了。这个故事篇幅不长，但很重要。它是主体故事不可或缺的一个组合，主体故事充满阳刚之气，这个故事充满柔情之美，一刚一柔，鲜明对比，演讲者立体高大的形象顿时呈现出来。

第一个故事和第二个故事，是连在一起讲的，其间没有过渡句，也没有说理和抒情。两个故事讲述完毕后，有一段40多字的抒情：“平安回家，是每一名消防员家人日夜的期盼啊！而我们消防员的期盼，是百姓们都能平安回家。”这是对妈妈那句揪心之语的回应和升华。

第三个故事讲述了在内蒙古木里火山中英勇牺牲的“90后”消防员、共产党员张浩的故事。因为是当时刚刚发生不久的事，27名消防官兵壮烈牺牲，社会关注度很高，是当时的新闻热点，观众基本都知道。这个故事最重要的作用是由点及面升华高度，从自己上升到战友，再到集体，再升华到消防员群像，故事连故事，层层递进。

接下来的段落便是说理段，由事推理，理由事出，事理交融，顺理成章。

最后一段是抒情段，由理而得，水到渠成，自然流露，事出有理，情于理中，没有说教，胜似教育。

演讲稿事、理、情的写法，相对简单易学，最大的窍门在于先写故事，演讲稿中有了故事就有了主体。一篇好的演讲稿，首先要看有没有好故事。撰写演讲稿时，我们应该善于挖掘故事，以事喻理，以事抒情，而不是一味地喊口号，从头到尾说教，大道理一箩筐，空话废话一堆，结果是听着没感觉，听完没记住，失去了演讲的意义。

第二节 演讲稿出新出彩打磨方法

对于诸多命题演讲来说，优秀的演讲稿几乎都有改了很多遍的经历，有的十几遍，有的几十遍，没有完美的演讲稿，只有完美的一次次改稿，修改演讲稿是贯穿演讲始终的事情。时刻告诉自己：优秀的演讲稿都是改出来的。

一、因时因地因势因人而宜

为什么会经常修改演讲稿？主要是我们对演讲主题内容的领悟，会随着每一分钟认识的提高、每一个灵感的出现而发生变化。特别是在评委、观众、赛制、场景等发生变化时，修改稿件就成了必然。

下面两篇演讲稿，是2017年“喜迎十九大　中国少年说”全国中学生演讲大赛中，范晶同学（时为广州二中初一学生）分别在复赛和决赛中的演讲稿——《一代军旅情　两代强国梦》。因两场比赛时间不同、评委不同、观众不同、赛制不同，在两场比赛间隔只有一天的情况下，果断修改稿件，最终取得总冠军。我们可以进行前后对比，感受稿件修改带来的不同凡响的演讲魅力。

《一代军旅情　两代强国梦》 演讲者：范晶		
复赛演讲稿	**决赛演讲稿**	**点评**
	大家好，我是来自广州市第二中学初一年级的范晶，此时此刻站在团中央赛事总决赛的舞台上，我的心情非常激动。因为我年龄小，无法入团，但我有一位党员军人爸爸陪伴着我成长，使我早就对共青团有着一种向往之情。	第一段90多个字约30秒时间的内容完全是新添加的。突出了“总决赛的舞台”，表达对共青团的向往。

复赛演讲稿	决赛演讲稿	点评
大家好！我的爸爸曾是一名光荣的中国武警，有着26年部队生涯的他，对军队有着一种特殊的情感，从小就教我站军姿、敬军礼、唱军歌；每回电视上播放着军事节目的时候，爸爸就会拉着我一起聚精会神地看；总说当年他带了很多优秀的学生，广州珠江救人英雄郑益龙等，是他的骄傲。我想，这是爸爸的军旅情。 2010年，在我六岁时，爸爸曾带着妈妈和我重走了一段长征路。与当年红军不同的是，我们有一辆车，父亲美其名曰：摩托化开进。就这样，从八·一南昌起义的英雄广场出发，上井冈、到瑞金、渡湘江、乌江、大渡河，登娄山关、过遵义、入四川……	我的爸爸曾是一名光荣的中国人民武装警察，有着26年部队生涯的他，对军队有一种特别的情感，从小就教我站军姿、敬军礼、唱军歌，每回电视上播放军事节目的时候，爸爸就会拉着我一起聚精会神地看，总说当年他带了很多优秀的学生，比如广州珠江救人英雄郑益龙等，都是他的骄傲。我想这是爸爸的军旅情。 2010年，在我六岁时，爸爸曾带着妈妈和我重走了一段长征路，与当年红军不同的是，我们有一辆车，父亲美其名曰摩托化开进。就这样，从八一南昌起义的英雄广场出发，一路上井冈、到瑞金、渡湘江、乌江、大渡河，登娄山关、过遵义、入四川……	这一段结尾增加了“我想这是爸爸的军旅情”。这句话最大的作用是点题、小结和过渡。看似十个字，作用却不小。这也是演讲稿要不断修改的理由。

复赛演讲稿	决赛演讲稿	点评
现在想起来啊，连妈妈都笑称说：“别人都是一场说走就走的旅行，而你爸爸算得上是，一场说走就走的长征了。”那时，在我幼小的心灵中仿佛知道了什么是长征：翻雪山、过草地，懵懵懂懂地明白了长征不容易。 而我第一回穿上军装是在7岁，2011年的一场比赛。爸爸用迷彩布改制了一套军服，上面别着我最崇拜的一枚三等军功章，那是老爸当年获得全国武警射击比赛一等奖时得来的。这样的一套军服也给我增添了许多信心，取得了不错的成绩。所以，从那时起，小小的我便有一个梦想：我要成为一名帅气的军人！ 2015年，我11岁。9月3日那一天，和全家一起观看了“九三”大阅兵。我看到，军人们为了阅兵训练而踢坏的军靴、磨破的手套。	那时的我幼小的心中仿佛知道了什么是长征：翻雪山、过草地，懵懵懂懂地明白了长征不容易。 而我第一回穿上军装是在七岁，2011年的一场比赛，爸爸用迷彩布改制了一套小军服，上面别着一枚我最崇拜的三等军功章，那是爸爸当年获得全国武警射击比赛一等奖时得来的，这样的一套军服也给我增添了许多信心，小小的我就有了一个梦想，我要成为一名帅气的军人。 2015年我11岁，9月3日那一天和全家一起观看了“九三”大阅兵，我看到军人们为了阅兵式的训练而踢坏的军靴、磨破的手套。	这一段作了压缩，减了50多个字。

复赛演讲稿	决赛演讲稿	点评
是啊，吃苦耐劳、永不放弃，这，是真正的军人。汶川大地震时，抗震救灾的是人民解放军；四川茂县发生泥石流灾害，湖南广西连日暴雨，用血肉之躯抵挡洪水的也是人民解放军；在漠北、在西藏、在南海、在台湾海峡驻守的，还是这样一群可爱可敬的人民解放军！	让我不由得想到，汶川大地震时抗震救灾的是人民解放军，四川茂县发生泥石流灾害前线就是人民解放军，湖南广西连日暴雨用血肉之躯抵挡洪水的是人民解放军，在漠北、在西藏、在南海、在中印边境，守卫着祖国边疆的还是这样一群可爱可敬的人民解放军。这，是真正的军人！	这一段排比由复赛的“三排”改为“四排”，更有力、更有气势，并且增加了当时的热点——中印边境。
军人啊，正是这一道道坚韧的臂膀，筑成了中华民族坚挺的脊梁！这，是真正的军人。如果有一天，我也能够站在天安门广场接受人民的检阅、那将是至高无上的荣耀。 就在去年，我参加了校园艺术节，表演歌舞《当那天真的来临》，几位曾是军人的家长也亲临现场指导排练，和我们讲起在军队的故事。我想，正是这样一辈的军旅情怀，点燃了少年一代的强国梦想。	去年我参加了校园艺术节，和同学们表演歌舞。当那一天真的来临，几位曾是军人的家长也亲临现场指导排练，与我们讲起在军队的故事。我想正是这样一辈的军旅情怀，点燃我们少年一代的强国梦想。	这一段压缩了60多字，基本和开场新添加的近100字相对冲，节奏没有太大变化。
2017年，也就是今年，我十三岁，参加了第五届“南粤长城杯”。	2017年，也就是今年，我13岁了。	

复赛演讲稿	决赛演讲稿	点评
站在这个舞台上，和大家讲述着我的军人梦想。爸爸知道了这个比赛后非常地激动，我知道，爸爸想起了他的军队生涯，然而更多的，是一种对孩子希望的寄托。 成为一名军人，要讲纪律，按时起床、不能迟到；要讲作风，懂得礼貌。回顾这七年，军人梦想如同一粒种子，悄无声息地落在我的心中，扎根、破土、发芽，跟着我一起长大。爸爸的情怀点燃了我的梦想，但它不仅仅承载着父辈的期望，军人梦值得每一个人用热血与青春去奋斗。也许有一天，十年、二十年后，我会再次站在这里，希望那时的我不忘初心，再次说着今天的话：我会努力成为一名优秀的军人，守护有你、有你们、有美丽中国的未来！	参加中国少年说，站在北京大学的舞台上，我的耳边仿佛响起了当年五四运动时北大青年的高呼声、呐喊声。在这个神圣的地方，讲述着我的梦想，我感受到无比的自豪与荣耀。今年九月，我即将成为一名初二学生，而明年五四，我将会郑重地递上入团申请书，努力争取作为一名团员的机会，我将会带着我的梦想继续往前走。但我知道这次比赛带给我的有很多，我第一次来到北京大学，我第一次参加团中央的比赛，我第一次感觉自己离十九大又更近了一步。这将会成为我作为一个少先队员的生涯当中最宝贵的一笔财富，也是入团前最郑重的一次思想汇报。最后，就让我以一首小诗（今天刚刚创作的，可能给大家献丑了）来表达一下我的情感： 一代军旅两代情， 中国少年梦复兴， 共圆北大强国梦， 不忘初心阔步行。 谢谢大家！	这一段300多字是新添加的内容，对复赛稿件完全“砍掉”。这恰恰是高潮和点睛之处。这些内容很接地气，有“现挂”的感觉，相当于即兴发挥。稿件中用了三个“第一”高度总结了属于自己的特点，将这次演讲当作入团前的一次“思想汇报”。 特别是最后即兴创作的小诗，画龙点睛，文辞俱佳，诗化、美化、艺术化。

[综　评]

2017年“喜迎十九大　中国少年说”全国中学生演讲大赛由共青团中央网络影视中心、北京大学国际关系学院国家软实力研究中心共同主办，未来网承办。两年一届，2017年是第二届。赛事汇聚了一批演讲精英，过五关斩六将才能晋级北京复赛。范晶并不是以最高分的成绩进入复赛，但赛制规定复赛成绩不带入决赛，评委也不再是复赛时那一组评委，大部分都是新评委，只有少数人是复赛评委继续担任决赛评委。

复赛结束，离决赛还有不到24小时。演讲稿改还是不改？赛制没有规定不能修改。最后在专家指导下，接受挑战，展示风采，决定修改。

修改的主要部分有三大块，一是开场完全换了内容，增加了一段接地气的开场白；二是强化了排比，更新了部分重要内容和表达方式；三是结尾增加了即兴环节，临时创作了一首小诗。修改的幅度接近一半，对选手来说是重大挑战也是巨大考验。范晶以超常的毅力和专心致志的努力，以24小时只休息3小时的辛勤付出赢得了比赛，夺得了总冠军。

之所以能够得到评委的认可并获此殊荣，最直接、最给力的得分项就是稿件修改，最重要的是稿件修改很成功，台上表达又很充分，特色鲜明，独树一帜，摘得桂冠也就在情理之中了。演讲中与评委互动时，一位担任过复赛的评委直接指出“你今天讲的和昨天的不一样，改了不少”，另外也有一位评委高度评价“你的排比排山倒海，很有震撼力”。

二、演讲稿必须以内容为王

为什么演讲稿必须以内容为王？内容就是演讲要说明事情的内在本质和相关情况。演讲活动一般都受时间限制，演讲比赛对时间要求更加严格。我们先看一篇季文静的演讲稿《我愿做一棵青篙》，这是代表广东参加全国总工会“中国梦　劳动美”演讲比赛的作品，我们通过点评来分析一下演讲稿创作中对内容的掌控。

《我愿做一棵青蒿》 作者：季文静	
演讲词	点评
大家好！我叫季文静，是广药集团的一名员工。我演讲的题目是《我愿做一棵青蒿》。	题目《我愿做一棵青蒿》，一看一听，就知道这个演讲有故事，是“广药员工的我”与“可作药材的青蒿”之间的故事。这个故事是中心内容。
这是一棵普通的植物，它生长在河边山谷、田野路旁，没有美丽的枝叶，没有斗艳的花朵，它不怕风吹雨打，倔强生长，最后奉献自己的生命，为世界人民送去健康。它，就是青蒿。	演讲者上台时将盆栽青蒿作为道具，形象生动。特别点题青蒿“奉献自己的生命，为世界人民送去健康”。
10年前，我大学毕业，成为了广药集团中医药博物馆的一名讲解员，从那时起，我就和青蒿结下了不解之缘。	过渡句，即将讲述曾经讲解中的青蒿缘。
平日里，我接待的参观者大都是青少年。2017年，我为四川阿坝州少数民族青少年讲解，他们第一次看到了青蒿，孩子们被这棵神奇的小草迷住了，有两个藏族孩子兴奋地举起手冲我喊：“老师，长大以后，我想成为科学家！”“老师，我也要做屠呦呦！”这些年，每当看到孩子们因为认识了一种中草药而欢呼雀跃时，那都是我最幸福、最有成就感的时刻，因为，在孩子们幼小的心灵中，一颗中医药的种子悄悄地种下了。	两个故事。第一个：藏族孩子要当屠呦呦。第二个：非洲青年给青蒿鞠躬。

演讲词	点评
记得一天中午，我正准备下班，来了一群特殊的观众，我迎了上去，其中一位用不太标准的普通话说：“您好！我们想看看青蒿！”“您也知道青蒿？”“是的，在我们非洲，很多孩子生下来活不过5岁，我有一个哥哥，出生后不久得了疟疾就永远离开了我们。自从中国人发现了青蒿素，非洲的孩子有救了，青蒿是我们的救命草。”听完他的话，我把他们带到青蒿园，给他们讲起了屠呦呦历经千辛万苦提取青蒿素的故事，当我讲到青蒿素是“一带一路”的先行者、守护神，他们双手合十，热泪盈眶，向着青蒿园深情地鞠躬行礼。看到他们对青蒿的那份虔诚，对中医药的膜拜，我感动了，我想，这就是青蒿平凡而伟大的品格力量！	两个故事，一小孩一大人，一中国一国外，内容丰富，都很典型。 第一个故事的尾句“在孩子们幼小的心灵中，一颗中医药的种子悄悄地种下了”，第二个故事的尾句“这就是青蒿平凡而伟大的品格力量”，加之提到“一带一路”、青蒿造福世界人民，为接下来将青蒿的伟大上升到中医药文化的博大精深作了有理有据的铺垫。
2015年，屠呦呦因发现青蒿素获得诺贝尔医学奖，来青蒿园参观的人越来越多。广药集团决定扩建青蒿呦呦馆，由我担任组长。时间紧、任务重，要在半年内完成基建，还要组建队伍、设计方案、陈列布展以及日常接待宣讲任务。那时的我才刚刚休完产假，我的丈夫是一名现役军人，常年驻守祖国的海疆，很难顾上家。一边是嗷嗷待哺的女儿需要照顾，一边是我热爱的事业不能耽误，最后我决定，带着女儿在青蒿园附近租房子住下。设计、展陈、蹲苗、培种，那段时间我常常忙到深夜，回到家又开始编写讲解词。半年后，青蒿呦呦馆如期对外开放。就这样，我的女儿听着青蒿的故事也慢慢地长大了。她经常会说：“妈妈身上有青蒿的味道，我喜欢妈妈，也喜欢青蒿！”	这一段内容可谓是精挑细选。因为前面讲了青蒿是什么，为什么愿意做青蒿，但现在要解决的问题是“我”现在是不是一棵青蒿，又是怎么成为一棵青蒿的？ 这里又讲了一个故事：扩建青蒿呦呦馆的感人故事。女儿一语中的：“妈妈身上有青蒿的味道。”

演讲词	点评
这些年，在党组织的培养下，我成长为广东省三八红旗手、金牌讲解员，在脱贫攻坚的党员队伍中，走进贵州、云南、四川、西藏为山区的老人、儿童送医、送药，讲述中医药发展的故事；在抗疫的战场上，我主动报名驰援湖北，奋战100天，给社区群众讲述中医药治疗新冠肺炎的方法；在讲解员的岗位上，我和团队上千次走进中小学课堂，手把手教孩子们认识中草药，传播中医药文化。	仅有青蒿味道还远远不够，青蒿已被拟人化赋予“平凡而伟大”“奉献生命而造福世界”的品质。怎么做到这个品质，用了一段排比“在……上”，快速且大信息量地讲述了自己学习青蒿的奉献故事。
伟大的科学家屠呦呦，她就像青蒿一样甘于寂寞、勇于奉献。十年来，青蒿的品格激励着我，劳模的精神鼓舞着我，我愿做一棵坚强的青蒿，在平凡的岗位上，用朴实的劳动把中医药这一祖先留给我们的宝贵财富继承好、发展好、利用好、传播好！让更多的人认识中医药、爱上中国传统文化！	最后一段总结提炼和升华，上升到中医药，再上升到中国传统文化。

［综　评］

演讲以内容为王，

内容以故事为王，

故事以自身为王，

自身以真实为王，

真实以细节为王，

细节以动人为王。

故事如何打动人？

从《我愿做一棵青蒿》不难看出：演讲以普通职工的朴实劳动内容为王，内容以三个有代表性的动人故事为王，故事完全以自身经历为王，自身以真实发生为王，真实以细节为王，细节以动人为王。

打动人最常见、最熟悉的“点”是泪点，除了泪点，还有笑点、热点、焦点、反思点、闪光点等等，“点”找到了，再深挖细节。季文静讲到自己刚刚休完产假，丈夫作为一名现役军人，常年驻守祖国的海疆，很难顾上家。面对一边是嗷嗷待哺的女儿需要照顾，一边是热爱的事业不能耽误，最后带着女儿举家在青蒿园附近租房子住下，这一段是泪点。

季文静讲到青蒿素是“一带一路”的先行者、守护神，非洲国际友人双手合十，热泪盈眶，向着青蒿园深情地鞠躬行礼，这一段是震撼点。

如果一篇演讲稿，找不到一个动人的“点”，那这篇演讲稿就很难称得上精彩。

三、即兴互动式撰写方法

演讲中，我们经常会以是否即兴互动发挥作为衡量水平高低的一个重要标志。在观众的印象中，即兴就是没有准备的，是现场即兴发挥的。那么，即兴是否可以有准备？互动是否可以写到稿子里？答案是肯定的。

演讲稿撰写时，带着观众意识、场景意识，想一想讲给谁听，在什么样的环境中听，有意识地强化演讲稿的即兴互动性。在参加演讲比赛或一次几分钟的公众演讲中，互动要有，但也要适当。否则现场的互动太多，往往会影响主题思想的表达。这里介绍两种增强演讲互动性的常用写法：

第一种是提问式。这是最常用的方式，有的是开篇就提问，吸引大家注意力；有的是主体内容不断发问，启发思考；有的以结尾提问，意味深长。提问的方式很多，除了一问一答、一问多答外，还可以自问自答、只问不答的设问、反问。

我们以中国传媒大学2022级开学典礼上北京电视台副总编徐滔校友的演讲节选为例（文稿来自网络），演讲中“发问”10多次，冲击力和思考力极强。

……

接到母校的邀请，我一直在想今天在这里和大家说一点什么？（带入感极强的共鸣式提问）感慨万千。

……

现在我们的传播手段越来越丰富，现在我们用越来越多的技术手段在包装我们的媒体。然而越在这样的时候，我们要问自己是否有保持住简单的能力？什么是简单？就是爱。什么是简单？就是责任。什么是简单？就是童真。什么是简单？（连续5个设问）就是初心。只有这样的简单能够对抗复杂，只有这样的简单能够治愈我们的心灵。就如同我们每个人都用自己的前半生竭尽全力做一名成人，而在自己后半生的时候要竭尽全力做一名孩子，因为只有爱和干净才能行稳致远。

我特别想跟大家分享的第二个问题是什么？（设问式引出第二个问题）就是现在传媒已经覆盖到我们生活的方方面面，每个角落。但是，亲爱的学弟学妹们，我们有多长时间关注了屏幕之外的世界？（反问学弟学妹，也是第二个问题要讲述的重点）

刚才不止一位嘉宾都谈到了北京的冬奥会，在北京的冬奥会上让我印象最深的选手，她叫什么名字？（设问）她是中国姑娘孔凡颖。也许你并不知道她的名字，这个一点都不奇怪，因为她参加的项目叫作高山速降，在她之前还没有一位中国的女选手能在这个项目登上冬奥会的会场，但是她做到了，因为她的排名是世界最后，所以她比赛的时候是最后一个出发，那个时候没有多少欢呼，没有多少人看，也没有竞争的对手，那个时候只有山顶的风和脚下的雪，但是她太享受这个比赛了，冲过终点的时候，她大声地喊，看到了吗？（引用描述人物的提问）我是中国运动员，我们来到了奥运会的赛场，我们赢了，我是中国姑娘孔凡颖。

亲爱的学弟学妹们，我们有多少人在手机里看到过这个画面？我们有多少人有意地在手机里搜寻过这个画面？（连续追问）这个画面在我的脑海里永久不会褪去，这告诉我们所有人，是世界创造了媒体，不是媒体创造了世界。我特别希望我所有的学弟和学妹们，亲爱的学弟和学妹们，能够有意识地经常放下自己手里的手机，去走进真实而火热的世界。因为说实话，没有一个人的人生会过得行云流水，只有经历过岁月的山河，只有尝尽人间百味的人才会真正强大。

特别想跟大家分享的第三个问题，面对瞬息万变的未来，竞争非常激烈的社会，我们怎么能够拥有美好的未来呢？（还是以设问方式引出演讲的第三个问题）我的答案是现在。

现在我认识很多年轻的朋友，上大学的时候光想着怎么挣钱，有一份好工作，工作的时候天天后悔上大学的时候怎么没有好好读书，还有谈了几场不太靠谱的恋爱。真的是这样，所以当你忽略了春天播种的时候，你怎么会有秋天的收成？（哲理性反问）所以我特别想告诉大家，每个年龄段有这个年龄段最重要的事情。我特别特别地想告诉大家，理财的最好方式是提升自己，我特别想告诉大家，我们这个世界从来都不缺乏梦想，缺乏的是脚踏实地把梦想变成现实的人。我特别想告诉大家，不要再看别人的视频，去做自己的人生，我们每个人都有属于自己独一无二的精彩，即使我们再平凡，我们也是限量版。

以上就是我对这三个问题和我自己的思考，人生就是答卷，答案永不相同，我特别希望我亲爱的学弟和学妹们能够认真地作答，要知道这个人世间有很多爱可以重来，但是没有一场大学的时光可以重来。

……

第二种是点赞式。主要是指在演讲稿中肯定、表扬、点赞某人某事，体现现场感，引发互动，产生共鸣。这种点赞式的互动，可以在演讲稿撰写过程中提前植入。如，“三八”妇女节《巾帼群英会》演讲比赛，其中一位巾帼妇女优秀代表在演讲稿的开头这样设置：“今天，是我们妇女的节日，我想问在场的男同胞们，我们美不美？”全场男同胞爆发出雷鸣般的回答：“美！”再如，一次《我心中的抗疫英雄》演讲，演讲者知道将有几位抗疫英雄在现场，于是，专门设计了一段与抗疫英雄的点赞式互动，稿件内容是这样设计的：“今天，抗疫英雄就坐在我们面前，我们也许不能一一叫出他们的名字，但他们有一个共同的称号，白衣战士。让我们用热烈掌声向最美逆行的白衣战士点赞！”全场响起热烈的掌声。

无论是提问式还是点赞式，互动都要简洁，互动得起来。比如，我们互动中的描述一般都是“好不好”“行不行”“美不美”“能不能”等等，而不是为什么、怎么样？这就很难互动起来。总之，撰写演讲稿时，要有互动意识，不要以为即兴是现场发挥的，互动也是现场看情况的。事实上，互动是完全可以提前写进稿子里的。

即兴互动式稿件撰写要注意以下五个方面，概括为“小、鲜、美、高、强”。

小：切入点要小。以一件小事、一个小哲理、一个小人物等切入展开主题，切忌从古到今、从国家到个人，大道理一堆，大口号一筐，从头说教到尾。这样的稿子再有即兴感也像是背理论。

鲜：事例要鲜活。没有事例就显得空，有事例不鲜活又无味。引用“老掉牙”的故事，一开口就知道结果要讲什么。还有一些参赛者，前面选手演讲时刚讲过的事例觉得不错，也很想即兴发挥，但又像“炒冷饭”一样，毫无新意，“鲜”就没有了。

美：文字要优美。即兴互动中能够把语句讲得押韵、有美感，不是一件容易的事。一般情况下，叙事时，要精炼；讲情时，要动人；说理时，要清晰果断。如果在即兴演讲中有一段排比句，就会生动得多。用排比来叙事，层次清楚、描写细腻、形象生动；用排比来抒情，节奏和谐、感情洋溢、气势强烈；用排比来说理，条理分明、思路清晰。

高：立意要高。即兴发挥，要注意立意，关联的内容关乎国家的、民族的、社会的、集体的，还是个人的、家庭的、小圈子的、片面的；道理是局部的、表面的，还是全局的、本质的。

强：逻辑性要强。要注意常见的推理不当、自相矛盾、以偏概全的问题。如果出现逻辑问题，往往是大问题，将导致立论不力或论证不足。

文无定势，演讲稿作为一种文体也不例外，演讲者要养成自己写、写自己的习惯，一个不写演讲稿的演讲者很难成为一名优秀演讲者。

第三节　好稿子的主要特征

关于演讲稿好的标准，可能是仁者见仁，智者见智。比如，我们常说的“五言五有”：言之有物，言之有理，言之有情，言之有序，言之有文等。今天，我们要从一场真实演讲比赛场景的角度，从紧扣主题、动人之处、无法复制三个方面，分析一下优秀参赛演讲稿的主要特征。

一、紧扣主题

任何一场演讲比赛都是有主题的，主题不同，内容不同，要求不同。演讲者必须明确，演讲稿主题不能与演讲题目简单划等号。主题是一篇演讲稿的“核”，是核心思想；题目是演讲稿的“眼”，可以透视“核”，不能完全概括核心思想。演讲稿主题也不能与演讲大赛主题简单画等号。每场演讲比赛必定有一个主题，这是比赛主办方已经确定的，我们可以理解为大主题，这个主题往往比较宽泛。而演讲稿的主题是指参赛者上台几分钟需要演讲的主题，可以理解为小主题，往往切入点很小。

如果一篇演讲稿偏题跑题了，即使完全具备“五言五有”特征，故事再感人，文字再优美，也不合适、不能用，甚至风马牛不相及，让人不知所云。大家可以想象，如果是一场纪念中国人民抗日战争暨世界反法西斯战争胜利70周年的主题演讲活动，你撰写的演讲稿却主要描述抗美援朝的故事，主办方自然不会允许以这篇演讲稿参赛。

例如，一次弘扬好家风主题演讲比赛中，有一篇演讲稿写了演讲者外公勤俭持家的感人故事，内容丰富，人物饱满，事例感人，文头至文末均以第一人称讲述“我的外公”故事，既没有“我”，也没有再出现“第二人”。这是一篇符合主题的演讲稿吗？演讲专家评判：不是。为什么呢？包括撰稿者本人在内的不少参赛选手都觉得不太能理解。勤俭持家的外公，这个故事多好啊，怎么会不符合家风主题呢？其实理由很简单：家风的定义是指一家或一族世代相传的道德准则和处世方法，其中有一个关键要素，家风是要“相传”的，外公勤俭持家，这么好的道德准则和处世方法，演讲稿中并没有体现“相传”，没“传”给任何人。所以，这篇演讲稿写的是“家事”，而不是“家风”。如此分析，演讲者豁然开朗，原来偏题了。那么，如何让外公勤俭持家的优秀品质成为家风，成为符合弘扬好家风主题的演讲活动呢？只要“传”起来就可以了。比如，传给“我的妈妈”或者传给了“我”，只要是传给家人或家庭成员都可以，在演讲稿中增加一段关于家人或家庭成员（最好是自己），受外公的教育和影响，也能做到勤俭持家。这样就扣题了。

下面就是一篇弘扬好家风主题的演讲稿。赏析如下：

<table>
<tr><th colspan="2">《木棉红 汤味浓》
演讲者：林雅曦</th></tr>
<tr><th>演讲词</th><th>评点</th></tr>
<tr><td>我喜欢捡木棉花，今年4月20日这天下午，我戴着口罩，来到了离家不远处的一棵木棉树下，抬头看见高高的木棉树上一片火红，我的心中一阵欣喜。为了更好地利用时间，我带上了课本，一边复习，一边守候，树上掉下一朵，我就捡起一朵，轻轻吹掉花瓣上的沙尘后放在篮子里。接着又一边看书一边守候，有时还哼起快乐的歌儿。</td><td>开篇点题进入木棉花。</td></tr>
<tr><td>我如此耐心地捡拾木棉花，是因为我从小受到妈妈的影响。妈妈告诉我，在我上幼儿园的时候，我就会跟着妈妈捡拾木棉花，然后看着妈妈把木棉花晒干，或者用木棉花煲汤、煲粥给爷爷奶奶喝，给外太公喝，给全家喝。听妈妈说，用木棉花煲汤煲粥，可以让全家人身体好，还能给老人防病治病呢。</td><td>拾木棉花是妈妈传承下来的，因为妈妈用木棉花煲汤煲粥给家人喝，让全家人身体好，还能给老人防病治病。这里交代了家中有孝。</td></tr>
<tr><td>在我八岁那一年，妈妈的外公，也就是我的外太公得了膀胱癌，妈妈天天在医院照顾外太公，喂饭，擦身子，清洗假牙，换尿袋，然后像哄小孩一样安慰着外太公。有人劝妈妈找个护工，可妈妈说：“老人老了，我们一定要在床前尽孝。”</td><td>妈妈照顾外太公尽孝。</td></tr>
<tr><td>记得当时妈妈每天都亲自熬汤，端到外太公的床前，一勺一勺喂着外太公。每当外太公喝完汤，妈妈紧缩的眉头就仿佛松了几分——那个时候给外太公喂的汤，便是木棉花汤。</td><td>妈妈给外太公喂的汤，便是木棉花汤。</td></tr>
</table>

演讲词	评点
后来由于照顾外太公太累，妈妈自己也生病了。这下我着急了，很自然就想到了木棉花，于是急急忙忙跑到木棉树下。可此时下起了大雨，我也全然不顾，一口气捡拾了十几朵木棉花，并脱下外套把木棉花包起来送到了医院，一见妈妈我就大声说：“妈妈！木棉花，给你治病！你照顾外太公，我照顾你！你的病很快就会好啦。” 妈妈看我淋得像落汤鸡一样，又看看我捧在手心的木棉花，又急又气，连忙帮我擦掉身上与头上的雨水，眼里闪动着泪花对我说：“傻孩子，木棉花要煲成汤才能治病呢。”那时年幼的我并不知道，原来木棉花要晒干才能熬汤，更不知道淋了雨的木棉花功效会大打折扣。	妈妈生病，自己捡拾木棉送到医院“妈妈！木棉花，给你治病！你照顾外太公，我照顾你！……”这句话将家风传承体现了出来。
第二天，我悄悄回家给妈妈煲了一碗木棉花汤送到医院去，妈妈捧着汤碗，一边喝，一边开心地笑，喝完后轻轻对我说：“雅曦，以后煲汤要记得放盐。不过这是你第一次给妈妈煲汤，妈妈觉得汤味很香浓，很好喝！”天哪！第一次煲汤忘了放盐，我不好意思地笑了。 妈妈的精心照顾与陪伴，依然没能留住外太公的生命，可妈妈孝顺的形象却刻在了我的心中。 从那时起，我每年都会捡拾几十朵木棉花，还特别上百度查阅了木棉花的知识。听说有清热、利湿、解毒的功效，这让我捡拾木棉花的劲头更足了。 故事讲到这里，请允许我把时空切换到开头的场景。 时光的脚步来到了2020年，跨进14岁门槛的我，戴着口罩，在木棉树下守候了两天。	自己小小年纪给妈妈煲了一碗木棉花汤送到医院去，将家风传承落实到行动之中。

演讲词	评点
现在呀，我们家晒干的木棉花堆得像小山一样。今年暑假期间，我包下了家里煲木棉花汤的任务。妈妈一到夏天湿气就比较重，为此，我和爸爸去中医馆特意给妈妈定制了一款专属于她的木棉花薏米排骨汤，里面呀，需要放10g的木棉花，薏米30g，猪精排500g，葱15g，姜10g，盐适量，听说这样煲出来的排骨汤可以健脾祛湿、舒筋活络呢，适用于偏湿热的体质。现在，每当我给每一位长辈端上一碗木棉花汤的时候，我的心里就感觉很快乐。心想，妈妈孝敬她的长辈，我孝敬我的长辈，这是一幅多么美好的家风传承的图画呀！ 木棉红，汤味浓；孝道传，好家风！	誓将“煲木棉花汤”的家风进行到底。 充分点题“妈妈孝敬她的长辈，我孝敬我的长辈，这是一幅多么美好的家风传承的图画呀！”

二、动人之处

一个时代有一个时代的特征，演讲作为喜闻乐见的群众性活动，也有明显的时代特征。新时代的演讲或者公众讲话，不提倡空洞的口号、空洞的说教、一堆的大道理，反感大话、空话、套话甚至假话，而是希望听到和看见真人、真事、真感情，让演讲稿能够有温度、打动人。

打动人的效果有很多种，可以是感动流泪，可以是会心一笑，可以是顿悟警醒，可以是哲理反思，也可以是心灵震撼……总之，撰写演讲稿时要考虑至少有一处让观众“心动”，不管动到什么程度，总得让人动一动，若是从头到尾无动于衷，写的演讲稿就以失败告终。

前文中列举了很多优秀演讲稿，都不乏动人之处。下面以“最美逆行 同心抗疫”主题演讲比赛中李玉姣《最美的抗疫新娘》演讲稿为例，分析动人之处。

<table>
<tr><th colspan="2">《最美的抗疫新娘》
演讲者：李玉姣</th></tr>
<tr><th>演讲词</th><th>评点</th></tr>
<tr><td>大家好！今天想与大家分享的是疫情期间我朝夕相处的搭档——陈妙愉的故事。她是广州市南沙区最美的抗疫新娘，也是南沙区第一人民医院一名刚完成规培的口腔科医生，一个让我特别感动的90后。

妙愉有个小名叫“喵喵”。她与爱人原计划正月初八在老家举行婚礼，请帖已经发出、酒席已经确定，全家人都沉浸在幸福的喜悦中。然而，突如其来的疫情打乱了这对新人的行程。当喵喵得知阻击疫情的形势越来越严峻时，她满怀歉意地对爱人说：“现在疫情越来越严重了，我们单位又是定点观察医院，人手紧缺，我想回去支援，我们把婚礼延期好不好？”看着妻子着急眼神中的期盼，爱人沉默了一会儿，搂着妻子哽咽道：“你放心地去吧，家里的一切交给我，但一定要注意自身安全。”
有了爱人的支持，喵喵很快投入到工作中。但面对突如其来的新冠肺炎，怎样才能最快地帮上忙成了喵喵的“心病”。当得知医院要成立咽拭子采集室时，她立即报了名，经过系统培训后，正式上岗了。我也是在这个时候作为她的搭档而认识了喵喵。</td><td>开篇点题，讲述的是自己“朝夕相处的搭档——陈妙愉的故事。她是广州市南沙区最美的抗疫新娘”。

新娘忍痛延期婚礼，新郎哽咽支持。</td></tr>
</table>

<table>
<tr><th>演讲词</th><th>评点</th></tr>
<tr><td>还记得那是她第一次为发热患者采样。她穿着厚重的防护服、戴着眼罩与面屏，手持长长的采样棉枝小心翼翼地伸入患者的口腔。也许是因为紧张，也许是因为患者较为敏感，棉枝刚碰到咽部，患者突然剧烈咳嗽起来，飞沫四射，呕吐物溅到了喵喵的手套、面屏及防护服上。我立即站起来，放下手中的标本袋，只见喵喵面带不安地轻声对患者说：“对不起，让您受苦了，我们都是第一次遇到这样的疫情，棉枝碰到咽部会有些不舒服，让我们一起放轻松，来，跟着我一起说‘啊’。”在喵喵的引导下，再次采样很快成功了。可是，患者走后，喵喵却突然哭了起来，我以为她是害怕患者可能是阳性，被呕吐物溅了一身有被感染的风险，正想安慰她，却听见她低落地说：“姣姐，看到患者痛苦的模样我好难受，我……”话语忽然中断了，喵喵满脸泪痕地紧紧盯着采样室门外，一名年轻男子满眼疼惜地站在那儿，张开双臂，喵喵小跑着奔向门外，到达门口时，又骤然停了下来，一步一步退了回来，张开双臂。

泪水模糊了我的视线，看着喵喵小小的个子裹在厚重的防护服里，充满雾气的眼罩下即使隔着面屏依旧清晰可见的深深压痕，我的内心无比的震撼：还未正式踏入工作岗位的“90后”姑娘、近距离执行高危操作、被呕吐物溅了一身有感染的风险，满眼的泪水却是担心患者受苦。爱人悄悄探班，两人只能隔门相望……也许，这就是爱情最好的模样，也许，这就是医者仁心最好的诠释。</td><td>打动人心的第一处动人点别出心裁，是在新娘第一次实践采样，向患者说的那声“对不起”。打破了惯常的生死离别式的泪点，却以一个非常小的反思点作为切口，描述了新娘上善若水、患者至上、医者仁心的高尚情怀，“最美”二字得到诠释。

打动人心的第二处是一段细节描写一名年轻男子（丈夫）“站在那儿，张开双臂，喵喵小跑着奔向门外，到达门口时，又骤然停了下来，一步一步退了回来，张开双臂”这就是当时疫情下网上流传的新郎新娘隔窗相望的画面，让人泪目。</td></tr>
</table>

演讲词	评点
曾经有许多人质疑“90后”是一群长不大的孩子，但喵喵的表现让我想起了最近在网上流行的一句话“17年前的非典，全世界都在保护‘90后’，17年后的今天，换成‘90后’保护世界”。在疫情面前，“90后”，早已撕下了特立独行的标签，告别了幼稚与青涩，成长为新时代的新青年。让我们放心地把世界交给“90后”吧，他们定将不负期望。 喵喵，春已来，花已开，待到疫情结束时，你便是最美的新娘！	这一段网络流行语，顺理成章地带出来，是一个震撼点和思考点。

三、无法复制

演讲稿无法复制作为好稿子的主要特征，有一定内涵。主要体现的是稿件人物、故事、素材的唯一性，针对演讲来说都无法替代。参加一场演讲活动，如果一篇稿件哪一位演讲者都能讲，这篇演讲稿就失去了生命力。从这个角度看，无论是什么主题的演讲稿，突出“我”，把“我”融进去，以“我”的独特经历与大家分享，只有挖掘出只属于自己的演讲内容，演讲稿的唯一性、真实性、不可替代性就会凸显出来。所以说，只有无法复制的演讲稿才有生命力。

比如，前文例举过的王威《天使之梦》，她的经历无法复制；再如，著名演讲家、“理解万岁”首倡者蔡朝东讲述亲身经历边境战争和当选全国第一位民选县长的故事，也无法复制。下面是获得首届华语演讲大赛特等奖的演讲稿《母爱就是身上衣》。我们通篇阅读并结合点评，可以从中体会一下演讲稿“无法复制”的魅力。

母爱就是身上衣

演讲者：许大田

各位朋友，我想请问大家一个问题：

有哪位曾经穿过母亲做的衣服？

今天，又有哪位是穿着母亲做的衣服来参加比赛的？

看来我是幸运的！因为我今天就是穿着母亲做的衣服来参加比赛的。这是母亲手工剪裁、手工缝制的！你能看出来吗？从小到大，母亲做的衣服我一穿就是三十五年！

有人说母爱是阳光温暖我身，有人说母爱是春雨滋润我心。而在我看来，母爱就是我穿在身上的这件衣裳。

我的母亲是一名普通的农村劳动妇女。我从小生活在一个由父母亲撑起的四世同堂的家庭。如果让我找寻儿时的幸福与快乐，我可以肯定地告诉您，那一定是与衣裳有关的。儿时最高兴的事是过年时穿母亲做的新衣裳。大年三十的晚上，母亲把新做好的衣服熨帖得板板正正，然后穿在我身上。母亲总是面带笑容看着我身上的衣服，左端详、右端详，似是欣赏衣服，更是在欣赏成长中的儿子。那种幸福感正是寒冷冬季新衣服传递到我身上的阵阵暖流啊！

我曾问过母亲："为什么过年一定要穿新衣服呢？"母亲说："过新年啊，人要有新盼头儿，特别是孩子不能穿着破旧的衣服过年！"现在想来，当时我穿着的更多的应该是母亲对我未来生活的期望啊。

母亲的爱不仅体现在我身上，更体现在我曾祖父、曾祖母身上。曾祖父、曾祖父都活到90岁，晚年瘫痪在床，生活不能自理，都是由母亲照料。人都说儿子是母亲一把屎一把尿带大的，而曾祖父、曾祖母活到90岁是母亲一把屎一把尿送走的！走的时候，他们穿着母亲做的最厚重、最庄重、最体面的"养老衣裳"。

送走二老，2007年母亲来到广东和我一起生活。我们家也添了新成员——我的女儿。我女儿6岁了，这六年女儿也是穿着母亲做的衣服长大的。我十分钦佩母亲的学习能力和模仿能力，每次在网上看到什么好看的款式，母亲都能照着样子做出来，就连上面的花儿，母亲也能绣出那个样儿来。

所以，你若问我母爱是什么，在我看来，母爱就是身上衣。这衣服穿了不是一代、两代，而是五代。穿上这件衣裳，让我知道，母亲的爱可以让家庭和和美美；母亲的爱可以让家庭子孝孙贤；母亲的爱可以让我充满对生活的渴望；母亲的爱可以让我不断积蓄人生进取的力量。

然而，去年9月的一次体检查出母亲得了肝癌。你能想象这对一个一直穿着母亲做的衣、吃着母亲做的饭、受着母亲照料的孩子来说，意味着什么吗？天塌地陷啊！母亲做手术的那段时间，我一个人不知流了多少泪！有一次回惠州，开车一个半小时，一直哭到家。朋友们，是不是有句话叫母子情深？是不是有句话叫母子连心！

母亲知道家人是悲痛的，坚强乐观的母亲还常劝慰我们："你们不要哭，我也不哭。人这一辈子谁能没个大病小灾的，以后的日子该怎么过，咱还怎么过！"

今天我穿着母亲做的衣服来参加华语国际演讲大赛，就想告诉大家：我有一个既普通又伟大的母亲，她把所有的爱都给了子女、给了家人。这种爱，如苍山洱海亘古不变；这种爱，如茶马古道历久弥新！母爱心、身上衣！

点评：平凡的事例，不平凡的母爱；平凡的亲情，不平凡的感动。现场评委、观众无不潸然泪下。没有惊天动地的语言，却有震慑人心的感慨；没有声嘶力竭的呐喊，却留下永久回味反思的情感。听完演讲，明白并开始实践一个道理：母爱无边，爱自己的母亲吧！演讲的魅力在于唤醒真善美并为之行动，是永远的而不是一时的。

思考与训练

1. 请完善以下"演讲以内容为王……以动人为王"的逻辑推理：

演讲以内容为王，

内容以<u>A</u>为王，

<u>A</u>以<u>B</u>为王，

<u>B</u>以<u>C</u>为王，

<u>C</u>以<u>D</u>为王，

<u>D</u>以动人为王。

A：______ B：______ C：______ D：______

2. 以《我的母亲》为题撰写一个故事，至少有三处泪点和一处笑点，字数在600字至800字之间。

泪点1：______

泪点2：______

泪点3：______

笑点1：______

……

3. 2019年，中共中央宣传部、国务院国资委、中央军委政治工作部、全国总工会、共青团中央、人民日报社等单位主办的庆祝新中国成立70周年“时代新人说——我和祖国共成长”演讲大赛，共分以下十个主题，请分析各个主题应该围绕哪些内容展开？

劳动筑梦：______

绿水青山：______

建党初心：______

强军兴军：______

大家小官：______

大国重器：______

改革前沿：______

青春力量：______

薪火相传：______

脱贫攻坚：______

4. 根据本章节内容，也以第一人称拟写一篇《我心中的偶像杨靖宇》演讲稿，撰写中要将“我”融入稿件之中。同时考虑以下因素：

（1）谁听？

答：______

（2）在哪讲？

答：______

（3）演讲目的是什么？

答：______

(4) 主体故事是什么?

答: ______________________________

(5)“我”在哪?

答: ______________________________

(6) 开头和结尾怎么设计?

答: ______________________________

5. 下面是李玉超在参加2013年昆明国际华语演讲大赛获得一等奖的演讲稿《中华博爱传遍世界》(节选),现场以三张照片为道具,很有说服力。请大家结合评委点评,再列出演讲中使用道具的三点好处。

《中华博爱传遍世界》(节选)

李玉超

从看到这张图片开始,从此我相信,我的爱,只有起点,没有终点……

这张图片,深深地震撼了我!

画面中一只宽大的手掌托着一只黑瘦的小手,当我第一眼看到这只小手的时候,我以为这是哪个小鸟的爪子,干枯黑瘦!但事实都告诉我那是一只非洲孩子的手,从这张图片背后,看到的是非洲大陆上的寒冷、饥饿、干旱、战争、疾病,甚至——死亡!人因爱心而伟大!非洲人民在受难,谁也不能坐视不管,而那只宽厚的白色大手属于西方的一名传教士,他象征着世界其他国家对非洲的支持和帮助。

截至2009年底,中国在非洲援建了500多个基地设施项目,援助建成

107所学校，派出1.8万人次的医疗人员，这一条条、一项项是我们中华民族对非洲人民同情和爱心的体现。

……

爱是什么，爱是无私的，发自内心的，是广博的，是不分国界的，我认为哪里有寒冷、哪里有饥饿、哪里有死亡，哪里就该有我们中华民族爱的火把高举！

中国自古以来就是雄踞东方的泱泱大国，我们中华民族绵延数千年形成了乐于助人、包容博爱的优良传统，早在春秋战国时期，孔子就提出了“仁者爱人”，墨子提出了“兼爱”，曹植的“长者能博爱，天下寄其身”，欧阳修的“大仁博爱而无私”。可见我们中华民族的博爱思想一脉相承，这种博爱思想，不仅仅是华夏儿女的精神气质，也是我们中华民族屹立于世界民族之林的不竭力量。有一句话说得非常好，民族的就是世界的，中华之博爱，不就是世界之博爱吗？既是世界之博爱，我们的爱就不能仅仅局限于中国，而是将我们中华之博爱放射到世界的每一个角落。

大家请看这幅“博爱”。

这幅“博爱”是出自伟大的民主主义革命先行者孙中山先生。孙先生一生题词300多幅，他题得最多的两个字就是这“博爱”二字，孙先生还说“天下为公，世界大同”，可见他从未将眼光局限于中国。我们共同生活在这颗美丽的星球上，本来就是相亲相爱的一家人，爱的本质是包容博大的，如果你的爱无法走出国门，走向世界，那么这种爱一定是片面的，是狭隘的，就不是我们所讲的大爱。大爱无疆，真正的爱，不分国别、不分种族、不分肤色！

……

今天，我参加世界华人演讲大赛有一个最大的愿望，也是唯一的愿望，就是想和所有华人演讲界的朋友共同发出一个倡议：

为了让世界充满爱，让我们伸出奉献之手，让我们常怀大爱之心，让我们中华之博爱走出国门、走向世界！

道具使用好处1：______________________________

道具使用好处2：______________________________

道具使用好处3：______________________________

6. 请大家先阅读清华大学王希勤校长在2022年本科生毕业典礼上的演讲《任凭风雨 自信征途》全文（稿件来自网络），并按文后要求完成训练题。

任凭风雨　自信征途

——在2022年本科生毕业典礼上的讲话

清华大学校长：王希勤

亲爱的同学们、老师们：

今天，3000多名同学完成大学本科学业，即将踏上人生新的征程。首先，我代表学校向你们和你们的亲友表示热烈祝贺！向悉心培养你们的老师们表示衷心感谢！

我和八字班的同学们特别有缘。四年前，我担任学生军训总指挥，与你们一起完成了“入学第一课”——军训。四年后的今天，我担任校长后的第一场毕业典礼，庆祝的是你们毕业！我还记得2018年9月2日午夜，电闪雷鸣、风雨交加，我经过再三考虑，最终下达命令，并和大家一起从东操出发，开始了20公里军训拉练。雨水打湿了面庞，积水没过了脚面，但我们一起在夜色下坚定前行，顺利走完全程。回到清华园后，紫荆园的师傅们已经给你们备好了姜汤米粥。在食堂窗外看到你们脸上疲惫却惬意的笑容，我想雨中拉练给你们的体验一定很深刻。你们经受了这场“风雨”的考验，用一段难忘的经历开启了大学生活的新篇章。

你们入学这四年来，中国和世界也经历了很多风雨，发生了深刻而复杂的变化，全球性危机不断出现。人们不禁发出“世界怎么了”“人类向何处去”的时代之问。回顾历史，我们会看到，风雨越大，越要坚定自信，坚持走好自己的路。

千年文明不避风雨，走向伟大复兴。中国式现代化道路就是在风雨中摸索出来的。中华民族有五千多年的文明史，为人类作出了卓越贡献。1840年鸦片战争后，中华民族遭受了前所未有的劫难，中国经历了长达一个多世纪积贫积弱、风雨飘摇的岁月，无数仁人志士为救国救民而苦苦追寻。中国共产党把马克思主义基本原理同中国具体实际相结合、同中华优秀传统文化相结合，带领中国人民栉风沐雨、不懈奋斗，创造了中国式现代化新道路，创造了人类文明新形态。我们在自己选择的道路上昂首阔步，创造了经济快速发展和社会长期稳定两大奇迹，实现了从生产力相对落后的状况到经济总量跃居世界第二的历史性突破，完成了人民生活从温饱不足到总体小康、全面小康的历史性跨越。我们由衷地感到骄傲和自豪！我相信，你们一定会对2019年的国庆节记忆犹新。在庆祝新中国成立70周年庆典上，由清华师生组成的“伟大复兴”方阵走过天安门广场，喊出“祖国万岁，青年加油”的口号，展示了当代青年对伟大祖国的热爱和对强国之路的信心。当然，中华民族伟大复兴，绝不是轻轻松松、敲锣打鼓就能实现的。当前，百年变局和世纪疫情交织叠加，国际形势错综复杂，单边主义抬头，经济全球化遭遇逆流。我们要更加坚定中国特色社会主义道路自信、理论自信、制度自信、文化自信，坚定站在历史正确的一边，向着中华民族伟大复兴和推动构建人类命运共同体的目标踔厉奋发、笃定前行。

万里山河不避风雨，造就巍巍高原。清华大学扎根中国大地建设世界一流大学之路也是在风雨中探索出来的。中国现代大学诞生于近代以来中西文明的交汇和碰撞之中，一路风雨兼程、砥砺前行。一批中国高校已率先实现突破，正在隆起为世界高等教育的高原。清华大学的发展历程，是我国高等教育发展的一个生动缩影。清华从一出生就铭刻着“庚子赔款”的屈辱烙印，清华人也因此铸炼出“耻不如人”的自强精神。1949年4月，冯友兰先生在《解放期中之清华》中说：“清华由游美学务处，清华学堂，清华学校，至清华大学，由南迁到复员，历经帝制、军阀、国民党、各时期的统治，到今成为人民的清华大学，校史与国运，息息相关。”新中国成立以后，清华大学在党的领导下，深深扎根中国大地，秉承爱国奉献、追求卓越的光荣传统，坚持又红又专、全面发展的教书育人特色，锐意改革，不断战胜各种风险挑战，广育祖国和人民需要的各类人才，在建设中国特色世界一流大学的道路上实现了历史性跨越。去年4月19日，习近平总书记来到清华大学考察并发表重要讲话，高度评价清华110年来的办学成就，激励我们乘势而上向更高的目标迈进。还记得在西大操场欢送总书记时，师生们齐声高喊“祖国万岁，清华加油”，那激动人心的场景让我们时时回想、难以忘怀。我们坚信，中国的高等教育是能够培养出大师来的。我们一定能够“高原上出高峰”，经过长期持续努力建成世界顶尖大学！然而，前进的征途从来都不会一帆风顺。当前，党和国家事业发展对科学知识和优秀人才的需要比以往任何时候都更为迫切，但是世界高等教育的交流合作受到逆全球化因素的干扰，新冠疫情也给全球高等教育交流合作带来重重挑战。越是面临阻力，越要迎难而上、坚持开放合作。我们要坚持中西融会、古今贯通、文理渗透的办学风格，坚定教育自信，努力在建设中国特色世界一流大学的征途上走在前列，为人类文明进步事业作出应有的贡献！

百年人生不避风雨，铸就时代脊梁。清华人的人生之路也必须是不惧风雨、行健不息的自信征途。回首四年的大学生活，也许你们会觉得有点遗憾，因为有两年半是在疫情中度过的。你们经历了老师在课堂、你们在家中的在线教学，也经历了你们在教室、老师在线上的在线教学，但你们还是克服了各种困难，圆满完成了大学本科的全部学业，并在这个过程中成长进步。你们是主动担当的战疫“清”年突击队员，勇敢地冲在守护清华园的第一线。你们是可亲可爱的冬奥志愿者，向世界展现了中国青年的真诚友善。你们是与新时代同向同行、共同前进的一代，也是平视世界的一代。看到你们在世界舞台上的那种自信，我感到十分欣慰，这是民族自信在你们身上的体现。但是，人生之路很长，有平川也有高山，有丽日也有风雨。你们的未来不仅与民族伟大复兴同步，也会与世界百年变局关联。世界格局的深刻变化一定会给你们的未来带来不少风雨。习近平总书记指出：“心中有阳光，脚下有力量，为了理想能坚持、不懈怠，才能创造无愧于时代的人生。”我相信，你们与国家、与学校共同经历的这些风雨，一定会让你们对中华民族共同体意识、人类命运共同体意识和人与自然生命共同体意识有更深刻的思考和体会。我也相信，凡是打不垮你们的风雨，都会让你们更强大！希望你们秉承“自强不息，厚德载物”的校训，增强做中国人的志气、骨气、底气，从我做起，从现在做起，努力成为可堪大任的时代新人！

沧海横流，更显本色。任凭风雨，自信征途。中华民族伟大复兴的中国梦终将在一代代青年的接力奋斗中变为现实。同学们，我相信你们已经做好了准备，祝福你们在青春的赛道上跑出最好成绩，期待你们为祖国为人类更加光辉灿烂的未来贡献力量！

祝同学们毕业快乐！

这篇演讲稿正文中有17处提及“风雨”二字，其中有三个自然段起始句中均有引用，每个段落又都有一个关于现场清华大学毕业生的生动故事。请找出这三个故事，并以“关于____________的故事”方式进行总结归纳。可以小组讨论的方式进行。

“千年文明不避风雨，走向伟大复兴。”段落描述了一个关于____的故事。

“万里山河不避风雨，造就巍巍高原。”段落描述了一个关于____的故事。

“百年人生不避风雨，铸就时代脊梁。”段落描述了一个关于____的故事。

第十一章

反复磨练　提高品位

——模拟演讲与水平提升

模拟演讲，是一种重要的演讲训练方法。

一篇演讲稿完稿，下一步是不是即刻上台演讲呢？不是。为了提升演讲效果，必须要练习准备，模拟演讲就是正式演讲前最行之有效的训练方法之一。这一章节专门将模拟演讲单独成章，与大家探讨模拟演讲的训练方法，提升正式演讲水平。

第一节　模拟演讲的必要性

很多时候，我们参加演讲活动，当演讲稿确定后，就开始背记稿件，背熟了，记牢了，就准备上台演讲了。这不是模拟演讲，模拟演讲是模仿正式演讲的状态进行的演讲，是可以和正式演讲舞台、观众、场景相仿或一样的演讲。正式演讲要取得好的效果，模拟演讲必不可少。

一、模拟次数越多越熟能生巧

模拟演讲，最先解决的问题是熟悉稿件。稿子不熟，上台丢丑。可以想象，上台结结巴巴甚至忘词卡壳，演讲无法继续，观众也无法接受。我们一般要求，一篇演讲稿不要求你倒背如流，但必须正背如流。如流就是流畅、熟练，不断片、不卡壳。模拟多少次才能正背如流？这因人而异，没有固定的次数。有一个方法可以循序渐进完成，即“1+10+300”方法：

一篇6分钟的演讲稿，在模拟阶段以连续模拟演讲10遍（约1小时）为一组练习，每练习10组（约10小时）为一轮，基本相当于每天最少抽出一轮的时间；

如果能够达到三轮，也就是300遍，我们认为就基本过关了。对于大部分人来说，300遍的模拟演讲，正常记忆力都是可以熟练记下来的。如果实在有记不住或又有稿件修改的情况，就要增加模拟次数。不管怎样，完全脱稿、正背如流是模拟演讲第一步要达到的效果。

做到正背如流要注意记忆方法。我们每个人的记忆方式和方法可能都存在差异，各有各的“招数”。有图像记忆法、逻辑记忆法、思维导图记忆法等，有的甚至就习惯死记硬背，做到滚瓜烂熟。希望每个人找到适合自己的记忆方式，达到正背如流的效果。

二、模拟场景越像越身临其境

既然是模拟，场景就越像越好，越是接近于正式演讲的场景，越有身临其境的感觉，越不觉得陌生，越能消除紧张。如果能在正式演讲的场地现场模拟，效果会更好。现实中，往往模拟演讲不可能达到与正式演讲一模一样的场景，但是一般都有试讲的可能，或者是彩排的可能，这种情况一般和正式演讲的场景较为相似，像这样的机会，每一位演讲者都要牢牢把握，争分夺秒地利用。

一次演讲活动中，有一位演讲者，因为稿件临时作了重大修改，离正式演讲比赛时间又不到两天了，为了增强模拟演讲效果，就在演讲现场，想方设法借用舞台，他利用舞台一角进行模拟演讲达160多遍，最后取得了一等奖的好成绩。

三、模拟演讲步骤可循序渐进

模拟步骤可以采取循序渐进的方式进行：

第一步，自己模拟站在相似舞台上持麦演讲，找到身临其境的感觉；

第二步，邀请部分亲友、同事等熟悉的人作为观众，在现场进行模拟演讲；

第三步，邀请陌生人、领导或演讲专家作为观众，在现场进行模拟演讲；

第四步，在正式比赛现场，按照上场、走位、站定、演讲、回座等流程进行模拟演讲；

第五步，珍惜彩排或试讲的机会，邀请部分观众现场观看并点评，全流程进行模拟演讲。

下面我们做个练习。拟定三天后在班级内组织演讲比赛，你选定的演讲稿是

《少年中国说》（节选，来自网络），大约400字。按照正式演讲场景和模拟步骤进行模拟演讲，测试自己在模拟多少次后能够正背如流？

《少年中国说》（节选）

梁启超

若我少年者，前程浩浩，后顾茫茫。中国而为牛为马为奴为隶，则烹脔鞭棰之惨酷，惟我少年当之。中国如称霸宇内，主盟地球，则指挥顾盼之尊荣，惟我少年享之。于彼气息奄奄与鬼为邻者何与焉？彼而漠然置之，犹可言也。我而漠然置之，不可言也。使举国之少年而果为少年也，则吾中国为未来之国，其进步未可量也。使举国之少年而亦为老大也，则吾中国为过去之国，其澌亡可翘足而待也。

故今日之责任，不在他人，而全在我少年。少年智则国智，少年富则国富，少年强则国强，少年独立则国独立，少年自由则国自由，少年进步则国进步，少年胜于欧洲则国胜于欧洲，少年雄于地球则国雄于地球。

红日初升，其道大光。河出伏流，一泻汪洋。潜龙腾渊，鳞爪飞扬。乳虎啸谷，百兽震惶。鹰隼试翼，风尘翕张。奇花初胎，矞矞皇皇。干将发硎，有作其芒。天戴其苍，地履其黄。纵有千古，横有八荒。前途似海，来日方长。美哉我少年中国，与天不老！壮哉我中国少年，与国无疆！

第二节　模拟演讲实用方法

一、“三最”练习法

“三最”练习法指的是模拟演讲中要最大声、最快速、最动情。

最大声，需要放开喉咙，甚至声嘶力竭地“吼”，只有“吼”几遍，才知道自己到底有多大底气，多大音量，多大胆量，多大肺活量。

最快速，需要尽最快速度念演讲稿，进而以最快的速度背演讲稿，看一看自己以最快速度念，每分钟能清楚地念多少字，以最快速度背，每分钟能背多少字。

最动情，需要用最夸张的表情、情绪演绎演讲稿内容，完全释放情感，看看自己能放得多开，情有多深，爱有多浓，怒有多愤，恨有多咬牙切齿。

“三最”练习法是完全放开自我、挑战自己的一种模拟演讲方法，最大的好处是能够重新认识自己的潜能，迅速进入演讲状态；最难之处是不能做到“最”，只达到八分力气或者就差一点点，没有全力以赴。只有自己感到达到峰值“最”的程度了，效果才会更好。

下面，我们以闻一多1946年7月15日在李公朴追悼会上的即兴演讲（节选，内容来自网络）为模拟演讲稿，请大家体会并运用“三最”练习法模拟演讲。

最后一次讲演（节选）

演讲者：闻一多

这几天，大家晓得，在昆明出现了历史上最卑劣最无耻的事情！李先生究竟犯了什么罪，竟遭此毒手？（开篇就是对反动派痛恨地质问）他只不过用笔写写文章，用嘴说说话，而他所写的，所说的，都无非是一个没有失掉良心的中国人的话！大家都有一支笔，有一张嘴，有什么理由拿出来讲啊！有事实拿出来说啊！（声音激动）为什么要打要杀，而且又不敢光明正大地来打来杀，而偷偷摸摸地来暗杀！（鼓掌）这成什么话？（反问）（鼓掌）

今天，这里有没有特务？你站出来！是好汉的站出来！你出来讲！凭什么要杀死李先生？（厉声，热烈地鼓掌）杀死了人，又不敢承认，还要诬蔑人，说什么“桃色事件”，说什么共产党杀共产党，无耻啊！无耻啊！（热烈地鼓掌）这是某集团的无耻，恰是李先生的光荣！李先生在昆明被暗杀，是李先生留给昆明的光荣！也是昆明人的光荣！（鼓掌）

去年“一二·一”昆明青年学生为了反对内战，遭受屠杀，那算是青年的一代献出了他们最宝贵的生命！现在今天李先生为了争取民主和平而遭受了反动派的暗杀，我们骄傲一点说，这算是像我这样大年纪的一代，我们的老战友，献出了最宝贵的生命！这两桩事发生在昆明，这算是昆明无限的光荣！（热烈地鼓掌）

反动派暗杀李先生的消息传出以后，大家听了都悲愤痛恨。我心里想，这些无耻的东西，不知他们是怎么想法，他们的心理是什么状态，他们的心怎样长的！（连续三个设问）（捶击桌子）其实简单，他们这样疯狂地来制造恐怖，正是他们自己在慌啊！在害怕啊！所以他们制造恐怖，其实是他们自己在恐怖啊！特务们，你们想想，你们还有几天？你们完了，快完了！你们以为打伤几个，杀死几个，就可以了事，就可以把人民吓倒了吗？（连续两个设问）其实广大的人民是打不尽的，杀不完的！要是这样可以的话，世界上早没有人了。

你们杀死一个李公朴，会有千百万个李公朴站起来！你们将失去千百万的人民！你们看着我们人少，没有力量？（设问）告诉你们，我们的力量大得很，强得很！看今天来的这些人，都是我们的人，都是我们的力量！此外还有广大的市民！我们有这个信心：人民的力量是要胜利的，真理是永远存在的。历史上没有一个反人民的势力不被人民毁灭的！希特勒，墨索里尼，不都在人民之前倒下去了吗？（设问）翻开历史看看，你们还站得住几天！你们完了，快了！快完了！我们的光明就要出现了。我们看，光明就在我们眼前，而现在正是黎明之前那个最黑暗的时候。我们有力量打破这个黑暗，争到光明！我们的光明，就是反动派的末日！（热烈地鼓掌）

……

李先生的血不会白流的！李先生赔上了这条性命，我们要换来一个代价。“一二·一”四烈士倒下了，年青的战士们的血换来了政治协商会议的召开；现在李先生倒下了，他的血要换取政协会议的重开！（热烈地鼓掌）我们有这个信心！（鼓掌）

“一二·一”是昆明的光荣，是云南人民的光荣。云南有光荣的历史，远的如护国，这不用说了，近的如“一二·一”，都属于云南人民的。我们要发扬云南光荣的历史！

反动派挑拨离间，卑鄙无耻，你们看见联大走了，学生放暑假了，便以为我们没有力量了吗？（设问）特务们！你们看见今天到会的一千多青年，又握起手来了，我们昆明的青年决不会让你们这样蛮横下去的！

反动派，你看见一个倒下去，可也看得见千百个继起的！正义是杀不完的，因为真理永远存在！（鼓掌）历史赋予昆明的任务是争取民主和平，我们昆明的青年必须完成这任务！

我们不怕死，我们有牺牲的精神！我们随时像李先生一样，前脚跨出大门，后脚就不准备再跨进大门！（长时间热烈地鼓掌）

二、专家点评法

模拟演讲中水平提升速度最快、最有效的方法就是邀请专家现场点评，而且只点评问题、不点评优点。

一个人在台上演讲，往往看不到自己的缺点，如果能够有比自己水平相对更高的专家，甚至是有经验的演讲者或者是有代表性的观众，模拟演讲时能够给你挑毛病、找问题，这对于一个演讲者来说是求之不得的好事。专家点评可能从内容上进行颠覆式的点评，也可能从主题把握、素材选取、案例展开等方面进行点评，也可能从体态，包括眼神、动作、表情、手势，以及着装等方面进行点评。无论是点评哪个方面，都值得每一位演讲者认真思考和对待，一个问题一个问题地解决。

模拟演讲阶段专家点评，相当于评委提前给你打分，哪里可能得高分，哪里可能会失分，进行了一次全面的“会诊”，让演讲者不要带着“病稿”上台、讲出“病句”，避免正式演讲时伤痕累累。

三、相对定稿法

这是演讲训练中的一条经验之谈。相对定稿指的是模拟演讲时，演讲稿需要定稿，因为是模拟状态，可能会不断优化，所以我们称为相对定稿。一旦相对定稿，模拟演讲时，稿子上写的是什么就讲什么，要完整、准确、熟练地把控稿件内容，不要尝试将模拟演讲中相对定稿的稿件无谓地改动、调整以至不断变化。

模拟演讲时，有的演讲者对演讲内容大概清楚，对某句话怎么描述没有最优的表达方式，对某个词的运用到底用三个字，还是四个字？模棱两可，感觉怎么说都可以，这种始终没有相对定稿的稿件在模拟演讲中比较忌讳。你可以是定稿、修改、再定稿、再修改，如此反复，每一遍模拟演讲都使用你最近定稿的最优稿件，定稿是相对的，定不了稿是绝对的。一般来说，没有完美的演讲，只有一直在追求完美演讲的路上。

第三节　模拟演讲的问题应对

正式演讲中，我们经常会遇到很多不确定性。比如：麦克风不响了、现场突然手机响，又比如突然停电了，还有脑袋一片空白，忘词卡壳了，等等。这些可能出现的问题，都要在模拟演讲中解决或做好备案，不能带到正式演讲中才去首次应对。

一、忘词卡壳怎么办

忘词卡壳怎么办？这是难倒很多人的难题，不少选手尴尬地站在台上，等着观众一遍遍地鼓励式的掌声，最后还是记不起来，不得不说声对不起或不好意思，然后尴尬地下台。看上去好像别无他法，只能如此。

事实上，这些问题在模拟阶段都可以解决。首先，要真正下功夫模拟演讲到淡定从容、正背如流，其次要有应对预案，万一大脑一片空白就是想不起来怎么办？一旦忘词，不要犹豫，即使犹豫也要做思考状、踱步状，还可以说："讲到这里，我不禁想起一件事。""说到这，不知大家会有什么感受呢？"这是给自己追回记忆争取时间。如果这句话想不起来了，就直接跳到下一句；如果这一段也想不起来了，就直接跳到下一段；如果整段都想不起来，直接进入结尾句；如果全忘了，就直接说："讲到这里，我的心情无以言表，但有一条我坚信：明天会更好。谢谢大家！"

在台上要保持流畅为先，要以流畅为王，不要因任何因素导致卡壳，卡壳是硬伤。其实，评委和观众并不知道你的演讲稿写了什么，你讲的是什么稿子上写的就是什么。无论你在台上如何应对，都要保持演讲流畅。而这一切，必须在模拟演讲中多次演练，才能在正式演讲中从容应对。

二、麦克风突然不响怎么办

演讲中若遇到这种情况，大部分演讲者会立刻停止演讲，请求工作人员换麦，工作人员换麦后，演讲者往往会作一个试麦的动作，吹麦或试音，看看换的这个麦有没有声音？有声音就继续讲，没声音就继续换。这种应对方法很普遍，这是正确的方法吗？因为现场场景千差万别，不能一概否认，但起码可以说不够智慧。

面对麦克风突然不响的情况，模拟演讲中可以根据正式比赛场景来智慧地解决。

有一个真实的案例：一次演讲比赛决赛现场。有10位选手，9号选手在讲到一大半的时候，麦突然不响了，他意识到这一点的时候，毫不犹豫地将自己的音调提高了八度进行演讲，同时边讲边从台上顺着台阶走到评委前、走进观众席演讲，当工作人员给他换麦时，他用余光完成了换麦动作，他的目光始终没有离开观众，始终没有停止演讲，始终保持内容连贯流畅。再往下讲的时候麦正常了，他也同时调整了自己的音调，就在观众中结束了自己的演讲。结尾时候还即兴加了一句："刚才我们的正能量爆棚了，连麦都爆了，为我们的正能量鼓掌吧。"

评委在点评的时候专门提到9号选手反应非常快、应对非常智慧，麦不响不仅没有影响到选手，没有丢分，反而成了加分项，因为选手的应对体现了选手的应变能力和演讲智慧。事后，这名选手也诚实地告诉评委，在决赛现场的应对是因为自己在模拟演讲中已有训练，是有备而来。

三、细节细节细节你注意了吗

为什么把细节两个字说三遍？重要的问题说三遍。在演讲中，因为很小的细节而马失前蹄的演讲者比比皆是。什么是细节？是大家演讲中往往会忽视的事情。

比如，你的扣子扣好了吗？拉链拉上了吗？胸前的党徽、团徽、队徽戴正了吗？领带、红领巾戴得规范吗？鞋带开了吗？腰带扣居中了吗？你的麦开了吗？背景PPT准备好了吗？……细节还不止这些。

举这些例子，只是想提醒每一位演讲者，不要把这些小细节上存在的问题带到正式演讲环节，模拟演讲时必须注意到这些细节并一个一个地解决，只有这样，才可能胸有成竹，有备上场。

思考与训练

1. 围绕以下两个命题展开小组讨论：

命题1：为什么“台下模拟演讲时，你稿子上写的是什么就讲什么”？

命题2：为什么“台上正式演讲时，你讲什么稿子上写的就是什么”？

2. 请列出不少于三种“忘词卡壳”时的应对方法：

方法1：________________

方法2：________________

方法3：________________

……

3. 请列出不少于三种“麦克风突然不响”时的应对方法：

方法1：________________

方法2：________________

方法3：________________

……

4. 演讲中的细节你能列举出多少项？可用抢答但答案不得重复的方式进行。

5. 录制模拟演讲视频《少年中国说》，邀请不少于三人进行点评，重点点评存在的问题。

问题1：________________

问题2：________________

问题3：________________

……

6. 网上浏览观看《我是演说家》第四季王磊的演讲视频《中国字》，并进行模拟演讲。《中国字》演讲稿（节选）参考如下（内容来自网络）

中国字

演讲者：王磊

师者，传道、授业、解惑、讲段子。要完成这四个动作，都需要一个重要的载体，就是文字。所以今天我就和大家来聊一聊“横平竖直皆风骨、撇捺飞扬是血脉”的中国字。

我在上课讲汉字与书法的时候，就跟我的学生们说，其实咱们汉字是最讲道理的。因为我们从象形文字发展而来，这个文字在被创造的时候，它的构造就代表了一层含义、一个道理、一种文化，甚至是我们中国人骨子里的一种精神。

比如“仁”这个字。子曰：仁者爱人。但是从字形上来看，“仁”字就是左边的一个单立人，加上右边的一个二，这不就是两个人吗，那两个人在一起就是“仁”吗？“众”有三个人，代表什么？如果要这么解释的话，仇恨的“仇”有九个人，我感觉我能脑补出一部120集的偶像剧了。

所以，我们就知道，“仁”字并不是单纯的数量的积累而已。“仁”字左边的这个单立人，表示的是普天之下不同身份的生活者，而右边的这两横，表示的是等同和等齐，组合在一起的意思就是，对不同身份的人等而视之、将心比心。而且这个字还体现了我们中国字的一个智慧，就是右边表示相等的两横，本身并不等长，因为每一个人他的性别、民族、文化都不一样。我们先民在造字之初，就已经认识到并且承认这种不同。虽然有这种天然的不同，可是我们还是要追求平等、博爱的那种大同。

所以说在家庭里，我们孝顺长辈，我们友爱亲朋，这是仁；在社会上我们关怀弱者，待人友善，这也是仁；在国际上，我们和平共处，谋求共赢，这还是仁。

而且汉字还代表了我们中国人的一种形象思维，即它抽象于万物，却又不失形象。他就像一幅画，生动地表现了文字的内涵。

比如，我们看到“安”这个字的时候，就好像静如处子安居屋中。我们写到“休”这个字的时候，就仿佛劳作之人，树下乘凉。而我想到“仙”这个字的时候，就似乎人在山巅，临风长啸。

……

大家知道我在讲中国古代史的时候，会有大量的古文。今天随便一个中学生，就可以直接阅读先秦诸子百家的著作，他可以自在地跨越千年，直接和历史上的先贤进行思想上的对话。因为什么呢？因为自秦以后我们书同文，每一个固定的汉字符号就被赋予了一个相对稳定的意思。也就是说即便我们相隔了千年，即便我们地域不同，口音各异，我们都可以自在而顺畅地阅读。

……

所以从这个角度来说，汉字是未来最有生命力的一种语言。

而且大家还不要忘了，我们现在所用的汉字，是世界上唯一仍在广泛采用的意音文字；我们的汉字也是唯一一个一脉相承至今、不曾断绝的古文字。

我相信，民族的自信源于文化的自信。

我本人就在内心深深地相信，汉字就是这个星球上最美的语言。

汉字，形美如画，音美如歌，意美如诗。

它简洁、高效、生动，是最先进的文字语言。

所以我在我的课堂上，也一直想努力地告诉我的学生，汉字究竟是什么？

汉字是时间的纽带，它让我们悠久的文明传承至今，却璀璨如新。

汉字是空间的纽带，它让我们口音各异，但是却可以看着同一封家书落泪伤心。

汉字是情感的纽带，它让不同民族不同文化的我们包容团结，延续至今。

汉字是我们的审美，横平竖直告诉我们，中正平和才是至美。

汉字是我们的精神，颜筋柳骨告诉我们，字如其人乃是修行。

汉字是我们的哲学，止戈为武告诉我们，大国重器只为和平。

《淮南子·本经训》里写道，昔者仓颉造书，而天雨粟，鬼夜哭。传说汉字被创造出来那天，老天爷感动得用粟米下了一场雨，魑魅魍魉因为无所遁形，而惊吓得夜晚大哭。因为汉字就是一道光，它照亮了我们这个文明之前的蒙昧和黑暗。

我们今天读写汉字、书写汉字都习以为常，殊不知，我们正在使用的，就是这个星球上最美、最独一无二的文字，应该心怀感恩并心存敬畏。

因为今天，我们所写下的一笔一划，都浸染着历史的传承；我们所记下的一词一句，都将在未来闪耀于世！

这就是我们的汉字，这就是一字一世界、一笔一乾坤的中国字。

第十二章
动情讲述　感染听众
——怎样把控有声语言

演讲中，有声语言是语言系统的核心，是演讲中最重要的语言表达形式。把控好有声语言，不仅让观众听得清楚，还可以悦耳动听，成为一种享受。有声语言需要着重训练语速、语调和语气。

第一节　语速把控节奏快慢

一、语速之速

语速就是说话的快慢，演讲中每分钟控制讲多少字较为合适呢？一般来说，正常在台上演讲的平均语速是每分钟200字，每秒3至3.3个字；播音员新闻播报速度较快，每分钟约280个字，每秒近5个字；朗诵语速偏慢，每分钟一般不超过150个字，每秒2至2.5个字。

特别强调的是，每分钟200字是平均语速，一次演讲，根据内容需要，有时可以达到新闻播报的速度每分钟280个字甚至更快，也可以慢到朗诵的每分钟150个字甚至更慢。可以在某N秒更慢，也可在某N秒更快，但平均语速控制在每分钟200字为宜，这是我们倾听中最能接受的语速。也就是说，如果一个5分钟的演讲，你的演讲稿最适宜的字数就是1000字。

二、快慢场合

语速快慢可以调整感情、表情达意。那什么时候该快，什么时候该慢呢？有场合之分。

一般来说，人在激动、兴奋、喜悦、愤怒时语速较快，在悲伤、沉郁、忧郁、疑虑时语速较慢；重点的信息语速放慢，不太重要的信息稍快。

比如，你想表达自己的愤怒，生气地说："你这个人怎么回事呀，讨厌！"准确表达生气应该是快速的，当你放慢说时，你会发现，表达的不是生气，而是喜欢。

语速快慢变化也是表情达意的重要手段。演讲的语速不能太快，否则听众难听懂。当然讲话也不能太慢，太慢就显得拉腔拖调，给人以愚笨、迟钝、缺少教养的感觉。

演讲的语速不能总是"一崭齐"，要做到急缓有致。语速快慢往往与表达内容、环境、气氛、心理情绪、修辞手法以及句段重要与否有关。根据内容的要求和感情表达的需要，演讲的语速一般可分为快速、中速、慢速三种。演讲语速要做到快慢得体，缓急适度，快而不乱，慢而不拖，快中有慢，慢中有快，张弛自然，错落有致。这样，便能显示出语言的清晰度和节奏感。

三、节奏变化

演讲节奏快慢变化就如节拍，控制着语言的流淌和语言的韵律。演讲中的停、连、转、承都在节奏变化之中。

演讲过程中，对节奏的把握至关重要。没有节奏，演讲显得乏味，就是我们常说的演讲太"平"了。演讲者在台上必须把自己的情感根据快慢场合，以不同的节奏呈现给观众，不同的情绪、不同的场景都要有不同的节奏。

从重要性来说，重要内容可放慢语速，加深记忆；描述类内容，可采用中速；不太重要的信息，快速带过。可通过语速调整，调节和控制现场气氛，达到更好的表达效果。

停顿是节奏变化的重要节点。演讲中，要注意标点符号对停顿的要求，但也不要受标点符号的束缚，需要根据语法、语境等情况大胆停顿，合理设计。这里介绍语法停顿和感情停顿的方法。

语法停顿指的是各种语法关系之间的停顿，是按照篇章和句子结构所作的停顿，表现在演讲稿中，就是一个个标点符号，在演讲时就是不同程度的停顿。一般逗号、顿号停顿的时间要短，分号、冒号、破折号停顿的时间相对长一些，句号、问号、感叹号停顿时间相对更长；段落层次之间，句子与句子之间，句子成分之间都需要停顿。逻辑停顿指的是为了强调某种逻辑关系，而在句子中没有标点符号的地方所作的停顿。

感情停顿是为了表达复杂或微妙的心理感情，感情停顿常常以拖长音节发音、欲停不停或适当延长时间来表现，并且常常辅之以体态语言，使感情表达得更加自然清楚。

标点是停顿的标志，但在演讲中不能机械地按标点停顿，要从表情达意的需要出发，要从表现语言魅力的角度出发，要从增强演讲效果出发，打破标点限制，能够标出没有标点也要停顿的地方。

在口语表达中，同样一组音节，因停顿不同，意思完全不一样。停顿不只是演讲者在生理上正常换气的需要，也是表情达意的需要。停顿得当，不仅可以清晰地显示语意，而且可以调节语言节奏，给听众留下回味的余地。

停顿不当，往往影响语意的表达。当停则停，不当停则不停，不可滥用。此外，在演讲中，停顿太少、太短，或过多、过长，也都会影响思想感情的正确表达。

在列举事例之前，略作停顿，能引起听众独立思考；在作出妙语惊人的回答之后，稍作停顿，可使人咀嚼回味；在讲述奇闻轶事和精彩见解之后，听众赞叹之余，特意停顿，可加深听众印象，引起联想；在话题转移之际或会场气氛热烈之时，稍稍停顿，可加深听众记忆，给听众以领会抒情之机。

下面这篇刘媛媛的《寒门贵子》语速变化较多，大家可以根据以下的节选部分（内容来自网络）试讲几遍，体会和分析一下语速如何变化，如何把握停顿技巧和语速变化带来的韵律之美。

《寒门贵子》（节选）

演讲者：刘媛媛

在演讲开始之前，我先问现场的各位一个问题，你们当中有谁觉得自己是家境普通，甚至出身寒门，想要出人头地就得靠自己呢？

你们当中又有谁觉得自己是有钱人家的小孩，出身豪门呢？

前些日子有一个在银行工作了十年的资深人力资源管理师，他在网络上发了一篇帖子叫做《寒门再难出贵子》。

……

这个帖子引发了特别广泛的讨论，你们觉得这句话有道理吗？先拿我自己说，我们家就是出身寒门的。我们家都不算寒门，我们家都没有门。我现在想想我都不知道当初，我爸跟我妈那么普通的一对农村夫妇，他是怎么样把三个孩子，我跟我两个哥哥，从农村供出来上大学，读研究生。

……

我一直也不会拿自己跟那些比如说家庭富裕的小孩做比较，说我们之间有什么不同，或者有什么不平等，但是我们必须要承认，这个世界是有一些不平等的。他们有很多优越的条件，我们没有，他们有很多的捷径，我们也没有，但是我们不能抱怨。每一个人的人生都是不尽相同的，有些人出生就含着金钥匙，有些人出生连爸妈都没有！人生跟人生是没有可比性的，我们的人生是怎么样，完全决定于我们自己的感受。你一辈子都在感受抱怨，那你的一生就是抱怨的一生；你一辈子都在感受感动，那你的一生就是感动的一生；你一辈子都立志于改变这个社会，那你的一生就是斗士的一生！

……

我们大部分人都不是出身豪门的，我们都要靠自己。所以你要相信，命运给你一个比别人低的起点，是想告知你，让你用你的一生去奋斗出一个绝地反击的故事。

这个故事关于独立、关于梦想、关于勇气、关于坚忍；它不是一个水到渠成的童话，没有一点点人间疾苦；这个故事是有志者、事竟成，破釜沉舟、百二秦关终属楚；这个故事是苦心人、天不负，卧薪尝胆、三千越甲可吞吴！

第二节　语调把控高低轻重

一、开场定调

这里提到的“调”是高低定调，就如唱歌定调一样，你上台应该是1234567

（do re mi fa so la si）哪个调？这虽然是一个小小的细节，但在演讲中往往有一锤定音、决定成败的关键作用。

开场定调的关键是上台“吐”的第一个字要定好调，应根据演讲内容、环境条件、麦克风效果等事先定好。调定低了，观众可能听不见，很难再忽然高上去；调定高了，观众可能觉得太吵，又很难忽然低下去。一般来说，低调好过没调，高调好过低调。

总体来看，参加演讲比赛时，声音大点往往比小声细说要有激情和感染力。有的选手说“麦的效果很好，不用那么大声”，这是一个误区。麦的音效与你的声音大小没有直接联系，因为你完全可以通过与麦的距离远近来控制麦的效果，更何况音响师也会根据情况调整麦的声音大小，而你的激情很大程度上来自于你的语调高低。

二、语调分类

演讲中常见的语调有升调、降调、平调、曲折调。

升调一般表达疑问、号召、呼唤、惊讶等；

降调一般表达恳求、祝愿、悼念、思念、迟疑等；

平调一般表达叙述、说明、解释等；

曲折调有曲折变化，一般表达讽刺、夸张、幽默等。

演讲中的每一句话，都会有轻音重音，同样的句子，语调不同，轻重音落点不同，意思就会不同，有时甚至会相差千里。一般来讲，表达坚定、果敢、豪迈、愤怒的思想感情，语气急骤，声音较重；表达幸福、温暖、体贴、欣慰的思想感情，语气舒缓，声音较轻；表达愉快、责备，语调先强后弱；表达不平、热烈，声音先弱后强；表达优雅、庄重、满足，语调前后弱中间强。只有这样，才能绘声绘色、传情达意。

口语表达要想取得良好的发音效果，必须加强基本功训练。这里为大家提供著名主持人孙愈倡导的练声五技：

1. 练声五技之口部操

方法：喷、弹、顶、绕

喷：想象手掌上有个靶心，嘴里有很多子弹要打上去，po po po，发爆破音

弹：舌头在上颚进行轻弹，先慢后快或先快后慢

顶：舌头顶住口腔壁，快速的左右上下

绕：舌头顶住口腔，顺时针一圈，逆时针一圈

2. 练声五技之开口腔

方法：咬苹果，发a音

食指、中指、无名指三根手指并排，竖着插进嘴里，发a~~~音，喊“同学们，大家晚上好!”

3. 练声五技之练气息

方法：嘿、哈、和、喝

食指抵住肚脐，下三指用力往下按就是丹田，一只手不够可用两只手，喊“嘿、哈、和、喝”，感受往外顶的反作用力。

双腿打开与肩同宽站好，双手握拳，插在两腰，喊“嘿、哈、和、喝”，感受腰部像气球弹动，以区域带动气息，非常充足的状态。

4. 练声五技之扩音域

方法：高而不喊，低而不哑

声音由远及近：小兰

声音由高及低：天高云淡，小青蛙在井底，跳到房顶，在5000米高，由低到高说：蓝蓝的天上白云飘，白云下面马儿跑，挥动鞭儿响四方，歌声更嘹亮!

5. 练声五技之绕口令

方法：手舞足蹈，声情并茂

动作：头正身直

声音：声音洪亮

节奏：轻快型

表达：情景再现

道具：手掌打节奏或使用快板

下面两段绕口令尝试用手掌打着节拍一口气念完。

《板凳与扁担》

板凳宽，扁担长。

扁担没有板凳宽，

板凳没有扁担长。

扁担绑在板凳上，

板凳不让扁担绑在板凳上，

扁担偏要扁担绑在板凳上。

《学时事》

史老师，讲时事，常学时事长知识。

时事学习看报纸，报纸登的是时事。

常看报纸要多思，心里装着天下事。

“声乃气之源”，发音的基础之一是呼吸。响亮、动听的声音与科学的呼吸训练是分不开的。演讲者要善于掌握自己的发音器官，能自觉地控制气息。

吸气方法：用鼻吸气，两肋张开，胸腔扩大；小腹微收，腹部放松；腰部扩开，气沉丹田，腰带渐紧之感。吸气时要做到快、静、深。

呼气方法：用嘴呼气，收住小腹，不可放开，控住胸腹，缓慢均匀、平稳外呼，同时有节奏默数。呼气时要做到慢、轻、匀。

吐字发音要做到音节正确、准确，完全符合普通话的发音标准，戏曲艺术所谓的“吐字归音”训练，其目的就在于美化音色，使字音纯正、清渐、响亮、圆润，富有表现力。它要求发音时咬准字头（即读准声母），吐清字腹（即读清韵头、韵腹）和收准字尾（即读准韵尾）。“吐字”时，发音力量集中于“字头”上，“归音”时要读准每个音节的韵尾，即要求“到位”。总之，发音时要正确把握住每个音节的发音部位和发音方法，演讲者平日要经常进行这方面的训练。同时，为了做到语句流畅、干净利落、出口成章，可根据自己的发音难点，选择一些绕口令和有一定难度的语言片段，进行快口训练，力求做到吐字准确、快速、流畅，快而不乱。

音量大小变化有利于准确地表达思想感情，演讲者要学会准确地控制和把握音量大小的变化。在情感激荡的地方、意思重要之处，音量要大些，反之则要小些。音量大小变化要自然、流畅，是感情的自然流露。同时，音量大小变化也要恰当、适度，不能大到声嘶力竭，也不能小得无法听清。此外，演讲者平日还要会准确地把握高音、中音、低音的运用规律，以便恰如其分地表达自己的思想感情。高音具有高亢、明亮的特点，多用来表示惊疑、欢乐、赞叹等情感；中音比较丰富充实，多用来表示平和、舒缓的感情；低音则比较低沉、宽厚，多用来表示沉郁、压抑、悲哀之情。

演讲时，要根据情感表达需要、麦克风效果好坏、听众人数多少、会场空间大小等实际情况，随时变化声音大小，音量在物理学上可用“分贝”计量，演讲中只要观众听得清楚、听感愉悦就好，声音太大是噪音，声音太小听不见，演讲是以有声语言为主，如果听不清、听不见你讲啥，这样的演讲是浪费大家的时间。

三、语调轻重

语调要有变化，升降有序、轻重有别。轻重音是演讲抑扬顿挫的首要表现。

演讲中的语调重音往往是需要强调的事项、关键的词、重要的人物第一次出现、逻辑重音等，一般动词往往是重音。轻音相对重音而言，是不重要的、不关键的、不需要强调的、叙述性的、过渡性的。演讲中基本使用平调，没有高低起伏，缺少抑扬顿挫，演讲自然就归于平淡，缺乏感染力。

语调不同，表达的语意也大不同。同样一句“我爱你”，用平直调来念，表示直陈其事；若用高升调来念，则表示出疑问惊讶之情；如果随着语调、语速、体态的变化，“我爱你”表达的语意可能会五花八门。演讲者要熟悉各种语调的特点，掌握语调变化规律。在实际运用中，语调升降变化情况十分复杂，演讲者要充分把握演讲时自身的潜意识，把握演讲内在思想和感情脉络，这样才不会错用语调，不会导致言不及义、词不达意、语不合情。

语调有强有弱。用力大、气流强，声音就大、就重；用力小、气流弱，声音就小、就轻。每个句子都是由词语构成，每个词语在句中的表意作用各不相同。

在演讲时，人们常常把某些词语讲得比一般词语重些或轻些，这样便能起到强调突出的作用。利用声音的强弱对比，重读或轻读某些表现重点内容的词语，从而起到强调突出作用，这种口语表达技巧就是重音。

若按声音强弱划分，重音可分为轻读型重音和重读型重音，凡读音比一般词语读音轻些的叫轻读型重音，凡读音比一般词语读音重些的叫重读型重音。例如："如果世界上真有不知疲倦的人，我们敬爱的周总理呵，一生休息得最少最少。""不知疲倦""敬爱""周总理"应采用重读型重音来读，读得重而深厚，而"最少最少"宜采用轻读型重音来读，读得轻而深沉。

若按表现思想感情、内容重点或句子语法结构来划分，重音可分为感情重音、逻辑重音和语法重音。

我们尝试模拟上海交通大学校长、中国工程院院士林忠钦在一次毕业典礼上的演讲《坚守责任之心，勇担使命之任》（节选，内容来自网络），演讲内容紧扣抗疫背景展开，细节入微，情真意切。大家可以感受一下语调的变化。

坚守责任之心，勇担使命之任

——在2022年毕业典礼上的讲话

上海交通大学校长、中国工程院院士：林忠钦

2022年6月22日

亲爱的同学们：

大家好！由于疫情防控需要，今天我们以线上和线下、主会场和分会场相结合的方式，为2022届研究生和本科生同学们，举行一场简朴而隆重的毕业典礼。

……

过去一段时间，突如其来的新冠疫情打破了校园的平静，给大家留下了终生难忘的记忆。学校封闭管理期间，我们一起度过了一段艰辛历程，面对足不出户或转运隔离的紧张焦虑，拿到老师们准时送达餐食的感动，难以进入实验室开展毕业设计的急切等待，以及对毕业典礼仪式的热切期盼……作为亲历者和参与者，我们同甘共苦、心手相依，一起扛起责任，一同经受考验！

……

面临考验，同学们挺身而出、主动奉献，令大家深受鼓舞。过去100多天，有4000余名同学争当校园志愿者。在核酸检测点，有的同学高温下穿着防护服坚守岗位，严谨认真、不辞辛苦，全力做好服务保障；在教室、食堂和超市，有的同学从晨曦初开到星月满空，仔细负责、一丝不苟地引导师生有序进出，保障师生健康安全；在学生宿舍，有的同学勤勤恳恳、任劳任怨，积极配合楼长、阿姨发放物资和清洁消杀，用辛勤劳动夯实校园的“防护墙”。

……

面向未来，同学们勇担使命、报效祖国，令大家满怀期待。过去100多天，你们坚守责任担当，用汗水铸就了平凡而又绚丽的篇章。自古雄才多磨难，疫情中你们克服种种困难，锤炼了更加坚强的意志，练就了更加过硬的本领，获得了宝贵的人生经历，也更加坚定地选择与祖国同向同行。你们厚植家国情怀，2800余名同学选择扎根坚守，到国防科技单位、重点行业和中西部地区就业；你们践行使命担当，近200名同学成为选调生，即将奔赴基层一线、挥洒青春；你们勇攀高峰，许多本科毕业生选择直博深造，部分同学已经提前修读研究生课程，一大批研究生到一流高校和研究机构从事教学与科研工作。

……

经春入夏、风华正茂。同学们，你们将从交大学子变为交大校友，母校永远是你们的精神家园和坚强后盾。无论你们走到哪里，母校的大门永远向你们敞开，欢迎大家常回家看看。再次祝福大家前程似锦、鹏程万里！

第三节　语气把控喜怒哀乐

一、常见语气

语气有多样性，分类方法也比较多。演讲中的语气如果从语句类型分，一般有疑问语气、陈述语气、感叹语气、祈使语气。疑问语气在演讲中常用于设问、反问、质问、询问等；陈述语气在演讲中用于叙述、描写、说明等，往往用于过渡句；感叹语气表示喜怒哀乐等强烈的感情，句末常用感叹号；祈使语气是表示命令、号召，在演讲中多用于结尾。如果从演讲者感情变化分类，语气有爱恨、愤怒、悲喜、忧愁、恐惧等。

一场演讲，一般有固有的基调。但在演讲过程中，语气随演讲内容变化而不断变化，特别是在富有感情色彩时，与语气交错重叠。因此，在进行语气训练时，要注意分清主次，处理好重叠和过渡，使语气更好地为内容服务。

二、悲喜有度

演讲中最常用的语气是喜悦和悲伤，演讲者需要熟练掌握运用。比如，演讲中的泪点主要通过悲伤的语气来实现，要打动人心，往往会讲述催人泪下的故事，这时候，悲伤的语气至关重要。

下面这篇贾平凹的《写给母亲》（节选），曾在《朗读者》节目中由著名表演艺术家斯琴高娃老师倾情演绎，大家可以在网上观看，并尝试自己朗读。

《写给母亲》（节选）

贾平凹

人活着的时候，只是事情多，不计较白天和黑夜，人一旦死了日子就堆起来；算一算，再有二十天，我妈去世就三周年了。

……

三年以前我每打喷嚏，总要说一句：这是谁想我呀？我妈爱说笑，就接茬说：谁想哩，妈想哩！这三年里，我的喷嚏尤其多，往往错过吃饭时间，熬夜太久，就要打喷嚏，喷嚏一打，便想到我妈了，认定是我妈还在牵挂我哩。

我妈在牵挂着我，她并不以为她已经死了，我更是觉得我妈还在，尤其我一个人静静地呆在家里，这种感觉就十分强烈。我常在写作时，突然能听到我妈在叫我，叫得很真切，一听到叫声我便习惯地朝右边扭过头去。

从前我妈坐在右边那个房间的床头上，我一伏案写作，她就不再走动，也不出声，却要一眼一眼看着我，看得时间久了，她要叫我一声，然后说：

世上的字你能写完吗，出去转转么。

现在，每听到我妈叫我，我就放下笔走进那个房间，心想我妈从棣花来西安了？当然房间里什么也没有，却要立上半天，自言自语我妈是来了又出门去街上给我买我爱吃的青辣子和萝卜了，或许，她在逗我，故意藏到挂在墙上的她那张照片里，我便给照片前的香炉里上香，要说上一句：我不累。

……

三周年的日子一天天临近，乡下的风俗是要办一场仪式的，我准备着香烛花果，回了一趟棣花。但一回棣花，就要去坟上，现实告诉我，妈是死了，我在地上，她在地下，阴阳两隔，母子再也难以相见，顿时热泪肆流，长声哭泣啊。

三、欲抑先扬

演讲中语气的抑与扬，直接表达出情感的温与烈，就像前文所述的节奏快与慢、语调高与低一样，都是相对的。我们常说欲抑先扬、欲扬先抑；欲高先低、欲低先高；欲快先慢、欲慢先快，就说明了这个道理。抑扬结合、高低错落、快慢相宜，语言表达的艺术性就完美展现了出来。演讲语气的运用中，如果你想把情感扬起来，一定要先抑下去、收起来，否则情绪一直处于扬的状态，过度饱满，反而体现不出昂扬的情感。

下面是我国著名诗人舒婷创作的经典诗歌《致橡树》，请大家按照独诵、双人合诵、多人合诵等方式进行演绎。

《致橡树》

作者：舒婷

我如果爱你——
绝不像攀援的凌霄花，
借你的高枝炫耀自己；
我如果爱你——
绝不学痴情的鸟儿，
为绿荫重复单调的歌曲；

也不止像泉源，
常年送来清凉的慰藉；
也不止像险峰，
增加你的高度，衬托你的威仪。
甚至日光，
甚至春雨。

不，这些都还不够！
我必须是你近旁的一株木棉，
作为树的形象和你站在一起。
根，紧握在地下；
叶，相触在云里。
每一阵风过，
我们都互相致意，
但没有人，
听懂我们的言语。
你有你的铜枝铁干，
像刀，像剑，也像戟；
我有我红硕的花朵，
像沉重的叹息，
又像英勇的火炬。

我们分担寒潮、风雷、霹雳；
我们共享雾霭、流岚、虹霓。
仿佛永远分离，
却又终身相依。
这才是伟大的爱情，
坚贞就在这里：
爱——

不仅爱你伟岸的身躯，
也爱你坚持的位置，
足下的土地。

思考与训练

1. 演讲、朗诵、新闻播报语速分别是多少？

演讲语速：_____字/分钟

试练一分钟（文稿自选）：___________

朗诵语速：_____字/分钟

试练一分钟（文稿自选）：___________

新闻播报语速：_____字/分钟

试练一分钟（文稿自选）：___________

2. 下面四段绕口令，分别练习b p、n l、h f、z zh s sh发音，请小组间进行PK训练。力求每个字音念得准确，快读且不出错，最好一口气读完。

《冰棒碰瓶》（b p练习）
半盆冰棒半盆瓶，
冰棒碰盆，盆碰瓶。
盆碰冰棒盆不怕，
冰棒碰瓶瓶必崩。

《小柳和小妞》（n l练习）
路东住着刘小柳，
路南住着牛小妞，
刘小柳拿着大皮球，
牛小妞抱着大石榴，
刘小柳把大皮球送给牛小妞。
牛小妞把大石榴送给刘小柳，

牛小妞脸儿乐得像红皮球，
刘小柳笑得像开花的大石榴。

《肥混肥》（h f 练习）
黑肥混灰肥，灰肥混黑肥，
黑肥混灰肥黑肥黑又灰，
灰肥混黑肥灰肥灰又黑，
黑肥混灰肥，肥比黑肥黑；
灰肥混黑肥，肥比黑肥灰。

《湿字纸》（z zh s sh 练习）
刚往窗上糊字纸，
你就隔着窗户撕字纸，
一次撕下横字纸，
一次撕下竖字纸，
横竖两次撕了四十四张湿字纸，
是字纸你就撕字纸，不是字纸，
你就不要胡乱地撕一地纸。

3. 尝试运用演讲开场定调方法，按照100人、300人、500人会场，分为有麦和无麦两种情况，体会语调高低对自身情绪调动的影响。

4. 吐字归音训练：按照字头、字腹、字尾发音要求练习以下词句。

乒乒乒、哗啦啦、吧嗒嗒
快乐、加油、激情、澎湃
忽如一夜春风来，千树万树梨花开
雄关漫道真如铁，而今迈步从头越

5. 下面是一则天气预报，分别以每分钟200字、300字、400字语速进行播报，然后回放试听一下感受。

今天白天，新疆西北部降小到中雪；今14时较昨14时，内蒙古东部、吉林中西部、辽宁西部、河北东北部和南部、北京北部等地部分地区出现6～10℃的降温。

预计，11月20日夜间至21日上午，北京南部、天津、河北中南部、山东西北部和南部、河南北部和东南部、安徽北部、江苏、上海、浙江北部等地有能见度不足1公里的大雾天气，其中，北京东南部、天津西北部、河北西部、山东南部、河南北部、江苏中北部等地的部分地区有能见度不足200米的强浓雾，局地能见度不足50米。另外，渤海南部海域、渤海海峡和辽东半岛沿岸海域将有能见度不足1公里的大雾。

21日至23日，西南地区东部、西北地区东南部、江汉、黄淮南部、江淮、江南北部、华南东部等地的部分地区有中到大雨，局地有暴雨。

11月22日20时至23日20时，新疆北部、黑龙江北部、川西高原北部、甘肃东南部等地的部分地区有小到中雪或雨夹雪，其中，新疆北疆北部和伊犁河谷等地的部分地区有大到暴雪（10～19毫米）。江南东部和南部、华南中东部、海南岛、台湾岛等地的部分地区有中到大雨，其中，福建东南部、广东东南部沿海等地局地有暴雨（50～90毫米）。东海海域、台湾海峡、南海北部海域有5~7级、阵风8级的东北风。

6. 停顿训练：下面这几段文字，请大家尝试停顿带来的不同感受。

下雨天留客天留人不留；

男人没有了女人就活不成了；

南京市长江一桥，武汉市长江二桥；

你去班上数数数数数不好的人数有多少；

校长说：校服上除了校徽别别别的，让你们别别别的别别别的你非别别的！

人要是行，干一行行一行，一行行行行行，行行行干哪行都行。要是不行，干一行不行一行，一行不行行行不行，行行不行干哪行都不行。

7. 你敢独自去地铁站或公交车站进行一场正能量的演讲吗？不妨尝试一下。

第十三章
借助体态　强化语意
——怎样运用体态语

演讲以有声语言为主要手段，以体态语言为辅助手段。有声语言固然重要，无声语言对演讲所起的作用也不能忽略。有效运用无声语言，对增加演讲效果有积极意义。体态语言是在交流中以人的表情、目光、姿态和动作等来表示一定语义、进行信息传递的辅助性语言。体态语言能有效地配合有声语言传递信息，能起到补充和强化有声语言的作用，运用巧妙，不仅可以增加有声语言表达效果，还可以调适演讲者心理、调动观众的积极性、活跃气氛、增加演讲的感染力。这里介绍三种常见的体态语言：手势、眼神和表情。

第一节　手势练习方法

演讲原理篇介绍了几种手势的种类。现在我们练习一下由著名演讲家颜永平老师总结出的具体的11种手势动作要领。

（1）伸手（手心向上，前臂略直，手掌向前平伸，与身体形成90度）——表示请求、交流、许诺、肯定、认同、欢迎、诚实等意思。

例如：尊敬的（左伸手）各位领导、各位来宾（右伸手），大家好！

给人民当牛做马的人（左伸手），人民把他抬得（右伸手）很高很高（双抬手）！

特别强调的是，伸手动作是演讲手势动作的基础，这个动作做好了、规范了、定型了，其他手势动作就容易到位了。

手势动作看似简单但要求很高，具体来说有四个基本要求：由下往上，手心向上，四指并拢，拇指打开。

（2）抬手（单手或双手心向上，两臂抬起，与身体形成45度）——表示问好、祝福、祈求、号召、唤起、激情、友好等。

例如：越是伟大的事业（左伸手），越是充满挑战（右伸手），越需要知重负重。（双抬手）

学好演讲（右伸手）实现梦想（右抬手），练好口才（双伸手）成就美好未来（双抬手）！

（3）举手（五指朝天，前臂垂直，手掌举到耳朵的高度，手心朝面部）——表示行动、肯定、赞美、希望、激昂、动情、歌颂等。

例如：让青春在（单伸手）祖国和人民（双伸手）最需要的地方（双抬手）绽放绚丽之花！（双举手）

（4）挥手（双手或单手由“举手”的位置上升到头部以上，尽情地向上略向前伸展）——表示激动、兴奋、果断、鼓动、呼吁、前进、奋斗等。

例如：努力吧！奋斗吧（单伸手）！我们的（双伸手）明天（双抬手）一定会（双举手）更加美好！（双挥手）

（5）推手（手掌在中区位置，手心朝外或朝侧面，手臂和大臂呈45度）——表示坚决、否认、果断、排斥、拒绝、势不可挡等。

例如：谁不属于（单伸手）自己的祖国（双伸手），那么，他也就不属于人类。（双推手或单推手）

（6）压手（手心向下，前臂由“抬手”的手位轻轻地下压至腹部皮带处前的位置）——表示安静、否认、停止、反对、压抑、悲观、消极或气愤等。

例如：谁若把金钱（单伸手）看得比荣誉还尊贵（双抬手），谁就会从（双举手）高贵降到低贱（双压手）。

（7）侧手（手掌放在身体一侧的中区，手心朝前，手指指向侧面，一般多用于单手）——这个手势可以包罗万象，指示人物和事物，说明问题、阐述观点，也表示神秘、强调、指责、批评等。

例如：你要想获得幸福（右伸手），你就得给世界创造价值（右侧手）！

（8）摆手（在“侧手”的位置，手心朝前，前臂在侧面中区位置一上一下就可以了）——表示反感、蔑视、否认、失望、不屑一顾等。

例如：一个人的价值（左伸手），应该看他贡献了什么（左侧手），而不应当看他取得什么（左摆手）。

一个人的讲话水平（右伸手），决定自己成功的程度（右举手）；一个企业家的讲话水平（右侧手），决定企业发展的速度（右摆手）。

（9）心手（五指并拢、稍稍弯曲，自然放在胸前）——表示自己、祝福、希望、自信、自豪、心愿、心情、心态等。

例如：爱国魂（左伸手）是最纯洁的灵魂（左心手），爱国心（双伸手）是最美好的心灵。（双心手）

（10）合手（两手的手心相连，双手合一，自然地放在肚脐眼部位）——表示亲密、团结、联合、欢迎、好感、接洽、积极、同意、提问等。

例如：爱国主义（左伸手）就是千百年来（右伸手）巩固起来的（合手）对自己祖国（双心手）的一种深厚（双伸手）的感情（再合手）。

（11）分手（两手由合而分，双手打开，做另一手势状）——根据打开后手势的区域不同分别表示反对、沉思、消极、安静（下区），赞同、乐观、积极、正能量（中区），兴奋、赞美、向上、美好（上区）等。

例如：亲爱的朋友们（左伸手），学演讲（右伸手）练口才吧（合手），我们（双手分开至中区抬手状）的明天一定更加（举手）精彩（挥手）！

来吧！（单伸手）朋友们（双伸手），让我们学好演讲（合手）实现梦想（抬手），练好口才（举手）成就美好未来（挥手）！

从以上手势动作表达的意义来看，我们重点介绍数字性手势、描述性手势、特定性手势，进行针对性练习。

一、表达数字

演讲者经常会在演讲中对其观点用“第一，第二，第三”这样的逻辑性很强的数字呈现。那么，在运用数字时，演讲者可以辅助数字性手势进行演讲，不仅可以吸引听众的注意力、加深听众的印象，也可以提升演讲效果。

表达数字的手势练习，可以同时用双手准确表达数字：1、2、3、4、5、6、7、8、9、10……看能表达到多少？

表达数字时，切记慎用“一指禅”等，这样对观众指指点点，非常不礼貌，要注意做手势时观众的感受和反应。

二、描述景物

一般适用于演讲者描述场景、叙述事件、展现人物动作、表情、状态时运用。没有固定的描述性手势，一般演讲者会根据演讲内容的变化而变化手势，这一类手势非常考验演讲者的现场表现力和控场能力。在描述时，演讲者的表情、体态都要相互配合，这正是对“演讲”之“演”的最好解读，体现演讲者“演”的功底。

我们尝试用手势描述以下动作，同时可配合其他体态语言：

界碑矗立、高山流水、花儿开放、穿针引线、老虎扑食。

三、特定意义

在长期的社会实践过程中，手势被赋予了种种特定的含义，具有丰富的表现力。演讲者辅助于这些手势增加表达的力量感，契合于演讲内容，易于打动观众。常用的特定含义手势有：

握拳式：握紧你的拳头，一只手或两只手放在胸前，有力量感，表示有信心、有底气，展现自信积极。

拇指式：大拇指向上，其他手指弯曲，表示肯定、鼓励、支持、赞美。

食指式：在食指位置，食指伸出，其他手指合在一起，手臂伸直，食指在空中，表示强调，引起重视。注意一定不要指向观众。

伸手式：手掌向上、手掌向前平、前臂伸直，表示请求、渴望、欢迎等。在演讲现场邀请观众上台互动，也可以用这个手势。

特定含义的手势还有很多，演讲者可以根据自己的演讲需要，结合具体情境灵活运用，在运用时一定要将手势的积极作用展现出来，而不要乱用、误用，否则会显得低俗不雅。

手势在演讲中的作用多种多样，善于运用手势可以扩大其思维能力，加强其形象表达，增强其情感色彩，但毕竟手势是一种辅助手段，不能喧宾夺主，所以手势的运用还是要契合演讲的内容，不能画蛇添足，要尽可能成为画龙点睛的“点睛”之笔。此外，演讲者要有根据内容及现场状况临时调整手势、变化手势及驾驭手势的能力，也要知道手势一定要做得自然、生动，不刻意，不造作。

手势一定是边讲边说，所谓“声音停动作止”。不能话音已落，再去补充，这样太生硬，会影响表达效果和观众感受。也不能话音还没落，动作已做完。

手势要大方得体到位，要么不出手，要么就出到位。要出不出，会有畏缩小气之感。不要拘泥、束缚，做手势的时候要展现力度，体现出演讲者的良好精神面貌，

因此，在运用手势时一定要有热情有活力，让手势的表现力和感染力自然展现出来。手势虽是演讲中的辅助手段，但运用得灵活巧妙，对演讲效果会有大幅度提升，在平时交际中也要多用多练手势，发挥手势对沟通的积极作用。

第二节　眼神练习方法

一、环视

即目光有节奏或周期性地环视全场。目的主要在于掌握整个演讲现场动态，照顾全场，统帅全局。运用这种方法、可使全场听众产生亲近感。但必须注意：一定要照顾全局，不可忽视任何角落的听众，头部摆动幅度不宜过大，眼珠不可肆意乱转。

用眼睛环视现场听众时，要求演讲者的视线从舞台的左、右、前、后来回移动，与现场全部观众保持目光交流，增强眼神的互动，体会听众的感受，增加演讲的感染力，将观众带入到演讲氛围中。

通常说“舞台有多大，眼睛看多远”。这就要求演讲者，无论观众是在墙角，还是在窗边，都一定对全场观众行注目礼，哪怕观众在角落，也要通过眼神让其感受到被关注。眼神交流是照顾观众情绪、体会关注感受、对观众表示尊重最有效的方式。用眼神照顾好观众的感受，表示对全场观众的尊重。

在环视时要注意目光温和、亲切，可适当微笑，当然要根据演讲内容和情感基调不断调整目光，切忌盲目乱瞟。环视的角度、幅度都要自然适中，不要频繁晃动，在每一个方位都要根据说话内容及观众反应有适当的目光停顿，再将目光移动到其他位置。

演讲开场，眼睛环视，可以起到控场的作用。比如，当你站定到舞台中央C

位时，请不要着急开口，先用3秒环视中后方2/3的位置，环视一圈看一看，让观众把眼神注意力放到你的身上，你再开口。这就是演讲要想入脑入心，首先要入耳入座。这三秒就是黄金3秒，也是Hold场，用眼神Hold场，未开口，神先定。

二、凝视

即有目的、有针对性地重点注视某一局部听众。运用这种方法，可对专心致志的热心听众表示赞许和感谢，对有疑问和感到困难的听众进行引导和启发，对想询问的听众给予支持和鼓励，对影响现场秩序的听众进行制止。

在演讲现场，一定不是所有观众都聚精会神注视演讲者，也会存在观众心不在焉“不在场”的状态。但是也一定有很多全神贯注在听，并且表情伴随着演讲者的情感“一起欢喜一起忧”、完全被演讲者带入的观众。对这样进入状态、非常专注的观众，要运用凝视法与其交流情感，表示对其情绪的理解、尊重，从而达到共鸣、共情。

一般专注在听的观众会根据演讲者的内容、表情和演讲状态，而产生眉头紧锁、抽泣哽咽、拍手肯定、点头示意、微笑认同等反应，演讲者应该对专注在听的观众给予眼神的凝视。除此之外，对于参加演讲比赛的选手而言，与评委进行凝视交流也很有必要，用眼神抓住评委的心，使其进入到演讲氛围中，产生更为深刻的印象。凝视时目光也要温和亲切，不要带有负面情绪，要更多展现自己演讲的投入状态，把观众带入到演讲的情感中。

三、虚视

即似看非看，也就是说眼睛虽然看着观众，但其实也没有真正在看，只是形式上的注视，而心里其实在想自己要说的内容和自己演讲的结构框架。运用这种方法可显示出演讲者端庄大方的神态，可引导听众进入描述的意境之中，还可烘托气氛。但应注意使用不可频繁，以免给人以傲慢的感觉。

比如当你演讲到“雄鹰在天空中翱翔”这一句时，眼神看向天空。虽然视线会被现场的屋顶遮挡，但你的视线也要穿过屋顶投向苍穹，仿佛真的看到了雄鹰在翱翔。眼前之景虽是虚幻，却也要在脑海中浮现真实的画面，做到真听真看真感受。

无论使用哪种眼神，都是为了表达一定的思想内容和感情，绝不可漫无目的地故弄玄虚。眼神的运用要同有声语言和其他体态动作密切结合，协调一致。同时，在运用眼神时，应当表现出信心和活力，显出风度。

“眼睛会说话”“眼睛是心灵的窗户”。演讲者可通过丰富巧妙的眼神“眉目传情”，影响听众情绪，调整会场气氛。眼神运用的这三种方法一定不是单一的孤立存在于演讲中，而是在整场演讲过程中根据演讲内容和演讲者状态不断变化，即一场演讲往往这三种眼神都要有。要把握好前两种“实”的眼神和后一种“虚”的眼神之间灵活切换。与观众交流时，“目中有人”用环视和凝视进行眼神交流；描述画面时，“目中无人”用虚视进行情景再现。

因此，演讲者要多练习眼神的运用。以下是“眼神操”，大家可以跟着节拍进行练习。

预备动作：保持立正姿势。

第一节：眼睑抬放

第一个八拍动作要领：眼睑缓慢抬起，眼睛瞪至最大，正视看清前方。

第二个八拍动作要领：眼睑渐渐放松，眼球回缩，虚视前方。

第二节：左右运动

第一个八拍动作要领：眼光自左向右缓慢扫视，直至最右，努力看清视线内物象。

第二个八拍动作要领：由右向左反向扫视，方法相同。

第三节：上下运动

第一个八拍动作要领：眼光由下向上缓慢扫视，眼睑尽量上抬，直至最上方，努力看清视线之内物象。

第二个八拍动作要领：眼光由上向下缓慢扫视，直至看见自己前胸。

第四节：左右斜视

第一个八拍动作要领：眼光缓慢向左斜上方斜视，左眼睑比右眼睑抬得高。

第二个八拍动作要领：眼光缓慢向右斜下方斜视，右眼比左眼用力稍大些。

第三个八拍动作要领：眼光缓慢向右斜上方斜视，右眼睑比左眼睑抬得高。

第四个八拍动作要领：眼光缓慢向左斜下方斜视，左眼比右眼用力稍大些。

第五节：圆周运动

第一个八拍动作要领：双眼从左侧扫视起，经由上—右—下方向，按顺时针转动一周，环视幅度尽可能大，速度均匀。

第二个八拍动作要领：方法同上，按逆时针方向转动一周。

“眼神操”可提高眼球、眼睑运动的幅度、灵活性和可控能力。练习时可以根据实际情况增加节拍和加快速度。

第三节　姿态练习方法

演讲者的身体姿态和身体动作是一种提升演讲者形象、辅助口语传情达意、增加演讲表现力和感染力的无声语言。从演讲者走上舞台到完成演讲离开舞台，一般包括：走姿、站姿、鞠躬。

一、走姿

走姿是最能体现演讲者精神面貌的体态，当主持人说“有请演讲者……闪亮登场”时，所有的观众都会注视到从候场区走向舞台的这位演讲者，那么演讲者的走路姿势也会决定大家对他的第一印象。如果是迈着矫健的步伐、精神抖擞地走向舞台，肯定会给人神采奕奕的感觉，观众也会非常期待他的演讲；如果是精神萎靡不振、驼背哈腰、走路毫无精气神，那么肯定也给人产生很糟糕的印象。所以在正式开口之前，演讲者一定要关注自己的体态，这是演讲成功的第一步。

怎样的走姿才挺拔？挺胸抬头，目视前方，双肩下送，后腿挺直。这里有三点注意事项：

一是面带微笑看向观众，自然大方地走上台来。这当然是有些难度的，需要注意细节并加强练习。看观众的时候不是只用眼睛看，而是上半身侧过来看向观众，露出自信大方的微笑。

二是走路时表情要温和，可根据具体场合情境选择适度微笑，表情不宜夸张，注意沉稳。

走姿的一般要求：自然、轻盈、敏捷、矫健。自然而不别扭，轻盈而不鲁莽，敏捷而不笨拙，矫健而不自卑。

切忌步伐过快过急，不要踮脚走路，不要耸肩，不要拖着步子、时快时慢，这样易给人自卑或紧张的感觉。要避免八字脚、脚尖内扣、鞋跟拖地、驼背、腆肚子、斜肩等不好的走路姿态。走姿不自然时候，就会出现企鹅步、跳舞步、机器步等，这样会给观众留下不好的印象，所以走姿一定要注意练习。

三是演讲时可以根据内容需要适当小幅度移步。一般向前移步表示积极意义，如进步、进取、支持、肯定、坚信等；向后移步则表示消极意义，如倒退、退让、否定、颓丧等；向左右移动时一般表示对某一侧听众的关注，幅度不要过大，更不要频率过高。

二、站姿

站姿是演讲中最常见的体态语，因为大多数演讲都是站立演讲，所以如何站、怎样站可以体现演讲者的精气神，还是很有必要进行了解。

站的时候一定要挺胸抬头，目视前方，切忌驼背。男生站姿和女生站姿有一些不同：

（1）男士一般双腿自然分开，两脚之间距离不能太小，也不能太大；女士双腿并拢，一般不要分开。

（2）男士双臂一般自然垂下，放置于裤缝两边，伴随说话自然地做手势；女士手臂自然垂下或者交叉放于腹前。男生站立时手不要背后或者交叉放于前面，而女生是可以将手臂交叉放于腹前，但是一定不要僵硬，更别始终保持这一姿势，要形体自然。

（3）男士站时脚分开，不宜八字脚；女士脚可以呈“丁字步”，即前面一只脚放在后面一只脚的足弓处，两只脚之间的夹角是30度，站立时重心应放在前面那只脚上。

站立时目视前方，表情自然，可根据场合有适当微笑。注意一定不要驼背，要挺胸抬头，展现精神抖擞的面貌，这样可以给观众留下好的印象。

三、鞠躬

演讲者迈着矫健的步伐来到舞台中间，站立注视观众后一般会进行鞠躬礼。鞠躬，意思是弯身行礼，是表示对他人尊重的一种礼节。公众演讲通过鞠躬礼表示演讲开始，展现对现场评委及观众的尊重。鞠躬礼是容易被忽视的，但在重要场合做得不合适，也会经常闹笑话。

鞠躬需要注意以下八点：

（1）在特定场合站立稳当后进行鞠躬礼，切记不能没有站稳就问好，这样会显得过急过躁、不够沉稳。

（2）鞠躬不是越低就越好，一般鞠躬以30度和45度为基准，在特殊场合情境下对他人表示忏悔时可以鞠躬到90度，但正常演讲场合鞠躬30度或45度就可以。

（3）鞠躬时如果需要向大家问好，一般是先鞠躬再问好，不要边鞠躬边问好。"先鞠躬"表示对大家的尊重，"再问好"就可以顺利地开始自己的演讲了。

（4）鞠躬时目光应向下看脚尖，表示谦恭，不要一面鞠躬、一面试图翻起眼睛看观众。

（5）鞠躬时要注意如果戴着帽子时，应将帽子摘下，因为戴帽子鞠躬既不礼貌，也容易滑落，使自己处于尴尬境地。

（6）鞠躬时男士双手放在身体两侧，女士双手合起放在身体前面。

（7）鞠躬时，弯腰速度适中，之后抬头直腰，动作可慢慢做，这样令人感觉很舒服。

（8）鞠躬是腰部带动脊椎在动，不是脑袋在动，脖子不可伸得太长，不可挺出下颏。

总之，鞠躬要自然，不刻板，不随意，体现对观众的尊重。因我们日常生活中不常用鞠躬礼，建议一定要加强训练，可以通过录像或者照镜子的方式，查看自己的鞠躬是否到位、美观、自然、大方。

？思考与训练

1. 请在练习绕口令《数枣》时，在每一行下方对应语句横线处标注并配合做手势动作。

绕口令

《数枣》

出东门，过大桥，大桥底下一树枣，

手势：中区、手心向上 __________ __________

拿着竿子去打枣，青的多红的少。

手势：__________ __________

一颗枣、两颗枣、三颗枣、四颗枣、五颗枣

手势：__________ __________ __________ __________ __________

六颗枣、七颗枣、八颗枣、九颗枣、十颗枣

手势：__________ __________ __________ __________ __________

十颗枣、九颗枣、八颗枣、七颗枣、六颗枣

手势：__________ __________ __________ __________ __________

五颗枣、四颗枣、三颗枣、两颗枣、一颗枣，

手势：__________ __________ __________ __________ __________

这是一段绕口令，一气说完才算好。

手势：__________ __________

2. 从手势活动的区域来看，可分为：上区、中区和下区，上区在胸部以上，中区在胸腹之间，下区在腹部以下，请问分别表达什么？

上区手势表达________________

中区手势表达________________

下区手势表达________________

3. 两人“一对一”凝视，眼睛睁大，不眨动，保持3分钟。

4. 眼神有正视、仰视、斜视、俯视等不同角度，同学们按照这些角度进行练习，体会一下不同角度一般有何不同含义？

正视表示：________________

仰视表示：________________

斜视表示：________________

俯视表示：________________

5. 结合本章知识点，试模拟从演讲上台、行走、站立舞台中央、鞠躬行礼到回座的过程。

6. 模拟以下各种笑：

微笑、冷笑、苦笑、暗笑、嘲笑、大笑、狂笑

7. 用手势表达下列意思：

加油 宣誓 号召 热爱 关心 痛苦 无奈 爱心 忏悔 愤怒 挑战

8. 请按以下内容练习手势：

左手关爱，右手真诚，
双手相连，祈祷平安；
侧手包罗万象，摆手抛开烦恼；
手指指示方向，拳头充满力量；
压手控制场面，抬手迎来勇气；
心手表达情感，推手势不可挡；
伸开左臂揽住幸福，
张开右臂抱住快乐，
双手打造美好明天！

第十四章 巧用道具 锦上添花——怎样使用辅助工具

演讲中常常会用到辅助工具，从目前演讲现状看，辅助工具主要有两大类：一种是演讲中展示的实用器具，另一种是常用的PPT 。练习使用辅助工具可以增强演讲效果。

第一节 辅助工具用处有多大

一、始终坚持以讲为主

演讲以内容为王，演讲内容的每一个字、每一句话主要表达方式还是演讲者的有声语言。演讲中可以不使用辅助工具，但不可能无有声语言。即便使用辅助工具，往往需要解释、说明，还是离不开讲。讲之所以占据主要地位，因为演讲是面对多人公众讲话，观众听到、看到的主体是演讲者，不同于解说、配音、朗诵等，演讲需要演讲者阐明观点、讲述理由、表达思想。一旦演讲中展示的器具或者使用的PPT占据上风，可能演讲就成了一次配音秀，或者是说明会。

例如，在一场演讲比赛中，一位选手讲述的是一个缉私的精彩故事，背景投放的是一部完整的视频，视频画面、音效似一部大片，观众自始至终都被大片吸引，演讲活动变成了观影活动，演讲成了配音，演讲者成为了配角，演讲者可有可无，在幕后做配音足矣。观众到底看什么、听什么？观众的目光归根结底还是要落到演讲者身上，耳朵归根结底还是要倾听演讲者的讲述。

二、辅助工具只能为辅

辅助工具定性为辅助，就一定占据次要地位。辅助工具可有可无，使用辅助工具的唯一目的是增强演讲效果。

先以展示的器具为例。一位选手以《一支钢笔》为题，讲述爸爸作为一名军人，送给自己一支刻有父亲名字的钢笔的故事。讲述中，演讲者将钢笔拿在手里现场展示，从钢笔上的名字开始，讲述爸爸的军人情怀，再讲到钢笔的由来，延伸到爸爸的嘱托，自己的传承。钢笔成了道具，现场感很强，让观众信服。

再以常用的PPT为例。PPT是PowerPoint的简称，是一款演示文稿软件，可以演示文字、图片、音乐、视频等，是演讲中常用的一种辅助工具。由于PPT功能比较强大完备，演讲选手往往会利用PPT来增强演讲效果。例如，王烁事迹报告会上，在广东广播电视台演播大厅，一位演讲者讲到王烁在支援武汉抗疫工作中牺牲后，请现场观众回看一段在PPT上植入的王烁生前与女儿其乐融融的视频，使现场观众的思念悲伤之情突破临界点，现场不少观众哽咽落泪，抽泣之声四起。这一段不到20秒的视频，起到了烘托气氛、情感抒发的重要作用，这是演讲者口头讲述所达不到的效果。

下面就是王烁生前同事赖丽丽的演讲稿《孝老爱亲的家风模范》（节选），其中播放视频段落的设计给演讲加分不少。

孝老爱亲的家风模范

演讲者：赖丽丽

大家好，我是省职防院门诊部护士长赖丽丽，也是王烁和他妻子吴霞的同事。

……

下面请大家随着我一起回到3月13日那个夜晚，那天晚上7点多，吴霞迟迟没有收到与王烁约定的报平安视频，打了好多电话也没人接，吴霞开始紧张起来，在家里坐立不安。晚上9点多，吴霞被接回医院办公室，当她看到院长凝重的神情，一股不祥的预感罩在心头，院长沉重地说："王烁出了车祸正在抢救。"当天晚上所有人都在祈祷，都在焦灼地等待王烁的消息。

晚上11点湖北荆州传来噩耗——王烁牺牲了。刹那间，吴霞觉得天塌了，她双腿一软瘫坐在地板上，哭着说："不可能，不可能！下午我还收到了王烁的微信，几个小时后他就这样走了？"接下来的日子，吴霞把自己关在房间呆呆地坐着不言不语，3天3夜咽不下一粒饭。王烁走了，她失去了丈夫，一双儿女失去了父亲，年迈的父母失去了唯一的儿子。想到这，吴霞心如刀割，泪流不止！

在吴霞的心里，王烁是一个好儿子、好女婿、好爸爸、好丈夫。

……

王烁是两个孩子的爸爸，他送给孩子最温暖的礼物就是陪伴。夜晚，一家人围坐在一起，他陪女儿弹钢琴唱歌，吴霞在旁边逗小宝玩。孩子们总是喜欢黏着爸爸，只要在他身边就咯咯咯笑个不停，吴霞时常记得他躺在沙发上，孩子们撒娇挠他的头，他乐得哈哈大笑，那笑声，仿佛现在她依然能听到。这是一段王烁牺牲前两个多月的视频，请看大屏幕（播放女儿过5岁生日时一家人其乐融融的视频）。

在孩子的眼里，爸爸是全能的，会说流利的英语、会弹钢琴，学识渊博，会讲故事。他给孩子们洗澡都像开亲子演唱会一样热闹。女儿四岁时，他已经把《西游记》的故事讲完了，他向孩子们承诺要讲遍四大名著和上下五千年。

如今，孩子们再也没有机会听爸爸讲故事了，吴霞说，她会用这一生来给孩子们讲英雄爸爸的故事。

……

好儿子、好女婿、好爸爸、好丈夫的故事，可谓爱之深、情之真、痛之切，36岁的王烁留给亲人无尽的思念。他孝亲爱家的点滴往事，让我们看到了一位不仅事业上有担当、有作为，生活中也有情有义的、闪烁人性光辉的立体王烁，让我们共同祝愿王烁的家人平安快乐。

三、辅助与否唯看效果

该不该用辅助工具？什么时候用辅助工具？辅助工具用多长时间？只有一个衡量标准，就是看演讲实际效果。如果是一个几分钟的演讲，能够为演讲效果增光添彩，那就用。如果是一个几个小时的大型专题演讲，那恐怕要考虑运用辅助工具，利用图片、音乐、视频、道具进行互动演绎，让演讲形式多样化。正如共和国演讲泰斗李燕杰所言，演讲要诗化、美化、艺术化。

如果辅助工具用不好，可能会适得其反。比如我们演讲中，一些演讲者尝试让观众尽可能理解演讲内容，往往把稿件中的文字均放在PPT中，这就导致演讲并非以讲为主，而是以看为主，不是听你讲，而是自己看。更令演讲者尴尬的是，当你说出来的话和PPT上展示出来的文字不相符时，毫无疑问地证明了你说的不准确；如果你要保证一字不差，往往会看着PPT上的文字“一念到底”，这又让你的演讲效果大打折扣。念稿不脱稿，是影响演讲效果最重要的因素。

其实，PPT是把双刃剑，用好了，增强效果；用不好，可能严重影响效果。演讲比赛中，除非硬性规定必须要使用PPT等辅助工具，一般情况下，你有PPT辅助工具，评委不一定给你加分；你没有PPT辅助工具，评委也不一定给你扣分；但你在PPT辅助工具运用中有问题，评委一定会给你扣分。从中可以看出，辅助工具使用与否，唯效果论。这一点，希望大家参加演讲活动时一定要有清晰而正确的认识。

第二节　辅助工具运用原则是什么

辅助工具运用已经越来越普及，特别是PPT的运用，已经成为演讲比赛、专题授课、日常教学中必不可少的工具，很多中小学生学习内容都有PPT制作。针对演讲而言，运用辅助工具需要考虑合理性、准确性、巧妙性原则。

一、合理性

合理性是指在演讲过程中，每一件道具、每一张图片、每一段视频、每一首音乐，它的出现都合情合理，与演讲内容完全吻合，不能使用没有意义的图片、文字和音乐，更不能使用错误的图片、文字和音乐。打个比方，你讲得意气风发、义愤填膺、慷慨激昂，你的音乐却舒缓轻柔、情意绵绵；你播放的视频和你的演讲内容关联不大，观众听不明、看不透；或者说你使用的辅助工具对观众来说不理解用意。

合理性原则需要把握每一张图片、每一帧视频画面、每一件道具、每一个文字，都是有意义的，都是与演讲内容密切相关的，都是能够增强演讲效果的。

一位演讲者在一场标题为《解放思路·实现跨越》的演讲中，向大家展示了一张迷宫图。迷宫图中，一只小老鼠迷惑地站在入口，演讲者让大家想，如果自己是图中的小老鼠，如何才能快速找到出口？“如果你在这个迷宫的出口，能用怎样的方法快速找到出口呢？”演讲者告诉大家：如果采访现场的观众，相信99%的人都会努力寻找从迷宫进入。方向是没错，可是，同志们，何必纠结于一条出路，你们能不能开阔下思路，想想另外的方法呢？答案很简单，其实只要解放您的思想，从外围走就可以到达成功的彼岸。在我们工作中也是一样，只有解放思想，才能实现跨越创新！

演讲主题《解放思想·实现跨越》貌似有些晦涩难懂，很容易谈到政治事件或历史事件，流于空泛。而这位演讲者化繁为简，用一个简单有趣的迷宫图来现场设问，引发听众的思考。原来，要找到迷宫的出口，不一定非要绕到里面走，只要解放思想，即变得“不拘一格”，就能快速找到答案。用这样的道具不但有别于其他选手的演讲形式，还让评委、观众参与进来，全盘掌握了整场演讲的节奏，最终获得了比赛的好名次。

二、准确性

准确性原则是指在演讲中决定使用辅助工具时，必须确保辅助工具准确无误无差错。这个准确性，有几个层面。

第一个层面，是包括道具和PPT本身是否准确，比如我们需要使用一面国旗，那PPT里的国旗是否符合《国旗法》的尺寸和比例？国旗的颜色是否正确？国旗上的五星准确位置在哪里？我们在组织演讲活动中发现，不少演讲者在网上随意下载一张国旗图片，没有考虑图片中国旗的方向，导致自己使用的国旗上，五星的位置由左上角变成右上角，这当然是大错特错了。

第二个层面是辅助图文没有错，但与你的演讲内容不匹配。比如，你在讲抗日战争，出现的图片是解放战争。图片本身没有错，但和你的演讲内容不匹配，配图有误。

第三个层面是播放的时机不准确。可能你的图文是准确的，与内容也是匹配的，但是你的图片出现的时机不准，不是时候。这就是我们通常说的PPT放快了，或者是放慢了，和内容错位了。

准确性原则需要我们把握辅助工具运用的方方面面，各个环节，不能有丝毫差错，否则就会弄巧成拙。

如一位演讲者在一场《人生需要能量》的演讲中，一开始就展示了一部先进的手机：

> “大家好，在演讲的开始，我先向大家‘炫富’一下，这是一部目前比较先进的手机。但就是如此好的一部手机，如果没电了，就不能工作了。这就好比我们人，各项活动都需要电池的能量来维持，电池每天都在释放能量，因此需要不断充电。一个人如果没有及时为自己充电，那么就会在能量释放之后，不再具有连通外界的能力，变得与社会脱节……”

《人生需要能量》这个主题可以通过各种方式来讲，在这里，演讲者形象地借用手机没电，告诉我们能量的重要性，以此揭示主题。用贴近日常生活的道具来引出演讲的喻意，会让人感觉很奇特而又顺理成章，从而达到出奇制胜的目的。

三、巧妙性

巧妙性原则是指在演讲过程中，我们的辅助工具要用得巧，巧在意料之外、情理之中；用得妙，妙在妙不可言、豁然开朗。演讲中，我们经常会看到一些辅助工具设置巧妙，与演讲内容相互映衬，使演讲效果倍增的情况。

比如，在1919年巴黎和会上，顾维钧开讲一出手、一开场就是道具，一下子打开局面，瞬间吸引住全场人员，道具运用出神入化，情节设置巧妙无比，情绪铺垫层层递进，铿锵演讲一气呵成。我们可以通过下面的演讲词体会一番。

提示：第一次世界大战以后，中国作为战胜国之一出席了1919年在巴黎凡尔赛宫召开的巴黎和会。会上，英、美、法等国暗通日本，要把德国窃取的中国山东的特权转交给日本，激起了中国人民的强烈反对，爆发了轰轰烈烈的“五四”运动。在巴黎和会上，中国代表团也据理力争，慷慨陈词，最终拒绝在出卖中国利益的巴黎和约上签字。这篇演讲稿就是中国代表团主要成员顾维钧先生当时的发言。

在巴黎和会上的演讲

顾维钧

在我发言之前，请大家先看一样东西。进入会场的时候，牧野先生为了讨好我，争得在中国山东省的特权，把这块金表送给了我。（牧野："我抗议，这是盗窃！中国代表偷了我的怀表，这是公开的盗窃！无耻，极端的无耻！"）牧野男爵愤怒了！他真的愤怒了！姑且就算我偷了牧野男爵的金表，那么我倒想问问牧野男爵，你们日本，你们日本在全世界面前偷了中国的一个山东省，山东省三千六百万人民该不该愤怒！四万万中国人民该不该愤怒！请问日本的这个行为算不算偷窃？是不是无耻？是不是极端的无耻！

山东是中国文化的摇篮，中国的圣哲孔子、孟子就诞生在这片土地上，孔子，犹如西方的耶稣。山东是中国的，无论从经济上、战略上，还是宗教文化。中国不能失去山东，就像西方不能失去耶路撒冷。尊敬的主席阁下，尊敬的各位代表，我很高兴能代表中国参加此次和会，我自感责任重大，因为我是代表了占世界人口四分之一的中国在这里发言。刚才牧野先生说，中国是未出一兵一卒的战胜国，这是无视最起码的事实。请看，一张张战争期间的照片（出示照片）。

战争期间，中国派往欧洲的华工就达十四万，他们遍布战争的各个角落，他们和战胜国的军人一样，在流血在牺牲。请看这是一张在法国牺牲的华工墓地的照片，像这样的墓地在法国就有十几个，而他们大多来自中国的山东省。他们为了什么，就是为了赢得这场战争，换回自己家园的和平和安宁。因此，中国代表团深信会议在考虑讨论中国山东省问题的时候，会考虑到中国的基本合法权益，也就是主权和领土完整，否则亚洲将会有无数灵魂在哭泣，世界将不会得到安宁。但是，最让中国代表团无法相信的是，尊敬的各位代表居然做出了如此让人无法接受的决定。我很失望，最高委员会无视中国人民的存在，出卖了作为战胜国的中国，我很愤怒，我很愤怒！你们凭什么，凭什么把中国的山东省送给日本人。中国人已经做到仁至义尽。我想问问，我想问问这份丧权辱国的和约，谁能接受！

所以，我们拒绝签字，请你们记住，请你们记住，中国人永远不会忘记这沉痛的一天！

第三节　辅助工具有哪些禁忌

一、忌喧宾夺主

在使用PPT过程中，如果PPT完全吸引了观众的目光，而忽略了演讲者本人，这就是典型的喧宾夺主。我们到底是看PPT，还是听你演讲？这是每一位演讲者要认真思考的问题。

在各种演讲活动中，很多人把PPT做得非常精美，整个演讲就是一个视频，片子拍得非常好、非常大气。讲完后，试问这位演讲者，你是这部影片的解说员吗？你是放映一部精美绝伦的超级大片给我们看，然后你再配着解说吗？如果是这样，你在幕后解说或者配音就可以了。这就是过度使用辅助工具，把辅助工具作为主要的演讲方式，而演讲者本人成为辅助工具，这就是本末倒置，就是喧宾夺主。

二、忌用翻页笔

在使用PPT的过程中，很多人喜欢上台用翻页笔，而且经常纠结能不能带翻页笔上台。现在可以肯定地回答：除非是上课，否则不要拿。拿翻页笔给观众的第一感觉，你是来给我们上课的，不是来给我们演讲的。你的手在台上挥来挥去，翻页以后你还会看屏幕确认这一页是否翻过来，手的动作，眼神的游离，注意力从屏幕再回到观众，这些都会严重干扰演讲者本身演讲，严重干扰观众专注听讲，进而严重影响演讲效果。所以，演讲者一旦拿着翻页笔上台，不用张口，基本注定不能成功了。

那怎么办呢？要么做成PPT以视频方式自动播放，你开讲时PPT就一直往下播，每一个环节高度吻合。这样做的弊端是演讲速度分秒吻合，演讲节奏严丝合缝。但这一点，很多演讲者不容易做到。有个问题，如果讲慢了、快了或者是忘词卡壳了，那PPT的播放就一定与你的演讲脱节不符。最稳妥的方法，是辅助人员人工后台操作。

三、忌全程配乐

很多演讲者喜欢在演讲中配乐，还热衷于一配就从头配到尾。大家可以想一下，一次成功的演讲，往往有节奏快慢缓急、语调轻重高低、故事跌宕起伏、情感曲折波澜，而音乐往往是一个节拍、一种情调，无法与演讲内容的情绪变化合拍，音乐的节奏跟不上演讲的节奏。相反，演讲的节奏却被音乐带着“跑”。原本紧张、激动、豪迈的情绪，只能合着一段舒缓的《献给爱丽丝》钢琴曲慢悠悠地演讲；或者是你想娓娓道来的时候，却随着激昂的《命运交响曲》激昂表达。

所以，当你演讲想要配乐时，一定要问自己三个问题：一定要配乐吗？一定要全场都配乐吗？配乐就只有这个调吗？

如果一定要配乐，相对较好的方式是专业人员根据演讲的表达效果，专门为你的演讲谱曲配乐。但这样做又有一个相对不足之处，就是演讲内容、表达方式、节奏快慢都无法再变化，这种量身定制的配乐只有当时的这“款”演讲稿才适合，其他稿件就基本不适合了。加之演讲中，配乐音量过大是很普遍的现象，演讲者生怕自己和观众听不到音乐，事实上听的是“噪音”，听不清讲什么。所以在使用辅助工具的时候，时刻不要忘记，演讲以讲为主，辅助工具只能为辅，用不用辅助工具均以增强演讲效果为主，如果不能保证演讲效果，辅助工具宁愿少用或者不用。

? 思考与训练

1. 辅助工具在演讲中处于“辅”的地位，你可以列出多少件辅助工具？

辅助工具罗列：________________________________

2. 试以本书为道具，给同学们作一个学习“推介”。

3. 以《我的父亲》为题，讲述一个与父亲在一起的感人故事，配不少于5页的PPT。

4. 除文中所列辅助工具禁忌事项之外，你认为还有哪些需要注意的地方？

注意事项1：________________________________

注意事项2：____

注意事项3：____

……

5. 请为《可爱的中国》朗诵稿制作背景PPT并配乐，尝试朗诵三遍。

可爱的中国

方志敏

朋友！中国是生育我们的母亲。你们觉得这位母亲可爱吗？我想你们是和我一样的见解，都觉得这位母亲是蛮可爱蛮可爱的。

以言气候，中国处于温带，不十分热，也不十分冷，好像我们母亲的体温，不高不低，最适宜于孩儿们的偎依。以言国土，中国土地广大，纵横万数千里，好像我们的母亲是一个身体魁大、胸宽背阔的妇人。

中国土地的生产力是无限的，地底蕴藏着未开发的宝藏也是无限的，又岂不象征着我们的母亲，保有着无穷的乳汁，无穷的力量，以养育她四万万的孩儿？我想世界上再没有比她养得更多的孩子的母亲吧。中国是无地不美，到处皆景，这好像我们的母亲，她是一个天姿玉质的美人，她的身体的每一部分，都有令人爱慕之美。

中国海岸线之长而且弯曲，照现代艺术家说来，这象征我们母亲富有曲线美吧。中国民族在很早以前，就造起了一座万里长城和开凿了几千里的运河，这就证明中国民族伟大无比的创造力！

中国在战斗之中一旦得到了自由与解放，这种创造力，将会无限地发挥出来。到那时，到处都是活跃的创造，到处都是日新月异的进步。

欢歌将代替了悲叹，笑脸将代替了哭脸，富裕将代替了贫穷，康健将代替了疾病，智慧将代替了愚昧，友爱将代替了仇杀，生之快乐将代替了死之忧伤，明媚的花园将代替了凄凉的荒地！

这时，我们民族就可以无愧色地立在人类的面前，而生育我们的母亲，也会最美丽地装饰起来，与世界上各位母亲平等地携手了。

这么光荣的一天，决不在辽远的将来，而在很近的将来！这么光荣的一天，决不在辽远的将来，而在很近的将来！

6. 请在以下这篇《一根永不褪色的红布带》演讲中，体会配乐与不配乐、配图与不配图的区别。

一根永不褪色的红布带

丘水凤

今天，想跟大家分享一件普通却不平凡的国宝。这是一根红布带，是广州起义纪念馆的镇馆之宝，更是国家一级文物。看似普通的红布带，为什么会被评为国家一级文物？小小的它又饱含着怎样的历史深意呢？

让我们将时针拨回到1927年12月11日的凌晨，随着三声炮响，三颗耀眼的红色信号弹腾空而起，划破广州沉沉的夜空。在张太雷、叶挺、叶剑英的领导下，发动了广州起义。参加起义的人员来自各行各业，有工人、农民和士兵，大家没有统一的服装。在起义之前，总指挥部决定，凡是参加起义的人员，需要统一佩戴红布带以便区分敌我。由于起义计划泄露，起义被迫提前一天进行，因此红布带的数量准备得并不充足，很多参加起义的军民便到商店买来白布染成红色，绑在手臂上和脖颈上作为标记。

但没想到的是，广州起义的第二天遇到阴雨天，红布带遇到雨水掉了色，不少起义军民的手臂和脖颈上都留下了红印。国民党重占广州城以后，对全城进行大屠杀，凡在身上留有红印痕者皆被杀害。徐向前元帅在后来的回忆录里说道："敌人就像得了'恐红病'，只要从哪家翻出一张红布、一块红绸子，或者见到一个说北方话的人，不问青红皂白，抓来就杀掉，甚至连穿红衣服的新娘子，也被推到火里烧死了。"惨遭杀害的起义军民5700余人。

而这根保存下来的红布带，是当年工人赤卫队第一联队中队长杨馨坤使用过的识别带，他在撤退时，将红布带藏进贴身衣袋，奋力冲出敌人的围截，一路冒着生命危险将它带回了家乡英德，并小心翼翼地藏进一个装骨灰的陶埕里，秘密埋在山岗上。而杨馨坤后来在参加广宁农民起义时不幸壮烈牺牲，他曾经用生命守护的这根红布带，在和平时代由其家人捐献给了国家，成为了广州起义的历史见证。

就是这样一根普普通通的红布带，见证了90多前的这场红色风暴。后来，一位参加了这场起义的共产党员回忆说，他们私下把这根红布带称为“牺牲带”，系上它，就意味着随时准备为革命献身，在起义前，战士们互相交代的话只有两句，一句是“如果我在战斗中牺牲了，请记得转告我的老母亲，她的孩子是什么时候什么地方牺牲的”；另一句是“等将来革命胜利了，请记得为我在革命烈士的名册上也登上一个名字吧”。可是，在这场起义中牺牲的烈士们，大多无名无姓，甚至尸骨无存。他们身上佩戴的红布带随着鲜血被践踏在战火的废墟中，但不屈的红色火种却在人们心中种了下来！

这根红布带跨越时空，见证着那段战火纷飞的峥嵘岁月；记录着中国共产党奋勇抗争的百年历程；承载着催人奋进的红色传统和红色基因；彰显着中国共产党为人民谋幸福、为民族谋复兴的家国情怀。这根用鲜血染红的红布带，将铭刻在历史的丰碑上，永不褪色。

第十五章 镇定自若　挥洒自如——演讲者怎样掌控演讲现场

第一节　演讲者应有的心理品质

写好了演讲稿，试讲顺利，自己也较满意，是不是一定能在演讲现场讲好呢？不一定，充分的准备是演讲成功的必要条件，没有不行，有了也未必一定能行。要临场讲好，还必须具有热情、果断、自信、镇定这些良好的心理品质，还要有适应演讲特殊时空环境的能力，更要进行刻苦的训练。

演讲的时空环境较为复杂特殊，它不同于平日一般的社会活动。演讲者面临的对象往往是生疏的、听众频繁变换，演讲现场情况也千差万别。加之，演讲者往往是肩负特殊使命，为强烈的责任心所驱使。因而，必然要承受一定的心理负担。平日习惯性的常规方法往往不能适应，必然产生心理不平衡。演讲者只有具备良好的心理素质，才能排除不良环境的影响，充分发挥自己的演讲才智。

一、心理定式与成功欲

演讲者置身于演讲环境时的心理准备，就是演讲行为的心理定式。心理定式使人们以比较固定的方式去进行认知，或作出行为反应。当环境不变时，人们能够应用已掌握的方法迅速解决问题。而当情境发生变化时，它就会妨碍人们采取新的方法去解决问题。因此，演讲者在演讲时，首先形成一种与时空环境相适应的心理定式是非常必要的。

生理学和心理学的相关研究成果表明：凡发育正常，有一定文化知识的人，当心理状态达到最佳程度时，就会思想开阔、思维敏捷、精力集中、记忆清晰、感情丰富、动作协调。心理状态达到最佳状态，情绪随之高涨，有利于增强自信心，驱逐恐惧感；有利于集中注意力，排除杂念；有利于驱除紧张感、孤独感、畏怯感、烦恼感等影响演讲的特殊心理，使演讲者演说时不会瞻前顾后、放不开嗓门、放不开手脚。

要形成演讲的心理定式，既要有演讲的需要，又要进入一定的演讲环境。试想，如果一个人本身没有演讲的需要，即使进入演讲现场，也不会产生演讲心理定式；同样，一个人即使有强烈而迫切的演讲需要，若没有一定的环境和一定的听众，也是徒然。只有当演讲需要和演讲环境都具备时，演讲行为的心理定式才能形成。可见，演讲者要增强自己的心理定式，一方面要增强内在的激励因素，另一方要善于利用外在的时空环境，使之发挥最大的激励作用。

从时空环境方面来看，演讲中存在着一系列具有各种不同价值、能增强或削弱心理定式的情景。凡能使人产生昂扬情绪、提高自我价值感的时空环境，便能增强演讲者的良好心理定式。凡使人产生焦躁不安、心灰意懒情绪的时空环境，对演讲者良好心理定式的形成便会起削弱和阻滞作用。演讲者进入演讲的时空环境，要善于识别时空环境中那些起积极作用和消极作用的成分，自觉地把注意力集中到积极因素上，强化演讲优势，要努力剔除消极因素对自己心理定式的影响。

此外，演讲者还要掌握一些行之有效调动情绪的方法，诸如临场前逗乐引笑、朗诵名人诗词、观花赏画、欣赏音乐或作愉快的回忆等。总之，要使精神振奋、情绪高涨，以轻松兴奋的心情进入演讲角色。

演讲的需要是演讲者的内在激励因素。根据马斯洛的需要层次理论，演讲的需要是较高层次的需要。它既是人们的“社交需要”，也蕴含着“尊重需要”和“自我实现需要”。对不同的演讲者来说，各种需要的比例各不相同，因而所产生内在激励的大小也就不一样。要增强演讲者内在激励能量，强烈的成功欲和对目标价值的认知起着十分重要的作用。

马斯洛所说的需要，从某种意义上讲，其实就是欲望。人所共有的欲望，是人们一切实践活动的内驱力。欲望越强，动力越大。人们的演讲活动，都是为了达到某种预期的目的，获得某种具体的效果。演讲者对这种预期目标价值的认知愈深刻，成功的欲望就愈强。概括地讲，演讲的成功欲，主要表现为对社会效益和思想疏导等欲望的满足。

成功欲是促进事业成功的主观因素，能极大地促进人们主观能动性的发挥。在演讲活动中，强烈的成功欲是演讲成功的重要条件，是演讲者形成较强良好心理定式的重要因素。演讲者如果对成功缺乏强烈的欲望和追求，内驱力必然不足，在行动上就会表现为消极冷漠，影响演讲的效果。

当然，成功欲也不尽相同，不同的成功欲有着质的区别。有的高尚健康，也有的低级庸俗甚至反动。各种不同质的成功欲都能形成较强的心理定式，但是它们所产生的演讲效果是截然不同的。

二、观察力与分析力

观察是直接认识客观事物的表现，是一切智力活动的基础。观察力是指通过感官全面正确地认识客观事物的能力，是演讲者必备的基本功。从演讲动机的萌发、演讲主题的确定，到演讲材料的获取，几乎每一个环节，都渗透着观察的结果。临场演讲时，尤其需要有敏锐的观察力，要能洞察在场听众的心理，也就是及时发现和了解听众的反馈信息，以便随时调整自己的演讲内容和形式。

观察力与心理定式有着密切的关系。观察的目的在于期待演讲的成功，成功欲是调动观察的积极性、集中注意力或分配注意力的原动力。一个有强烈成功欲、形成了良好心理定式的演讲者，便能随时留心，抓住任何有用的外部信息，借以调整和丰富自己的演讲内容。例如，有位演讲者给听众谈《美的欣赏与追求》。当他步入现场，忽然发现墙上闪过一道白光，原来有位听众在偷偷照镜整容，镜子的反光在墙上形成一个光点。细心的演讲者立即捕捉到了这个瞬息即逝的细节，调整了自己的演讲内容。他触景生情，从这道白光谈起，说明爱美之心人皆有之，然后切入正题，使演讲在一种和谐融洽的气氛中顺利进行。试想，演讲者如果没有强烈的成功欲，他能够这样时时处处做“有心人”、激发起思维的创造性吗？

高超的控场艺术与特有的观察广度是分不开的。观察的广度，是指同一时间内观察所能把握对象的数量范围。观察广度大，就能在同样时间输入更多的信息。演讲者只有具有足够的观察广度，才能迅速全面地观察到台下众多的情况。同时，要做到随机控场，还要掌握观察的分配，即在同一时间内进行多种活动时，把观察指向不同的对象。

演讲者的观察应力求做到敏捷迅速，要符合客观实际，面向整体，贯穿始终。演讲的现场，情况复杂，听众的反应总是随演讲进行而随时变化的：有时凝神深思，有时喜形于色，有时悲愤激昂，有时探询议论，有时左顾右盼，有时烦躁不安。观察力强的演讲者一进入现场，就要充分利用自己的感官，从听众的眼神、表情、身姿及有意无意的各种声响中，体察出听众的情绪反应、情感趋向，了解听众的理论修养、文化素养和专业学识水平等，迅速推断出反馈信息的真实内涵，将反馈信息与自身演说行为结合起来分析，从而及时捕捉到有利时机，机智地进行内容和形式的调整，牢牢地掌握演讲的控制权，紧紧地把控听众的情绪。

心理学认为，要适当地分配注意力，就必须在同时进行的几种活动中，至少使其中一项活动达到完全熟练的程度，形成“动力定型”。否则，仅凭主观意识调节是靠不住的。所以，演讲者要达到观察准确、全面，首先必须对演讲内容“烂熟于心”，形成自动化的“动力定型”。

观察力与分析力是紧密相连的，人们的一切智力活动，都是在观察基础上进行的。而观察认知过程，总是自觉或不自觉地伴随着比较和鉴别。比如，感知火的光亮，是因为有其他不发光物的存在。光亮是相对黑暗而言，伟大是相对平凡和渺小而言。比较和鉴别离不开分析，分析就是“把一件事物、一种现象、一个概念分成较简单的组成部分，找出这些部分的本质属性和彼此之间的关系”。我们对任何一个事物进行观察、作出判断的过程，事实上都经历了一次分析综合的过程。可见，敏锐的观察力正是较强综合分析能力的表现。在临场演讲时，要“耳听六路、眼观八方”。要在眼、耳、口、手和脑的协调配合中，感知、理解、正确判断。这种综合分析在瞬间完成，要熟巧到几乎是随意而动。演讲者要提高自己的观察力，必须培养较强的综合分析能力。

分析是以事物的矛盾为对象和内容。分析可以“由表及里”，即从现象分析本质；可以“由此及彼”，即分析一事物与另一事物的关联与关系；可以是“由果及因”，即剖析事物直接与间接的原因，或历史的根源；可以是“由正及反”，即分析事物的变化和转化。事实上，从动机萌发到现场演讲的全过程都离不开分析，特别是内容的构思、论证的过程，尤其需要分析。在临场演讲时，听众的反馈信息表现繁多，对于一颦一笑，要知其情绪所在，没有很强的观察分析能力是不行的。

三、自信心与自制力

自信心是一种推断性的心理过程，具有明显的理性思维色彩。人们在实践活动中，不仅有成功的欲望，而且对成功与否常常会进行有意无意的预测。这种预测的结论无非是三种情况：一是必然成功；二是必然失败；三是可能成功，也可能失败。这种自己对实现目标有无成功把握的断定及其心理准备，就是自信心状况的具体反映。所谓有自信，就是对现实目标、圆满完成任务抱有成功的把握；否则，就是没有自信或信心不足。

自信心与成功欲密切相关。强烈的成功欲是人们实践活动的内驱力，是促进事业成功的主观因素。对演讲者来说，它的主要作用是触发心理动机，使演讲者对现实演讲目标高度关切。然而，希望成功并非自信成功。自信则表现为对实现目标的理性推断，它是通过对客观情况和自我能力进行比较衡量后产生的，是对自我素质和能力的信任。演讲者充分的自信表现为对实现演讲目标持肯定性推断，坚信演讲成功。成功欲和自信心都是形成良好心理定式的重要因素，是演讲者重要的心理支柱。

充分的自信，是演讲成功的重要秘诀。自信可以发挥意志的调节作用，坚定意志；可以促使思维呈现开放状态，更有效地发挥演讲者的创造性。演讲者坚信演讲能获得成功，在良好的心理定势作用下，能以满腔热情应对演讲现场可能出现的各种复杂情况，并始终保持清醒的头脑，坚定意志，克服障碍。自信心强，很少有心理负担，精力充沛，思维活跃，易于触发创造性思维，左右逢源，能随机应变和临场发挥。自信心强，对自己的力量、气质、风度和技能恰当地控制。相反，缺乏自信心的人，意志薄弱，时时产生一种消极的自我暗示。越怕失败，越怕人取笑，就越加分心，越加忧心忡忡，无形中束缚实际能力的发挥，导致演讲失去光彩。

演讲者要有意识地培养和树立坚强的自信心。自信心应建立在对自我素质和能力的正确认识上，建立在对演讲基本规律的娴熟掌握上，建立在对演讲内容的深刻理解上。只有在对主观条件和客观情况进行辩证分析基础上产生的自信，才是真正的自信。否则，就是不切实际的盲目自信。盲目自信是一种非理性的预测和判断，它所产生的支持力是短暂的，经不起实践的检验。

演讲不仅要有充分的自信心，也要有坚强的自制力。所谓自制力，就是根据需要对自我情绪和情感进行调节和控制。这种自控能力，既是演讲者重要的心理能力，也是演讲者意志力的表现。

演讲活动情况复杂，很多因素能引起演讲者的情绪波动和情感激动，或欢愉，或兴奋，或恐惧，或忧虑。演讲者的各种情绪波动和情感激动，对演讲产生不同的影响，有的积极有益，有的消极有害。一般来说，责任心、使命感、成功欲以及自信和欢愉，是推动演讲顺利发展的积极因素；而忧虑、恐惧、自卑等情绪，则是阻碍演讲成功的消极因素。如何对这些有利和不利因素进行质的鉴别和量的控制，正是自制力的作用所在。对此，演讲者要善于分辨掌握，该激发的充分激发，该排斥的努力排斥，该调节的适当调节，始终保持自己的情绪与演讲时空环境和谐协调。不能无节制地听任感情的驱使，也不能任凭自我情绪的放纵，要主动而理智地根据实现演讲目的的需要，抑制消极情绪和冲动行为，正确支配自己的语言和举止。只有这样，才能成功地驾驭演讲进程。在受挫折时，不致泄气和意志崩溃；在顺利时保持头脑清醒，不失常态。否则，就会阻碍演讲的顺利进行。例如，欢愉兴奋，使人精神抖擞，语调高昂，能推进演讲顺畅发展。但如果兴奋过度，忘乎所以，就往往会失去常态，有损演讲效果。赫鲁晓夫在联合国大会上，用皮靴敲击讲坛，言辞放纵粗鲁；里根在一次答新闻记者问之后，道出了“狗娘养的”粗话。这些都是因为情绪失控而造成的，成为国际社会上广泛流传的笑柄。

演讲者要有效地运用和发挥自制力的作用，必须坚定目标指向，目标专注，凝神集思。当情绪过分激动时，立即以实现演讲目标的坚定信心激励自己，排除自我情绪中消极因素的干扰。演讲者要提高和强化自己的自制力，必须吃透演讲内容，掌握演讲规律。成竹在胸，就不会乱章失控，就能应对自如。演讲者要进行恰当的自我克服和调节，还必须保持头脑清醒。冷静能帮助人保持智慧、再生智慧。快速、准确的判断和分析，只有在沉稳冷静的情况下才能做到。

自信心和自制力关系十分密切，它们都是演讲者应有的良好心理品质。自信心强可以坚定演讲者的意志，而自制力的强弱正是由意志力的强弱所决定。所以，演讲者应不断培养和提高自己的自信心及自制力。

第二节　主动控制演讲现场

在演讲现场，由于种种原因影响，现场气氛、现场秩序以及听众的情绪、注意力等随时都可能发生变化。演讲者为使演讲活动取得预期的效果，要采取得力措施，有效地驾驭现场气氛，使听众始终保持饱满的热情，始终高度集中注意力，使演讲活动始终朝着有利方向发展，演讲者这种对演讲现场进行有效控制的技能技巧，就是控场艺术。

控场有主动与被动之分，主动控场是指演讲者始终高屋建瓴，牢牢掌握住现场气氛的控制权，使听众的注意力达到出神入化的地步。被动控场则是指窥视到现场出现种种异常情况，当机立断，控制住现场气氛和秩序，使演讲活动得以顺利开展。有经验的演讲者既注意主动控场，即在演讲的准备阶段就认真考虑了控场的需要；又重视被动控场，即从登台开始，在现场演讲过程的每一环节，都密切注意现场动态，及时采取措施。

一、权威效应与第一印象

演讲活动来自演讲者与听众的相互作用。一方面，演讲者处于主导地位，听众随之反应；另一方面听众的反应程度，又是演讲者调节自己表达方式的依据。演讲的期待与听众需要的满足，是演讲者与听众心理相融的基本因素，而沟通两者的心理桥梁，正是信任与依赖。因此，演讲者享有声望和信誉，能使听众产生良好的心理定式，是听众引发兴趣和高涨热情的巨大诱因。它直接影响到听众的理解效果，直接影响着听众情绪和演讲现场的气氛。显然，权威效应具有积极的控场作用。

然而，权威的形成并非一朝一夕之功，它取决于许多因素，如社会舆论的引导、演讲者的社会地位和外部形象等。同时，也与听众的文化修养、欣赏水平有关。权威是演讲者德、才、学、识的综合体现。演讲者不一定都是权威，况且人们也不可能等成为权威再去演讲。那么，演讲者应如何达到这种功效呢？

从某种意义上讲，演讲者的“第一印象”常常具有权威效应。演讲者一上台，首先给观众的第一印象是视觉形象，而视觉形象的刺激，常常能够强化人们注意的意向性。生活经验表明，“第一印象”往往能决定听众注意力集中的程度。因此，演讲者走上讲台时，要特别注意自己的仪表、举止，应以稳健、大方、镇定自若的姿态出场“亮相”，“镇住”听众，给听众留下美好的印象，使听众油然产生“一见钟情”的感觉，造成先入为主的心理定式，从而使听众对演讲者的演讲能力作出较高的判断，并随之给以高层次的注意。所以，把握住“第一印象”，能赢得听众高层次的注意，赢得听众的信任，而这正是积极控场的表现，也是演讲成功的秘诀之一。

如何把握好“第一印象”呢？一般来说，这与演讲者的性格、态度、能力、学识等有关。就性格而言，稳重、活泼、谦和、自信和幽默，能够赢得听众的热情；从态度来讲，热情、真挚、公正、认真，易于博得听众的好感；而聪慧、机敏、见多识广、通今达古、博闻强记，更能使听众倾倒。因此，当演讲者走近麦克风的瞬间，切不可忸怩作态，招来听众哄笑；而应该衣着大方适宜，挺胸迈步，头微微侧向听众，脸露甜美的微笑，显露出心中充满着诚恳和激情，以坚实的步伐传递出自信、成熟和热情。走到讲桌和麦克风前时，应从容转身，恭敬地向听众鞠躬致意，显示出文雅庄重，切不可贸然急速转身，急忙点头、哈腰，给人以轻率之感。在讲台上，不宜前后摇摆，也不应左右晃荡，不要随便用手撑住讲桌，也不要懒散地靠在桌边。要挺直腰板，以温和的目光扫视全场，略等几秒，待场内寂静无声，便抓住最佳时机，提高声音，从容开讲。

“开场白”也具有“第一印象”的特点，对整篇演讲的基调和成效具有关键性的意义。它是演讲者与听众之间架起的第一座桥梁，精彩的开场白能如磁石般吸引住听众，赢得听众的高度注意和信任。精彩的开场白，也是积极控场的手段之一。

二、角色整合与高潮设置

“进入角色”也是一种积极的控场艺术。富有经验的演讲者都有一种体会，头一二分钟要吸引听众较为容易，而要维持五分钟以上，那就比较困难了。如果一旦失去听众注意，要重新恢复，那就更困难了。因此，必须尽可能地把听众“拉住”。这就要求演讲者在展开主题时，尽快“入戏”，尽快“进入角色”。

所谓“入戏”和“进入角色”，就是指演讲者把自己的思想感情融之于演讲内容之中，如同演员担任某种角色一样，自然地、如实地把自己对角色的理解、感受、爱憎等表达出来，既以雄辩的逻辑力量，又以真挚的感情力量，使听众折服倾倒。

“进入角色”，体现真情实感并非轻而易举之事。初学演讲，上台时往往感情不真切，表露不恰当。要么表现不足，与演讲内容不合拍，显得心不在焉；要么表现过头或失控，滥用感情甚至造成失态。

要迅速准确地进入角色，演讲者在上台之前，最好先酝酿一下感情，进行角色调整。平时人们生活举止比较随便，一般相处彼此都处于无拘无束状态。演讲者登台演讲则与平时不同，一登台就成了演讲活动的主体，所处的地位发生了变化，角色发生了变化。然而平日生活角色的惯性效应，经常会导致新任角色失当。这种情况，不仅初学演讲者容易产生，就是经常演讲的人，也不时出现。演讲者必须及时预防、纠正角色失当现象，尽快实现角色转换，达到“角色平衡”。

从角色失当到角色平衡是一个极为复杂的“角色整合”过程。要实现角色转换，首先要有强烈的角色意识，对自己有正确、科学的自我评价；其次要克服旧有心理定式的负面作用，要意识到在演讲中主体是影响演讲成效至关重要的角色；再次，要认识到只有对演讲内容娴熟掌握，才能把自己的思想感情融入其中。

娴熟地掌握演讲内容，是积极控场的重要方面。演讲要求内容丰富、生动、全面、准确，在表达过程中要显得波澜起伏、跌宕多姿，逐渐形成全场激动的场面，使听众心驰神往、惊叹不已。要达到这种境地，显然不是照本宣科式地念讲稿所能奏效的。念讲稿，演讲者往往顾此失彼。顾了讲稿，顾不了听众，更谈不上用丰富的表情和形象的动作与演讲内容协调配合，演讲当然无法生动形象。这样，听众会无形中降低对演讲者的信任感，减少对演讲的注意力和重视度，形成冷场现象，甚至骚动哄场。演讲者要尽量熟悉讲稿，而又不拘泥于讲稿，真正“入戏”。要能在演讲中自然地组织几次高潮，像磁石般牢牢地吸引住听众。

演讲者感情最激昂、气势最雄劲，演讲者与听众感情交流最融合的时刻，正是演讲的高潮所在。如果演讲中能做到高潮迭起，演讲者自然控制了整个现场。那么怎么组织高潮呢？情是人性的天然表现，演讲者要善于在情的领域耕耘。李燕杰在《演讲美学》中写道："一次演讲怎样达到高潮，这需要演讲者在感情上一步一步地抓住听众，在理论上一步一步地说服听众，在内容上一步一步地吸引听众，使听众的内心激情逐渐地燃烧起来，演讲将自然地推向高潮。"说穿了，就是以情激情、以心换心。具体而言，深邃的思想能启迪深思，激起听众的积极响应；风趣幽默的语言，能引起听众的兴趣和热情；生动感人的奇闻轶事，可以醒目提神、活跃气氛；新颖广博的知识传授，可以使人耳目一新、精神振奋；精辟的论证，能以其严密的逻辑征服听众；设置悬念与适当提问，则能引起听众积极思考和兴趣；而真挚热烈的激情迸发，贴切自然的动作，则能扣人心弦、感人肺腑。

总之，演讲者声情并茂地把演讲由一个高潮推向另一个高潮，现场气氛也就会完全由演讲者所主动控制。

三、完善形象与巧妙结束

主动控场，还应特别注意演讲临近尾声时，演讲者的自我形象对听众的影响，这也是很重要的。有些演讲者往往因为前面一直顺利，临近尾声时，自认为胜利在握，洋洋自得，显出高傲轻慢的样子；有的则自认为演讲不尽如人意，产生浮躁情绪，表现出匆匆忙忙、草率收兵的样子；有的放纵感情，任凭意气，话已讲完却又添枝加叶，画蛇添足，拖拖拉拉；有的则认为听众注意力不集中，借机旁敲侧击，发泄不满；有的则虎头蛇尾，露出疲倦神态，话没说完，就收拾讲稿……这些失误，往往造成听众情绪松弛，致使会场秩序混乱，让演讲失去光彩。

临近尾声时，演讲者要保持饱满的情绪，尽量地完善自我形象，从容镇静，善始善终，结尾处设法异峰突起，显示出一定的高度，形成强烈的慑服力，使听众感到余味无穷，得到思想的启迪和美的享受。

如何在结尾处以巨大的感染力使听众情绪激动感奋呢？关键在于巧妙结尾。对此，前面在演讲稿的撰写部分中已作介绍，这里不再赘述。总之，演讲者临近结尾时，要保持高昂的情绪，不可虎头蛇尾，不必画蛇添足，不要陈言俗套，也不可高傲轻慢，更不可盛气凌人。演讲者要庄重、镇静，既显示出分量，又显示出有修养。

第三节　临场应变必备的技能

演讲者不仅要善于主动控制演讲现场，而且要具有临场应变技能技巧。所谓临场应变，指演讲者在演讲进行中观察到演讲现场出现某种异常情况时，当机立断，采取有效措施，控制住现场气氛和秩序，这实际上是指面对干扰时的被动控场。在演讲过程中，由于种种原因，演讲现场可能出现听众情绪浮躁、起哄喧闹、吹口哨、喝倒彩等情况；也可能听众反应冷淡、昏昏欲睡；甚至还可能出现听众随意走动、局部骚动等现象。这类情况严重影响演讲的顺利进行，必须及时采取措施，临场应变，排除干扰。

如前所述，演讲者要有敏锐的洞察力，对现场出现的特殊情况能透过现象看到本质，迅速判断出干扰产生的原因，当机立断，有的放矢，妥善处理现场出现的各种意外与事变。切不可被表象迷惑，头痛医头，脚痛医脚，或者丧失信心，听之任之。遇到意外情况，不能只埋头讲，而要综合运用眼、脑、耳、鼻、嘴迅速“摄取”现场信息，以便为控场确定对策。同时，要有迎难而上的勇气和信心，要临危不惊、沉着镇定、因势利导，化消极因素为积极因素。切不可吞吞吐吐、优柔寡断。此外，还要豁达大度，有良好的自我修养，做到有理、有利、有节，不意气用事，不固执己见，不故作谦卑，不放弃原则，不伤害听众感情，不摆出盛气凌人、高傲轻慢的架势。

一、引起兴奋，提神醒目

这是应对冷场的策略。

在演讲过程中，遇听众注意力分散，如织毛衣、看书报、打瞌睡、交头接耳、坐立不安等冷场现象，演讲者切不可丧失信心，也不可任其发展，更不可呵斥训人，而应该认真分析演讲中存在的问题，针对具体情况，采取相应措施，扭转局面。

冷场常常由以下原因造成：演讲的内容太长或太抽象空泛；表达过程拘谨呆板；演讲速度太快或太慢；演讲语言含混、吐字不清等。面对冷场现象，通常采取的措施是提神醒目、引起兴奋。

引起兴奋、吸引注意的办法很多，可采用在适当的地方骤然提高音量或骤然停顿的办法，以引起听众注意；也可像说唱演员使用惊堂木的方式一样，以突然的奇异举动引起听众的兴趣；可以设置悬念和有意提问，激发听众积极思考；也可以穿插一个笑话或幽默故事来提神醒目，活跃现场气氛。

例如，伟大的先行者孙中山在广东大学（今中山大学）讲民族主义时，会场小，听众多，天气闷热，听众昏昏欲睡。孙中山便巧妙地穿插了一个故事。他说："那年我在香港读书时，看见许多苦力工人聚在一起谈得很起劲，有人哈哈大笑。觉得奇怪，便上前一问。有个苦力说，我们当中有一个人，辛辛苦苦积攒了五块钱，买了一张马票，牢记住那上面的号码，把它藏在日常用来挑东西的竹竿里了。等到开奖竟真的中了头奖，他欢喜万分，以为领奖后可以买洋房、做生意，一生再也不用这根挑东西的竿子讨生活，就把竹竿狠狠地扔到了大海里。不消说，那张马票也一齐丢了。因为钱没有到手先丢了竹竿，结果是空欢喜一场。有人笑他，也有人为他惋惜。后来这人受刺激过甚，神经有些错乱，很长时间还不能上工呢。"这个寓意深刻的有趣故事，使会场听众大笑起来，打瞌睡的没有了。孙中山于是不失时机地"言归正传"，回归到本题："对于我们大家，民族主义就是这根竹竿，千万不能丢啊！"孙中山这种旁引故事、杂以谐语的手法，取得了很好的控场效果。

又如李燕杰有一次作关于爱国主义的演讲，他察觉有位身穿白大褂的大夫，正戴着老花镜在看医书，便灵机一动，说："每当我回忆重病缠身的时光，白衣战士就引起我深情的遐想。是他，人格的诗，心灵的美，圣洁的光，赋予我第二次生命；是他，给了我去参加拯救那灾难深重的中华民族的权利和力量。"一番话，终于引起了老大夫的兴趣，吸引了他的注意，他放下医书，整整三四个小时都在聚精会神地听讲。

二、缓解矛盾，迂回取胜

这是对待哄场的措施。

一般来讲，产生哄场现象的原因不外乎紧张"卡壳"、讲漏嘴、说错话、啰嗦重复、拖延时间，或者演讲现场布置太差、音响有故障，以及演讲观点与听众想法相悖而让听众产生逆反心理，或者听众本身素质太差、社会公德意识薄弱等。概括而言，无非是听众的期望值与演讲内容、演讲现场等发生矛盾冲突，或者是演讲者的期望值与听众心理及演讲现场产生矛盾冲突。

对吹口哨、喝倒彩、喧闹捣乱等造成现场秩序混乱的情况，演讲者不可大动肝火，而要不露声色地迅速判明产生轰场现象的原因。

对待哄场，最好先缓解矛盾，然后迂回取胜。例如，因紧张“卡壳”而造成轰场，可采用“跛子拜年、就地一歪”的手法。忘掉的内容就让它忘掉，大胆讲后面的内容，不要因忘却而中断演讲，破坏听众情绪。即使是忘记了非常重要的话，也要随方就圆、歪打正着，跳过这道难关，把后面的话提前说，待到临近结尾时，再进行补充。这样既可保持演讲内容准确、完整，也不致使人有零乱不连贯的感觉。遇到卡壳，还可以就地调换话题，就上段的内容进行发挥；或者趁机向听众提个问题，暂时转移听众的注意力，以赢得时间回忆讲稿。当然，调换话题和趁机提问一定要与演讲中心联系紧密，切不可东拉西扯。

假若因为说漏了嘴、讲错了话而引起哄场，缓解矛盾的办法可采取“当即纠正”或“借错为靶”的手法加以补救。所谓“当即纠正”即将错话搁置一旁，将正确内容再讲一遍。采用“借错为靶”就是将错话当作反面论题，树立靶子，然后进行批驳，自然而然地将话题引到正确的内容上来。这种补救方法，不露痕迹，甚至还能收到意想不到的效果。例如，有位演讲者不慎说了一句错误的话，他当即意识到了，便灵机一动，故意将错话重复一遍，然后机智地说：“显然，听到刚才这句话，大家都笑了。大家想想，这句话究竟错在什么地方呢?”接着便对错误逐条逐款进行批驳，使人感觉到演讲者是有意树立靶子，从反面进行论证。这种控场技巧，实在令人叫绝!

倘若听众观点与演讲者观点相悖，听众产生逆反心理，引起哄场。演讲者尤其要注意迂回取胜，切不可当众强硬批驳，以免形成僵持局面。应以温和的态度，运用诱导的手法，缓解矛盾，给持不同观点听众一个撤退的台阶。比如主动说：“这些看法，有的同志不一定乐意接受。对同一问题，有不同看法，是很自然的。从某种意义上讲，你们所讲的也不无道理，不过……”用这样的模糊语言委婉地讲解，采用欲抑先扬之法，可使观点相悖的听众体面地撤退。然后演讲者再用“可是”“不过”将话锋一转，很快地把论题再扳回来。

事实上，公众演讲，人多且杂，所持观点不同是自然的事。但若因“出言不慎”，座中报以怪声，却是于演讲很不利的。登台演讲，就应先眼观四座，看看有什么人，然后发言。对演讲内容也尽量做到“使赞成者理解清晰，异常欣慰；反对者由衷折服，暗中点头”。而要达到此种境界，绝不是生硬批驳所能奏效的。

当然，遇到心怀叵测企图破坏演讲的人，那又是另外一回事了，必须当众揭露制服。一次，前苏联诗人马雅可夫斯基在莫斯科演讲，猛烈抨击时弊和庸俗文人的行径，致使某些感到“冤屈”的人骚动起来。有个家伙企图中伤马雅可夫斯基，喊道：“你讲的笑话我不懂。”马雅可夫斯基幽默地说：“你莫非是长颈鹿？只有长颈鹿才可能星期一浸湿的脚，到星期六才能感觉到呢！”听到这话，那家伙暴跳如雷，大声嚷道：“我说马雅可夫斯基，你怎么把我们大家都当成白痴啦？”马雅可夫斯基故作惊异地回答：“哎，你这是什么话？怎么是大家呢？我面前看到只有一个人。”这时，一个矮胖子又挤到主席台上，嚷道：“我应该提醒你，马雅可夫斯基，拿破仑有一句名言‘从伟大到可笑，只有一步之差。’”马雅可夫斯基机智地目测了一下自己与矮胖子的距离，用手指着自己和那个矮胖子，郑重地说：“不错，从伟大到可笑，只有一步之差。”就这样，马雅可夫斯基以幽默的语言、辛辣的讽刺，制服了别有用心的破坏者，赢得了广大听众的热烈掌声，扭转了被动局面。

三、因势利导，歪打正着

这是处理意外情况的办法。

演讲过程中有时会出现一些突发性的意外情况，这种情况有因时空环境造成的，也有因演讲者自身失误造成的。遇到出乎意料的情况，演讲者应该随机应变，灵活自如地处置。在演讲时最令人尴尬的事，莫过于在众目睽睽之下跌倒。有位演讲者在热烈的掌声中走上讲台，由于过于激动，不慎被话筒线绊倒，台下顿时哗然。然而，这位机智的演讲者，立即爬起来，迅速进行情绪调整，从容不迫地走到话筒前，幽默地说：“同志们，我确实为大家的热情所倾倒，谢谢！”话音刚落，全场掌声雷动，他这种歪打正着、绝妙的应变，立即把被动变为主动，使演讲生色增辉、风趣动人。

机智应变，是难度很大的技能。它是演讲者观察、感受、思考、辨析等智能的综合运用，要求演讲者在有限时间里做到观察细、感受深、思考准，从而达到对策巧妙。如果没有平日的积极训练和培养，是很难做到游刃有余的。

思考与训练

1. 自我暗示是一种积极的心理调节方式。请对着镜子凝视自己，然后以微笑的表情大声说出："我一定行""我会成功的""我很棒"。

2. 深呼吸式排解压力法训练：

无人处放松身体——闭眼——闻花的感觉——吸气——控制气息——缓缓呼气——默默数数。每天练习10分钟。

3. 美国前总统罗斯福在分析演讲者怯场的原因时指出："每一个新手，常常都有一种心慌病。心慌并不是胆小，乃是一种过度的精神刺激。"你认为罗斯福的分析是否正确？为什么？

4. 分组讨论演讲临场应变的方法有多少种？

方法1：______________________________

方法2：______________________________

方法3：______________________________

……

5. 著名演讲家曲啸被世人评为天生的好口才，但他却笑着说："哪来的天才？我小时候性格内向。说话还口吃，越急越结巴，有时候涨得满脸通红也说不出话来……"为训练心理素质，他常常早上迎着寒风跑到沙滩高声朗诵高尔基的散文诗《海燕》，同时不放过辩论会、演讲比赛、话剧演出等"说"的机会，终于在一次活动中他只拿着一个简单的提纲，一口气演讲了两个小时，那时他还是高中生。

从这个案例中我们可以看出，自卑心理在演讲家身上同样存在。结合自身经历，谈一下如何通过训练克服自卑心理。

第十六章

生动有趣　多姿多彩

——演讲形式的艺术性

演讲是一门语言艺术，即运用有声语言“讲”故事，并追求言辞的表现力和声音的感染力；同时还要辅之以“演”，运用面部表情、手势动作乃至一切可以理解的体态语言进行情感演绎、情绪渲染，使演讲“艺术化”，从而产生独特的艺术魅力。

长期以来，由于不注重演讲艺术的研究，我们见到的大多是严肃的、呆板的、没有说服力的报告，更为严重的是，除了看到演讲者站到讲台上之外，既听不到抑扬顿挫的语调，也见不到丰富多变的表达手段，更看不到优美动人的手势，只是讲完的时候，双手一举，草草了事。显然，这种演讲是达不到预期效果的。俗话说得好：“冰冻三尺，非一日之寒。”想要成就一次精彩的演讲，一方面要掌握一定的演讲技巧，加强平日里的锻炼和学习，另一方面也要注重演讲形式的艺术性。

第一节　开场的艺术

演讲的开场白最不好把握，要想三言两语抓住听众的心，并非易事。如果在演讲的开始，听众就对你的话不感兴趣，注意力一旦被分散，那后面再精彩的言论也将黯然失色。因此只有匠心独运的开场白，才能给听众留下深刻印象，才能立即控制现场气氛，将听众的注意力集中起来，为接下来的演讲内容搭梯架桥。

一、一鸣惊人式开场

听众对平庸普通的论调都不屑一顾，置若罔闻；倘若用别人意想不到的见解引出话题，造成“此言一出、举座皆惊”的艺术效果，会立即震撼听众，使他们急不可耐，迫不及待想要继续，这样就能达到吸引听众的目的了。最先给观众印象的应该是演讲的标题，就是一篇演讲的名字，也称为题目、题名、名称。演讲的标题是一篇演讲稿的有机组成部分，是一篇演讲稿的定音之弦。好的演讲，往往题目一出，就知道演讲有没有故事、有没有料。要想一鸣惊人，标题首先就要有艺术性。

其一，标题应揭示主题。如演讲词《人总是要有点精神的》，从演讲标题可以看出这篇演讲特别重视人的精神，标题就揭示了演讲主题。其二，标题应提出问题。如鲁迅的演讲题目《娜拉走后怎样》《未有天才之前》等，听众一听就容易产生浓厚的兴趣，从而进行思考。其三，标题应划定范围。如《大学生的任务》《美术略论》这样的演讲题目，听众听后就知道演讲的内容、范围及涉及的具体问题，可以根据个人喜好选择听或不听。其四，标题应有新奇性。只有“新”和“奇”，才能像磁石一样吸引听众。不妨看看鲁迅的演讲标题：《老而不死论》《伟大的化石》《老调子已经唱完》《象牙塔与蜗牛庐》等，这样新奇的题目怎么会不吸引人呢？选择一个好标题并非一件容易的事，需要长期锤炼，反复琢磨，久而久之就会找到规律。

在2015年北京大学本科生毕业典礼上，教师代表饶毅教授发表演讲，主题是《做自己尊重的人》。一开场他先说道：“请原谅我没有办法祝愿每一个同学都能够成功，都能够幸福。”大家听到这里一脸疑惑。接着他才解释说，在人生的道路当中，在职业的选择当中，有的人可能因为要追求个人利益的时候损害他人利益，甚至可能会涉及国家利益。从而抛出自己的观点：每个人的幸福和成功应该是自己努力争取的，通过自我的尊严去获得的。这一次演讲必定给在场学生留下难以磨灭的印象。老师反弹琵琶，用大家意想不到的见解引出人生哲理，无异于平地惊雷，又宛若异峰突起，怎能不震撼人心？

不过，运用这种方式应掌握分寸，应结合听众心理、理解层次来出奇制胜，不能为了追求怪异而大发谬论，也不能生硬牵扯，胡乱升华。否则，极易引起听众的反感和厌倦。

二、即景生题式开场

一上台就开始正儿八经地演讲，会有生硬突兀的感觉，让听众难以接受。不妨试着以眼前的人、事、景为话题，引申开去，把听众不知不觉地引入演讲之中。可以谈会场布置，谈当时天气，谈此时心情，谈某个与会者形象等等。例如可以说："我刚才发现在座的一位同志非常面熟，好像我的一位朋友。走近一看，又不是。但我想没关系，我们在此已经相识，今后不就可以称为朋友了吗？我今天要讲的，就是作为大家的朋友的一点个人想法。"

例如在一次地方"春蕾工程"奖金筹措的动员会上，一个演讲者看到讲台上有一盆鲜花，于是开场这样说道：

"我们大家都来看看摆在讲台上的这一盆鲜花，它颜色鲜艳、形态美丽，还发出诱人的香味，它的美丽和芳香是品种优良、土壤肥沃、阳光雨露滋润、花匠辛勤劳动共同造就的。虽然它们是优良品种，但如果一旦失去土壤、阳光雨露和人们的精心呵护，它们会有怎样的命运呢？它们将没有机会绽放，它们将过早地枯萎，它们将无以给这个世界美丽与芬芳。而在我们生活的这个地区，有一些学龄女童，她们聪明、美丽、渴望读书，她们就像这盆花一样可爱，但是贫困使她们失学。她们就像失去肥沃土壤、阳光雨露的花儿一样，不能正常地生长，她们聪慧的大脑不能用于学习，她们不能学到谋生的技能和建设国家的知识……让我们敞开爱心，为她们作一点捐赠吧！我们的捐赠将使她们获得受教育的机会，获得正常生长的环境！"

例如，泰戈尔在清华大学的一次演讲开头便说："我的年轻的朋友，我眼看着你们年轻的面目，闪亮着聪明与诚恳的志趣，但是我们中间却是隔着年岁的距离。我已经到了黄昏的海边，你们远远地站在那日出的家乡。"相对陌生而又清新雅致的诗句从诗人的口中缓缓流出，哪一个青年能不为之动情动容，继而为他的连珠妙语所吸引？他由此生发开去的保持纯净灵魂和自由精神的演讲自然就异常深入人心。

又如，1957年11月17日，访问苏联的毛泽东在紧张的外事活动之余，来到莫斯科大学，接见了中国留学生代表，并发表了"世界是你们的"的著名演讲。

毛泽东的演讲是如何开篇的呢？有文章记录了毛泽东走进会场时精彩的开场片段：

> 毛主席随手从讲台上拿起凉水瓶向杯中倒水，刘晓大使见状急忙上前。就在这时，毛主席举起水杯说了声“同学们好”，就一饮而尽。这时大厅里又响起了一阵掌声，所有人的眼睛都随着毛主席的一举一动而移动。
>
> 刘晓大使一一介绍今天随毛主席前来的邓小平、彭德怀、乌兰夫、陈伯达、胡乔木、杨尚昆等同志，大家用热烈的掌声欢迎了他们。当刘大使介绍完代表团成员，毛主席立刻幽默地“介绍”道：“这位是中华人民共和国代表团团员、驻苏大使刘晓同志。”又引来台下一片笑声。接着毛主席点了一支香烟，微笑着问第三排中央座位上几位女同学：“在哪个学校？学什么专业？”场内静得连女同学的答话也能听得见。
>
> 随后，毛主席摁灭了香烟，站起来走到台前。“同志们！我向你们问好！”台下再次爆发出暴风雨般的掌声。
>
> “世界是你们的！也是我们的，但是归根结底是你们的！你们青年人朝气蓬勃，正在兴旺时期，好像早晨八九点钟的太阳。希望寄托在你们身上。”毛主席的话语几乎被掌声淹没了……

可以看出，毛泽东的这次演讲开篇是根据现场气氛和眼前情景即兴发挥的，绝不是刻意为之。他坐在座位上自己倒水，举起水杯时说“同学们好”，幽默地“介绍”驻苏大使刘晓，微笑着询问女留学生的学校和专业。一连串的动作与话语，洒脱、幽默、亲切，为演讲开篇作了很好的铺垫。演讲开始，毛泽东站起来走到台前，郑重地说：“同志们！我向你们问好！”随即，就充满激情地说出了“世界是你们的”这一主题。

开篇两句话，一句问候语，一句判断语，既衔接又跳跃，真是出神入化、奇峰突起。如此奇妙睿智的演讲开篇，怎么能不激动听众的心灵、引起全场的共鸣呢？

值得注意的是，即景生题不是故意绕圈子，不能离题万里、漫无边际地东拉西扯，否则会冲淡主题，也使听众感到倦怠和不耐烦。演讲者必须心中有数，还应注意渲染的内容必须与主题互相辉映、浑然一体。

三、制造悬念式开场

无数事实证明，充满神秘感的事物对人们的诱惑力更大，更能够激发和强化人们的探索欲望。所以，在演讲中，可以尝试改变常规，设置悬念，遵循人们都有的好奇天性，充分调动起大家的好奇心，激发起听众的强烈兴趣，可以使用悬念手法。在开场白中制造悬念，往往会收到奇效。需要注意的是，制造悬念不是故弄玄虚，既不能频频使用，也不能悬而不解。在适当的时候应解开悬念，使听众的好奇心得到满足，使前后内容互相照应，结构浑然一体。

比如，李燕杰在《爱情与美》的演讲中这样开场："我不是研究爱情的，为什么会想到要讲这么一个题目呢?"

然后李燕杰老师讲了一个故事：北京一家公司的团委书记再三邀请他去演讲，并掏出几张纸，上面列着公司所属工厂一批自杀者的名单，其中大多数是因恋爱问题处理不好而走上绝路。

接着李燕杰老师说："所以，我觉得很有必要与大家谈谈这方面的问题。"

这个故事一下子把听众的注意力集中起来，使他们感到问题的严重性和紧迫性。

再如，有位教师举办讲座，刚开始会场秩序比较混乱，学生对讲座不感兴趣，老师转身在黑板上写了一首诗："月黑雁飞高，单于夜遁逃。欲将轻骑逐，大雪满弓刀。"写完后他说："这是一首有名的唐诗，广为流传，又选进了中学课本。大家都说写得好，我却认为它有点问题。问题在哪里呢？等会儿我们再谈。今天，我要讲的题目是《读书与质疑》……"这时全场鸦雀无声，学生的胃口被吊了起来。演讲即将结束，老师说："这首诗问题在哪里呢？不合常理。既是月黑之夜，怎么看得见雁飞？既是严寒季节，北方哪有大雁?"这样首尾呼应，能加深听众印象，强化演讲内容，令人回味无穷。

又如：党的早期革命家彭湃当年在海陆丰从事农民工作，一次到乡场上准备向农民发表演讲。怎样才能吸引来去匆匆的农民呢？他想出了一个好主意。他站在一棵大榕树下，突然高声大喊："老虎来啦！老虎来啦!"人们信以为真，纷纷逃散。过了一会，才发现虚惊一场，于是都围上来责怪他。彭湃说："对不起，让大家受惊了。可我并没有神经病，那些官僚地主、土豪劣绅难道不是吃人的老虎吗?”接着，他向大家宣讲革命道理。这次演讲后，该地的农运工作很快就开展起来。

第二节　表达的艺术

古有“文官执笔安天下，武将上马定乾坤”。而在演讲中，拥有出色的表达能力是演讲具有吸引力和艺术性的关键要素。一个简练出色的观点，或一段简洁有力的论述，都是演讲形式的艺术体现。

一、表达观点

同一个正确的观点，可以有不同的表述方法，其中有些说法是听众非常熟悉的，如果演讲者一味地“外甥打灯笼——照旧”，照本宣科，老话连篇，就会使听众兴味索然。在市场经济中常有这样的现象，同一种商品，换上新的包装之后，就能给人耳目一新的感觉，增加商品的附加值，并能激起顾客更强的购买欲望。同样，在演讲时把老观点巧妙地“包装”一下，也是观点出新的常用方法。

例如一个集团公司的总裁曾在演讲中说：“我们集团培养人的第一个方法叫做‘缝鞋垫’与‘做西服’。什么意思呢？就是培养一个战略型人才和培养一个优秀的裁缝有相同的道理，我们不能一开始就给他一块上等毛料去做西服，而是应该让他从缝鞋垫做起，鞋垫做好了再做短裤，然后再做一般的裤子、衬衣，最后，才是做西服。”

培养人才不能拔苗助长、操之过急，要一步一个台阶爬上去，这个观点人人都懂。演讲者在这里把培养人才和培养裁缝类比，把培养人才的过程描绘为从缝鞋垫到做西服，用一个通俗而新颖的比喻给老观点披上了一件新外衣，可谓新意盎然。

生活中有许多流传甚广的话语，如民谣、俗语、谚语等，但它们为人们所理解的内涵是相对固定的，如果演讲者能巧妙地借用这些老的形式，并加以“改装”，赋予其新的内涵，就能为演讲观点的创新找到取之不竭的宝贵资源。而对于听众来说，则会使他们感到似曾相识但又有所不同，只要演讲者能自圆其说且言之有理，就与听众在认识上达成一种新的和谐。

例如“有意栽花花不开、无心插柳柳成荫”这句话，我们可以这样进行“改装”：对待事业，要有意栽花，即使花不开，也要栽；对待名利，要无心插柳，即使柳成荫，也无心。这句俗语的形式和内涵广为人知，借用它稍作合理的改动，以表明自己的观点，相信也可以得到听众的肯定。

二、表达情感

演讲贵在打动人心，而要打动人心离不开演讲者的情感注入，无论在演讲的起始、过程、还是推向高潮，乃至结束，演讲者都应随着演讲内容的变化而变化，富有情感性。演讲内容如果缺乏真情实感，很难激起听众内心的层层波澜。只有将真挚的情感融入于所讲的事、理之中，才更能使大家乐于接受、为之动容。

共和国演讲泰斗李燕杰认为：

> 演讲要有感情。人是感情的动物。人，有爱有恨，总之有情。演讲人要有真情，要爱憎分明。演讲人登上讲台，首先要有台缘，或称人缘，一个没有真情、真爱的人，不可能有台缘。演讲人，无论对谁，都有真实情感，特别是对青少年要爱得起来。记住，青少年甭管他个人有多少缺点，但是作为这个人群总是可爱的，因为他们的本质主流趋向永远是好的！为此我提出“青年是我师，我是青年友。”演讲人与听众如能做到如师如友，亦师亦友，必然在彼此之间，形成一种独特感情。
>
> 有真情、真爱，还要有真心。真心从何而来？
>
> 爱心细心，父母心；
>
> 孝心敬心，儿女心；
>
> 忠心关心，朋友心；
>
> 顺心放心，平安心；
>
> 恒心信心，上进心；
>
> 你心我心，心连心；
>
> 为人在善，居善心；
>
> 绝对不生歹毒心。

健康专家万承奎在进行一次标题为《把生命掌握在自己手中》的演讲时，表现出对践踏生命者的痛惜、对掌握命运者的赞颂，把听众深深带入了他的情感世界里面。这种内容的情感性发自演讲者内心，表现出爱憎分明、喜怒分辨、苦乐分界。可见，没有情感投入，就不会有听众的情感付出。

余秋雨先生在四川大学进行演讲，述及他一位上海音乐学院朋友之死的情景，他深情地讲道，朋友的两个学生正在国外，听说老师病危，终止合同，飞回上海，为老师临终演出。那一天，好多不懂音乐的人也买票去听，小学生们的家长对记者说，这样做是为了让孩子明白什么叫音乐，什么叫老师……几天后，这位教授死了，附近花店的花一售而空。病房里堆满了鲜花，楼梯上一层一层地叠满了鲜花……这些发生在现实生活中的感人场面，使听众分明感受到，那曾经在上海的悲怆崇高气氛，此刻就弥漫在演讲会场，每个人都产生了强烈的心理共振。

又如标题为《要事业，也要生活》这样一篇演讲稿，其中有一段话写道：

> 女性在事业上作无谓牺牲的时代正在结束，我们要在事业和生活之间构筑坚固的桥梁。我们这一代人的事业，就是通向一个崭新时代的曲折的路。沿着我们的足迹，人们找到的不是一个事业的畸形儿，而是一个创造生活的强者，一个开拓事业的富翁。怯懦的人接下去徘徊吧！让俗人们接下去议论和怜悯吧！同伴们，我们走着自己的路，弱者，你的名字不是女人。

话语中渗透出最深刻、最强烈的情感。这种情感不是故意捏造，而是自然流露，鼓舞着当代女性既要事业、也要生活的坚强决心和无畏勇气。这种情感有着广泛的群众意义，是广大有志女性的心声，具有一定的群体共性，通过演讲的个性情感表现出来，达到了个性与共性的统一。

情感是艺术的灵魂，演讲的情感可以是多种形态的，并非都是慷慨激昂、愤愤不平的，也有温馨、平静的表达方式。但无论如何，只有情感真挚的内容才能感动听众，再通过演讲者的激情展现，才能叩开听众的心扉，震撼听众的灵魂。

三、表达哲理

成功的演讲都能给人留下难忘的言语、深邃的思考以及人生的启迪。这种外在的成功离不开内在的功夫，即演讲的哲理性。共和国演讲泰斗李燕杰认为，演讲中，哲理是人们基于现实的深刻感受与细致观察，是对生活作出的艺术概括，其中闪耀着作者的真知灼见，给人以启迪、给人以智慧，还能陶冶情操，带来审美的愉悦。为此，成功的演讲者必须常常观察社会、洞察现实、思索人生、理性思辨、哲理概括。虽然，听众不可能记下演讲者的句句话语，但经过演讲者千锤百炼而成的哲理性语言，能打动听众的心，能给听众无穷的思考和深远的启示。哲理是一种人生哲思，没有思想的演讲是苍白无力的。有句话是这样说的："谈话有哲人，聚会有高人，闲聊有达人。"一般来说，有了哲人、高人、达人，就能出智慧，就能出哲理。

例如：蔡元培在1917年就任北京大学校长时发表的就职演说（节选）。

就任北京大学校长演说

蔡元培

一九一七年一月九日

五年前，严几道先生为本校校长时，余方服务教育部，开学日曾有所贡献于学校。诸君多自预科毕业而来，想必闻知。士别三日，刮目相见，况时阅数载，诸君较昔当为长足之进步矣。予今长斯校，请以三事为诸君告：

一曰抱定宗旨。诸君来此求学，必有一定宗旨，欲求宗旨之正大与否，必先知大学之性质。今人肄业专门学校，学成任事，此固势所必然。而在大学则不然，大学者，研究高深学问者也。

……

故宗旨不可以不正大。此余所希望于诸君者一也。

二曰砥砺德行。方今风俗日偷，道德沦丧，北京社会，尤为恶劣，败德毁行之事，触目皆是，非根基深固，鲜不为流俗所染。诸君肄业大学，当能束身自爱。然国家之兴替，视风俗之厚薄。

……

故品行不可以不谨严。此余所希望于诸君者二也。

三曰敬爱师友。教员之教授，职员之任务，皆以图诸君求学便利，诸君能无动于衷乎？自应以诚相待，敬礼有加。至于同学共处一室，尤应互相亲爱，庶可收切磋之效。

……

对于师友之敬爱，此余所希望于诸君者三也。

余到校视事仅数日，校事多未详悉，兹所计划者二事：一曰改良讲义……二曰添购书籍……今日所与诸君陈说者只此，以后会晤日长，随时再为商榷可也。

演讲开宗明义地对青年学子提出了三点要求：一是抱定宗旨；二是砥砺德行；三是敬爱师友。明确求学目的及办学宗旨，望学子们以身作则，匡正流俗，为天下人之道德楷模。勉励学子尊敬师长，团结友爱。这篇演讲在结构上，思路非常清晰；内容上极富哲理性，循序渐进逻辑严谨；在语言上，用浅易的文言文写成，在简洁凝练中透出文言文特有的古朴典雅。

又如，著名演讲家蔡顺华先生演讲专著《小狗也要大声叫》，充分体现了哲理的力量。

蔡顺华先生《小狗也要大声叫》的演讲，缘于他喜欢契诃夫说过的一句话：世界上有大狗也有小狗，小狗不应该因为有大狗的存在而慌乱不安，所有的狗都要叫！小狗也要大声叫。由此引出充满哲理的认知，正如《小狗也要大声叫》自序中所言：

你是小狗，却一味地大声叫，这难免惹得一些大狗或老狗有点心烦，龇牙咧嘴的也不少。但你烦你的，我叫我的，因为我是小狗，小狗不想叫、不敢叫、不能叫、不会叫，就永远是一只小狗，就永远成不了大狗，最多随着年龄的增长，慢慢变成一条老狗。我不愿成为老狗，却至今没能成为大狗，还没有“大江东去”“雄关漫道真如铁”“金戈铁马气吞万里如虎”般的豪迈。没办法，还得接着叫下去、讲下去，因为我有一个梦想，一个叫“演讲中国”的梦想。

因此，演讲说理最忌空洞抽象、生硬说教，演讲者要善于揣摩听众心理，顺应听众需求，激起听众探究的兴趣，做到理趣相生，如此才能使演讲的道理更加深入人心，激起听众发自内心的共鸣。例如，在标题为《新时代的流行色》的一篇演讲稿中，有这样一段：

也许有人会说，这不是表现自己吗？可我要说：表现自己又有什么过错呢？大千世界，万事万物不都在表现自己吗？孔雀开屏、白鹤亮翅；一粒种子总要发一片芽叶，一株小草总要顶一朵花蕾。就连没有生命的矿物质也是自我表现的呀，金子要发光，硫磺有气味，更何况我们人呢？……如果我们屈辱地保持那种夸张变形的谦虚，临阵畏缩不前，凡事后退一步，尽管你有经天纬地之才，万夫不当之勇，也只能自我埋没，自我淘汰。

这段话以一系列自然现象说明宇宙万物皆自我表现，这是自然界不可抗拒的规律。演讲者把精辟的论述与形象的描绘融为一体，既给人以哲理的启迪，又给人以艺术的美感，相得益彰，引起听众强烈的心理共鸣。

又如一位高年级同学在迎新会上进行演讲，她说：

我们94级同学进校时，人文学院刚刚成立，我们是第一届本科生，我们在学校的位置只是小小的一个点，这个点在理工大学那么不起眼。95级的同学进校时，他们又是一个点，这个点和我们那个点连成了一条线，成为理工大学一道独特的人文风景线。96级同学进校时，他们的那个点和94级的点、95级的点组成了一个稳固的三角形，从此人文学院在理工大学有了一定的地位。现在你们97级的同学进校了，你们这个点和前面的三个点可以形成一个圆了，我们就是一个完满的、父母和兄弟姐妹俱全的大家庭了，人文学院新的一页开始了！

演讲者一边讲，还一边在黑板上画了一幅图：演讲者选择“点”，引发出“线”“三角形”“圆”等，自然贴切，哲理性强，给人直观的感受和丰富的联想。

第三节　即兴艺术

一、即兴演讲实用方法

“文无定法，大体有之。”对即兴演讲来说也是如此，即兴演讲大体上都由开头、主体和结尾三个部分组成，亦即前面所提到的“三格法”。即兴演讲的格式化构思，有利于演讲者的快速选题和建立演讲的框架，下面介绍即兴演讲的几种基本格式与方法。

1. 借题发挥法

俗话说“万事开头难”，即兴演讲的“开头难”就曾使不少演讲者望而生怯。可是，如果我们能抓住一个“媒介”，来一个“借题发挥”，马上就能从尴尬中解脱出来。

借题发挥是即兴演讲中最基本的方法，它的要诀是“媒介 +联想”。即兴演讲中的“媒介”可以是人、事、物，也可以是语言、环境等其他的对象。

（1）以人为媒介展开联想

某校邀请在戏剧《光绪政变记》中扮演慈禧太后的演员郑毓芝作演讲，大会主持人作了即兴介绍：

> 同学们，今天我们好不容易把“老佛爷”慈禧太后请来了！
>
> （掌声、笑声，听众情绪顿时热烈起来）
>
> “老佛爷”郑毓芝同志在戏台上盛气凌人，皇帝、大臣、太监见了都诺诺连声，磕头下跪；在台下却和蔼可亲，热情诚恳。她方才和我谈起，还曾扮演过《秦王李世民》中的贵妃娘娘，话剧《孙中山》中的宋庆龄。她是怎样把这些截然不同的人物演得栩栩如生的呢？下面就听她的演讲。
>
> （听众凝视主席台，热烈鼓掌）

主持人以郑毓芝为媒介，联想到她曾扮演过截然不同的人物，以及这些人物与她本人之间的不同性格，这就使听众产生了极度的好奇，留下了神秘的悬念。

（2）以事为媒介展开联想

上海市浦东新区刚成立的时候，浦东新区的体制一时尚未理顺，川沙县又将并入浦东新区管辖，原数以千计的川沙县干部不可能全部分配到新区政府工作；而来自浦西的大批干部，又面临着和即将来到新区政府机关工作的原川沙县干部共事这一局面。如何协调和解决这些新组合干部队伍的团结问题，显得十分重要。

当时，上海市副市长、浦东新区管委会主任赵启正同志，应邀在浦东新区“钻石城”举办的新区干部联谊会上作了精彩短小的即兴演讲：

我今天能和大家欢聚一堂，非常高兴。因为从此以后，我们就是一家人了。（掌声）

浦东开发开放，对世界来说，我们是吸引外资；对外省市来说，我们是打“中华牌”；对浦西来说，我们是东西联动；对浦东来说，我们是城乡一体化。到了浦东，我们就要勇敢地朝前走！（掌声）

你们年轻人是希望的一代！（赵启正用手指着排在会场右边的年轻干部）

你们中年人是现在的骨干！（赵启正用手指着排在会场左边的中年干部）

（赵启正风趣诙谐地又用手摸着自己的头顶说）我们头发秃了，但还能干！（全场爆发了一阵热烈的掌声）

（接着，赵启正欣然挥笔写下“城乡一体，共同振兴”八个大字，并签上了自己的名字，然后笑着说）城乡一体，共同振兴，要靠大家，所以大家都来签名。

（最后签名本上留下了老年人、中年人和青年人的一串长长的签名）

赵启正以干部联谊会时大家欢聚一堂为媒介，联想到今后大家也应该成为“一家人”，并进一步联想到老、中、青要团结一致、共同振兴浦东。赵启正精彩短小的演讲，不仅使会场增加了团结欢乐的气氛，同时也对新区的干部提出了希望并进行了鼓励。

（3）以物为媒介展开联想

在上海市“钻石表杯”业余书评授奖会上，《书讯报》主编贲伟同志作了以下即兴演讲：

今天，我参加“钻石表杯”业余书评授奖会，我想说的一句话是：钻石代表坚韧，手表意味时间，时间显示效率。坚韧与效率的结合，这是一个人读书的成功所在，一个人的希望所在，谢谢大家！

贲伟同志的即兴演讲以“钻石表”为媒介，由“钻石”联想到“坚韧”，由“手表”联想到“时间”，又由时间联想到“效率”，最后联想到“坚韧与效率”

的结合，也正是一个人读书的成功所在。

（4）以言为媒介展开联想

1929年1月间，剧作家田汉应南京市郊区晓庄师范学校校长陶行知的邀请，率领他的“南国社”剧团，前往晓庄演出。

当晚，全体师生和周围的农民前往观剧。演出前，陶行知致欢迎辞时说：

“今天我是以‘田汉’的资格欢迎田汉。晓庄是为农友而办的学校，农友是晓庄师生的朋友，我们的教育是为‘种田汉’而办的教育。所以我是以一个‘种田汉’代表的资格在这儿欢迎田汉……”

借陶行知的话题，田汉在致答谢辞时说：

“陶先生说，他是以‘田汉’的资格欢迎田汉，我实不敢当！我是一个假‘田汉’，陶先生是个真‘田汉’。我这个假‘田汉’能够受到陶先生这个真‘田汉’以及在座许多真‘田汉’的欢迎，实在感到荣幸！”

接着田汉联想到农民的高贵品质，表示一定要向真“田汉”们学习，让艺术同“田汉”大众携起手来。田汉精彩的答谢辞，博得了听众的热烈掌声。

（5）以景为媒介展开联想

在号称“海天佛国”的普陀风景区，一群游客登上当地最高的佛顶山，个个疲惫不堪，默默无语。这时一位导游面对浩瀚无垠、海鸥轻翔的大海，作了一番即兴导游演讲：

朋友们，脚下那锦鳞片片、白帆点点的水面就是东海。多少年来，这海拥抱着、冲刷着佛顶山，以它特有的英姿启迪着人们：海是辽阔的，胸怀无比宽广；海是厚实的，什么都能容纳；海是深沉的，永远那么谦逊……朝着大海，烦恼的人会开朗，狭隘的人会豁达，浮躁的人会沉稳……

这位导游以大海为媒介，联想到人要像大海一样“胸怀无比宽广”“什么都能容纳”“永远那么谦逊”……听着这充满豪情和哲理的演讲，游客们感慨不已，情趣顿生。

2. 其他方法

即兴演讲除了“借题发挥法”之外，还有“提纲挈领法”“平中见奇法”“三步法”和“四步法”等，不过它们大多是由“借题发挥法”演变而成的。它们的基本方法仍然难以离开“媒介+联想”。

（1）提纲挈领法

提纲挈领法又称“片言居要法”，即兴演讲时先举出一个成语、俗语或警句来表达自己的观点或主张，接着就以它为红线，进行层层阐述。

（2）平中见奇法

平中见奇法即对一个平平常常的词语赋予新的解释，或经过“加工处理”使其产生一种相反的含义。

人们从“知足者常乐”中引出“不知足者常不乐”，从“有的放矢”中引出“无的放矢”“有矢无的”，从“官僚主义”中引出“兵僚主义”等皆属此类。

（3）三步法

三步法即平时所说的“提出问题、分析问题、解决问题”。这种方法易学易懂，也符合事物发展的规律。

2W1H法（是什么，为什么，怎么样），三点一线法（过去、现在、未来）也属于“三步法”。

（4）四步法

这是美国公共演讲专家理查德所惯用的方式。理查德认为即兴演讲应该记住提醒自己的四句话，亦即四个步骤。这四个步骤如下：

①喂，讲得精彩些！（提醒自己开头就要吸引听众）

②为什么要费这个口舌？（指出与听众的利害关系）

③举例说明。（可采用“选字组合法”加强记忆，即将每个例子题目的第一个字组合成一个“词语”便于记忆）

④怎么办？（对听众提出希望）

二、即兴演讲技巧运用

在一般情况下，即兴演讲事先并不准备，更不可能预先写好演讲稿。但是，没有准备并不等于演讲者在对讲什么和怎样讲都心中无数的情况下便登台演讲，更不等于可以信口开河、随意胡诌，而是心中有“数”，心中有“底”。这个“数”和“底”就是指腹稿。即兴演讲准备时间再仓促，也有一定的打腹稿时间，即使是“命题式”的即兴演讲，通常至少也要给一分钟的准备时间。那么，有一分钟，就可以进行一分钟的准备，就要充分利用这一分钟来迅速构思腹稿。

腹稿构思是进行即兴演讲的基础，也是必不可少的最关键步骤，但即兴演讲的腹稿构思，与一般的文稿构思相比，有很大的特殊性，最为突出的是构思时间非常短，不可能反复思考、反复修改、反复斟酌，而需要迅速构思、一气呵成。因此，即兴演讲的腹稿构思，比一般文稿构思的难度要大得多。但是，任何事情有内涵就有特点，有特点就有规律，有规律就有诀窍，即兴演讲的腹稿构思同样如此。

1. 借引媒介，引出话题

即兴演讲中的“媒介”，是指与场景、主题有紧密关联的，能迅速沟通演讲者和听众心灵的人、事、物或名言、警句。所谓借引媒介，是指借引这些人、事、物、名言、警句来开头，从而引出话题，并达到沟通演讲者和听众心灵的目的。

借引媒介、引出话题的方法有三种：一是根据具体的场景、主题来借引“媒介”，确定话题；二是选择听众所熟悉、易理解的事物为媒介，以激发听众的共鸣，迅速沟通演讲者与听众的心灵，引出话题；三是选择与演讲主题有关、能充分表达演讲者此时此地特定思想感情的事物为媒介，做到客观媒介与演讲主题和谐一致，从而引出话题。

借引媒介、引出话题时，还要注意如下几点：一看宗旨，即看场景的主题、会议议题、邀请人的意向等，以此就题发言，不说外行话，不说题外话；二看听众，即看听众的年龄、职业、文化程度等，有针对性地借引媒介、引出话题；三看需要，即了解自己讲话之前有谁讲过什么，还有什么没有讲或讲得不充分、不完善，需要拾遗补缺、补充发挥的，要弄清楚需要自己讲什么、可以讲什么，不要讲起来云天雾地、不着边际；四看自己，主要是看借引的媒介要适合自己的身份。

2. 展开联想，搜集材料

在即兴演讲的腹稿构思过程中，在借引媒介、引出话题后，接下来是构思该讲些什么内容，这就需要搜集材料。演讲者要在大脑里快速搜集储存的信息，并以联想这种最基本的思维形式，由某一事物联想到另一事物，发生连锁反应般源源不断地再现储存的信息，以提供所需的材料。因此，即兴演讲的腹稿构思，必须展开丰富的联想。

构思腹稿中联想的主要方式有两种：一种是接近联想；另一种是自由联想。所谓接近联想，是指因事物在性质上或形态上相似而产生的联想。所谓自由联想，是指围绕话题进行无拘无束的畅想，不拘泥于眼前场景，超越时间和空间，一任情感驰骋，接连不断地展开想象，从而在最大范围内发现事物与事物之间联系的联想。这两种联想的方式，既可以单独使用，也可以交叉使用。

3. 布点连线，理脉成文

在展开联想时，演讲前大脑里所显现的信息材料，大多是与话题有关而独立的、零乱的、散碎的、互不联系的。所谓布点，就是将这些互不联系的"点"的材料，迅速地略加筛选后，选择出自己所要采用的部分，作为组成演讲词腹稿内容的"点"。然后围绕主题，并考虑到各"点"之间的联系，合理布局，快速组合，最后连贯成文，即所谓的连"线"。因为布点时的联想是快速思考，思考中所布各点往往是零星散乱的，不是有序和有机的，需要合理组合。连线的任务，就是要把所布的各点，根据一定的逻辑关系放在恰如其分的位置上，使之成为一个有机的系统，从而理脉成文。

布点连线、理脉成文的方式，主要有三种：一是串珠式，即用横缀的方式把各点的内容连接起来，使之成为像"项链"或"门帘"那样，一线串珠，串联一体；二是楼梯式，即用纵向深入的方式，把各点连缀起来，使之成为步步高、层层深的一体；三是网状式，即将各点内容有纵有横地连缀起来，使之既有时空顺序，又有逻辑层次，形成纵横交错的"网状式"结构体。当然，第三种方式较为复杂，只有思维能力很强、思维品质特别优异的人，才能驾轻就熟地运用此法。

即兴演讲的特点，决定了即兴演讲准备时间的仓促。但是，如果演讲者把握好即兴演讲的基本环节，同样可以在演讲台上应对自如、潇洒自然。一篇精彩的即兴演讲，离不开吸引人的开场白、充实的主体内容、有力度的结尾，这便是即兴演讲必须把握的三个环节。

一是吸引人的开场白。演讲的开场白，是向听众抛出的第一条彩带，听众往往从开头判断演讲者的优劣。美国演说家洛克伍德·桑佩曾说过：“在整个讲话过程中，做到轻松地、巧妙地与听众交流思想是困难的。然而，做到这一点的关键，是讲话开头的用字和表达。”即兴演讲尤其如此。

怎样才能使即兴演讲的开场白更具有吸引力呢？明代谢榛说：“起句当如爆竹，骤响易彻。”即兴演讲的开场白，切忌套话、废话、虚话和陈词滥调，而应该采用直入式，如破空而出，直接跃入演讲的核心，迅速抓住听众的注意力。也只有如此，才能迅速搭起演讲者与听众之间的第一座桥梁，从而为整个演讲的成功奠定基础。

二是充实的主体内容。即兴演讲的篇幅短小，而在短小的篇幅内要讲出充实的主体内容，实属不易。从方法上说，要抓住以下“三要”：

要注重交代演讲与听众之间的利害关系。心理学家多柏雷宁认为，引起人们注意的原因有三种，即外界刺激、内在的兴趣、人们已有的经验。听众听演讲，总是希望从中能听到和自己切身利益有关的内容，总希望从演讲者那儿得到某些启示。所以，在主体部分应该向听众说明听众与演讲内容的关系，点明和阐述演讲者发表这个演讲的理由和根据。对演讲与听众之间的利害关系阐述得越明了，吸引力就越大。

要运用生动形象的事例。为了使短时间内发表的即兴演讲内容充实、丰富，还需要尽量列举典型事例，使你的论点形象、简洁、生动地印入听众的脑海。事例往往能帮你从苦苦的思索中解脱出来，而且还能加深听众的记忆，激发兴趣，开拓主题。在运用生动形象的典型事例时，再加以精辟的分析，作出“点睛”的议论，演讲的主体部分也就更加有血有肉了。

要有感而发，情真意切。即兴演讲是即席而起，有感而发。古人云：“感人心者，莫先乎情。”而要做到情真意切，叙事时就要使听众如临其境，说理时就必须情理相生，抒情时应当情理兼备。

三是有力度的结尾。即兴演讲最困难的是结尾。因此，即兴演讲者在即兴演讲之前，就要考虑好结尾。命题演讲的结尾讲究“留有余味”“余音绕梁”，而即兴演讲则要求干净有力、振奋响亮。演讲的结尾有许多种，但是在即兴演讲中用得较多的是号召式、希望式和展望式结尾。因为这几种结尾方式有气魄，气势浩大，鼓舞人心，令人振奋，能给人留下深刻的印象。

三、即兴演讲思维训练

即兴演讲对一个人的思维能力要求很高，努力做到思维敏捷，需要平时加强训练：要快速思维，反应灵敏，随机应变；要联想丰富，联想相关的人和事，使演讲内容丰富；要善于发散思维，解决问题时能在同一个方向上流畅地想出多种不同类型的方案，能在不同的方向上想出多种不同类型的方案，增强演讲的说服力和统摄力。

《美国杂志》曾发表过美国著名影星道格拉斯·范明克的文章，介绍了他和查理·卓别林、玛丽·璧克馥几乎每天晚上都要做的一种即兴思考游戏：

> 我们每个人都在一张纸条上写一个题目，然后把这张纸条叠起来混在一起。每人抽出一张条子，他必须立即站起来就条子上的题目讲上一分钟。我们的题目次次不同。有一天晚上，我不得不讲讲“灯罩”这个题目。如果你认为这个题目不费吹灰之力，那你只要亲自试试就知道了，我好歹总算讲了下来。
>
> 但问题的关键是，自从我们三个人开始做这个游戏以后，都锻炼得思维敏捷了，我们懂得了五花八门的丰富知识。然而，比这更使人高兴的是，我们是在锻炼对任何一个题目经过片刻就调集起知识和思想的能力，我们是在学习怎样即兴思考。

戴尔·卡耐基也通过演讲教学实践，证明这种练习功用有两方面：一是它可以向别人证明，他们能够即兴思考；二是这种经验使他们在做有准备的演讲时，更为气定神闲，更有充分的信心。

即兴演讲思维训练的方法很多，下面介绍几种有效的方法：

1. 连接法

连接法是承接着上一位演讲者的话茬继续往下说的训练方法。

戴尔·卡耐基在训练学员即兴演讲时就用过这种连接法。卡耐基叫一位学员以绝妙的词语开始叙说一个故事。比如，这位学员说："前几天我正驾着直升机，突然注意到一大群飞碟正朝我靠近。于是我开始下降，可最靠近的飞碟里却有个小人开始向我开火，我……"

说到这里，铃声响起，表示这位演说者的时间已经结束，接下来的另一位学员必须把故事接下去。等到班上每个人都进行了一段演讲后，这个连接训练也就圆满地结束了。

实践证明，连接法对于培养即兴演讲技巧是行之有效的。

2. 连点法

连点法是将头脑中闪现出的人、事、物等零散点，按照一定的顺序和结构连缀成篇的训练方法。

假如你出席某市企业新闻工作者协会成立大会，这次大会是在某厂新建的俱乐部会议厅召开的。将你头脑中闪现的散点，连缀成一段精短的演讲词。

散点为：①主席台上盛开的杜鹏花；②到会的众多新闻工作者；③十分漂亮的会议厅。

请看上海市新闻工作者协会主席王维同志在类似场合所作的即兴演讲：

> 我来参加会议，没有想到有这么好的会场。这个会场不要说是企业报记者协会成立大会，就是记协成立大会也可以在这里召开。没有想到有这么多的企业报记者、编辑参加这个大会。它说明企业报社的同仁是热爱自己的组织、支持这个组织的。没有想到，今天摆在主席台上的杜鹃花这么美丽。鲜花盛开，这标志着企业报记者协会也会像这杜鹃花一样红红火火、璀璨夺目……

王维同志的即兴演讲通过三个"没有想到"，将会场、人员、鲜花这三个"散点"有序地连缀在一起，从而揭示了企业报记协的实力，赞扬了会员们的凝聚力，并表达了对企业报记协的美好祝愿。

连点的方法有纵式、横式和纵横结合的网式三种，演讲者可根据情况灵活运用。

3.联想法

联想法是由一事物想到另一事物的训练方法。它可以是由当前的事物回忆起有关的另一事物，或由想起的一件事物又想到另一件事物。

联想训练有利于创造能力的提高。科学家哈定说，一切创造家几乎都是幻想家。

苏联心理学家哥洛万斯和斯塔林茨研究证明，任何两个概念都可以经过四五个步骤，来建立起联系。例如“木材”与“皮球”，它们看似是两个毫不相干的概念，但经过四个步骤就可建立联系：木材——树林；树林——田野；田野——足球场；足球场——皮球。又如“天空”和“茶杯”，只要经过三个步骤，就可使它们发生联系：天空——土地；土地——水；水——茶杯。

因此，在一般情况下，经过三四个至多是五个步骤，两个毫无关联的概念都能发生自然的联系，经常做联想训练将大大地激发我们的想象力，有力地提高我们即兴演讲的能力。

第四节　幽默艺术

在现代社会，人们总是面临着许多压力，他们的神经常常处于紧张状态，所以，一旦有人能够让他们放松下来，他们就会对其产生好感。事实上，没有人会喜欢非常严肃的话题，一旦演讲者所谈论的话题太过专业、严肃，听众就会觉得乏味而走神。而幽默性的演讲可以让人放松下来，一个资深的演讲高手必然是一个善于幽默的人，他们会在恰当的时候用幽默的语言和故事来表达自我，让听众在捧腹大笑中记住这个人。

一、自嘲式幽默

自嘲就是“自我开炮”，是用诙谐的语言巧妙地自我介绍，使听众倍感亲切，无形中缩短了与听众之间的距离。如胡适在一次演讲时这样开头：“我今天不是来向诸君作报告的，我是来‘胡说’的，因为我姓胡。”话音刚落，听众大笑。这个开场白既巧妙地介绍了自己，又体现了演讲者谦逊的修养，而且活跃了现场气氛，拉近了演讲者与听众之间的情感联系，一石三鸟，堪称一绝。

1990年中央电视台邀请台湾影视艺术家凌峰先生参加春节联欢晚会。当时，许多观众对他还很陌生，可是他说完那妙不可言的开场白后，一下子被观众认同并受到了热烈欢迎。他说："在下凌峰，我和文章不同，虽然我们都获得过'金钟奖'和最佳男歌星称号，但我以长得难看而出名……一般来说，女观众对我的印象不太好，她们认为我是人比黄花瘦，脸比煤炭黑。"这一番话嬉而不谑，妙趣横生，观众捧腹大笑。这段开场白给人们留下了非常坦诚、风趣幽默的良好印象。不久，在"金话筒之夜"文艺晚会上，只见他满脸含笑，对观众说："很高兴又见到了你们，很不幸又见到了我。"观众报以热烈的掌声。自此，凌峰的名字就传遍了祖国大地。

二、段子式幽默

文学家林语堂的演讲水平堪称绝唱，被人们称为"幽默大师"。他的演讲总是妙语连珠，精彩纷呈，每次都能留下一两句令人捧腹又无法忘记的妙语。有一次，他到一所大学去参观。随后，校长请他和学生们共餐。校长认为这是一次难得的机会，就临时起意，请他给学生讲几句话。林语堂很为难，无奈之下，他在给学生演讲时讲了一个段子：

"古罗马时代，皇帝常指派手下将活人投到斗兽场中给野兽吃掉，他就在兽吃活人的撕心裂肺的喊叫和淋漓的鲜血中观赏。有一天，皇帝命令将一个人关进斗兽场，让一头狮子去吃。这人见了狮子，并不害怕。他走近狮子，在它耳边轻轻说了几句话，只见那狮子掉头就走，不去吃他了。皇帝见了，十分奇怪。他想，大约是这头狮子肚子不饿，胃口不好，见了活人都懒得吃。于是，他命令放出一只饿虎来。饿虎两眼放着凶光扑过来，那人依然不怕。他又走到老虎近旁，向它耳语一番。那只饿虎也灰溜溜地逃走了。皇帝目睹一切，觉得难以置信，他想，这个人到底有什么法术令狮子饿虎不吃他呢？他将那人召来盘问：'你究竟向那些狮子、老虎说了什么话，使它们掉头而去？'那人不慌不忙地回答：'陛下，其实很简单，我只是提醒它们，吃掉我当然很容易，可是吃了以后你得开口说话，演讲一番。'"

顿时，餐厅里掌声雷动，大家笑得前俯后仰。唯独那位校长脸色通红，啼笑皆非。林语堂在完成演讲任务的同时，通过这样的故事委婉地告诉校长，演讲并非易事，而强人所难更是不可取的。

可见，幽默性是演讲的佐料，能够为演讲增味不少。无论讲什么，都不要太过枯燥，恰到好处的幽默更能创造出成功的演讲。

三、应变式幽默

演讲中，经常会遇到意想不到的情况。解决突发、化解尴尬、彰显智慧，往往体现在幽默表达上。

例如，著名作家老舍在一次演讲开头即说："我今天给大家谈六个问题。"接着，他第一、第二、第三、第四、第五，井井有条地谈下去。谈完第五个问题，他发现离散会的时间不多了，于是他提高嗓门，一本正经地说："第六，散会。"听众起初一愣，不久就欢快地鼓起掌来。老舍在这里运用的就是一种"平地起波澜"的造势艺术，打破了正常的演讲内容，从而出乎听众的意料，收到了幽默的效果。

全国写作协会曾在广东省深圳市罗湖区举行年会。开幕式上，省、市各级有关领导，逐一发言祝贺。轮到罗湖区党委书记发言时，开幕式已进行了很长时间。于是他这样说："首先，我代表罗湖区委和区政府，对各位专家学者表示热烈的欢迎。"掌声过后，稍事停顿，他又响亮地说："最后，我预祝大会圆满成功。我的话说完了。"他以迅雷不及掩耳之势结束了演讲。听众开始也是一愣，随后，爆发出欢快的掌声。因为，从"首先"一下子跳到"最后"，中间省去了其次、第三、第四……这样的讲话，如天外来石，出人预料，恰如其分地把握住听众的心态，达到了石破天惊的幽默效果，确实是风格独具，心裁别出。

在延安的一次演讲会上，当演讲快结束时，毛泽东掏出一盒香烟，用手指在里面慢慢地摸，但掏了半天也不见掏出一支烟来，显然是抽光了。有关人员十分着急，因为毛泽东烟瘾很大，于是有人立即动身去取烟。毛泽东一边讲，一边继续摸着烟盒，好一会，他笑嘻嘻地掏出仅有的一支烟，夹在手指上举起来，对着大家说："最后一条！"这个"最后一条"，表示毛泽东的话是最后一个问题，又是最后一支烟。一语双关，妙趣横生，全场大笑，听众们的一点疲劳和倦意也在笑声中一扫而光了。

幽默是一种智慧，能够使人愉悦，能够赢得好感，能够获得支持，能够体现一个人深厚的文化素养和丰富的文化内涵，还能够折射一个人的美好心灵。希望每一位演讲爱好者都能幽默起来，传播智慧和美好。

? 思考与训练

1. 演讲开场方式有很多种，试举出5种。

第一种：________________________________

第二种：________________________________

第三种：________________________________

第四种：________________________________

第五种：________________________________

2. 请参照制造悬念式开场，试讲一次《国旗下的演讲》。

3. 诗化、美化、艺术化的演讲有哪些特征?

4. 试讲一个幽默故事，让身边的人开心一笑。

5. 试将星空、电脑、骏马、茉莉花、大熊猫联系起来，即兴讲述一个完整的故事。

6. 2022年6月，中国传媒大学廖祥忠校长在2022届毕业典礼上的演讲《莫听穿林打叶声 何妨吟啸且徐行》（节选）内容丰富，富有诗意，富含哲理，时代性浓，励志感强。

请同学们熟悉稿件，把握内涵，发挥表达艺术，模拟未来“师者”身份进行演讲，感染和引导万千学子们，努力为以中国式现代化全面推进中华民族伟大复兴，奉献青春、智慧和力量。

莫听穿林打叶声 何妨吟啸且徐行

——在中国传媒大学2022届毕业典礼上的讲话（节选）

廖祥忠

时光不居，岁月如流。疫情的阴霾仍未消散，又一个毕业季如期而至，空空的校园，繁花相送，杨柳依依。

……

风云跌宕、机缘难料，无论是本科生、硕士生还是博士生，疫情肆虐，占据了你们学业中的大半时间，走出校门时，又赶上“史上最多的一届毕业生”。你们不得不一次次离开温暖的校园，快速适应“居家上网课、云中找工作”。你们在疫情的“暂停键”下，静默成长。多少次，和本应属于自己的鲜花和掌声擦肩而过；多少次，在人生最美好的时光里，惆怅和焦虑伴随你们度过。

同学们，你们不容易！

沧海横流，方显英雄本色。你们不畏艰难，永不言弃，在被疫情笼罩的困难时期风雨兼程，不断突破，终于完成了人生大考，迎来了今天的化茧成蝶。

同学们，你们了不起！

习近平总书记深刻指出：“重大的历史进步都是在一些重大的灾难之后，我们这个民族就是这样在艰难困苦中历练、成长起来的。”

同学们，你们何尝不是！

……

人生没有白吃的苦，同学们吃的每一份苦，受的每一处伤，都将镌刻为你们成长的印章；人生也没有那么多按部就班，只有在被打乱的节奏里不断重振旗鼓，才能积攒成你们未来站得住脚、立得住身的坚强定力。

……

在今后的日子里，希望大家修得三心：

修得一份坚毅心，苦其心志，坚持有恒，不乱于心，不困于情，在磨砺中勇毅前行！

修得一份自愈心，学会取暖，定期刷新，心若止水，云淡风轻，在断舍离中轻装前行！

修得一份平常心，物来顺应，既过不恋，得之淡然，失之坦然，在风雨交加中从容前行！

同学们，九百四十年前，在黄州的一场雨后，苏轼写下了那首流传千古

的《定风波》:

莫听穿林打叶声，何妨吟啸且徐行。竹杖芒鞋轻胜马，谁怕？一蓑烟雨任平生。

料峭春风吹酒醒，微冷，山头斜照却相迎。回首向来萧瑟处，归去，也无风雨也无晴。

……

莫听穿林打叶声，何妨吟啸且徐行！

愿你们风雨无阻定风波！

7. 共和国演讲泰斗李燕杰有一句哲理名言：演讲的第一智慧是道德。请谈谈对这句话的理解。

8. 党的二十大报告指出：“青年强，则国家强。当代中国青年生逢其时，施展才干的舞台无比广阔，实现梦想的前景无比光明。”请围绕这段话，创作一篇5分钟的演讲稿，题目自拟，并在3个以上不同的场合进行演讲。

附录
李燕杰智慧名言300条

李燕杰先生是举国公认的“共和国演讲泰斗”，共和国第一位德育教授，著名教育艺术家，中共中央、国务院慰问全球留学生代表团首席演讲家，全国先进教师，有突出贡献专家（享受国务院特殊津贴），第六、第七届全国政协委员，全国总工会第八、九届执委，第五届中共北京市委委员，北京市劳动模范，首都师范大学教授，北京自修大学校长，《教育艺术》杂志社社长，联合国和平基金会称誉他为“世界上最可爱的人”，联合国教科文组织授予他“中国文化圣贤”称号。他在国内外880多个城市演讲6600余场，创中国演讲史上的最高纪录。李燕杰被誉为真善美的传道士、爱与美的化身、铸魂之师、青年导师。他一生坚持理论联系实际，著书100多种，数千万字，其中《塑造美的心灵》被誉为“抚慰中国人心灵的圣经”，被翻译成多种文字出版发行逾1200万册，他的名字和事迹先后收录于《中国当代名人辞典》等几十种名人大辞典。2017年11月16日，燕杰大师因病仙逝，享年88岁。他的墓志铭：青年是我师，我是青年友。

燕杰先生智慧超群，智慧名言众多。编者摘录了300条有代表性的名言，为便于广大读者学习检索，我们将其分为理想信念、人生追求、修身养性、教育理念、演讲艺术、演讲技巧、演讲美学、人生感悟、教书育人、创新思维、家国情怀、励志奋斗、幸福情感、希望寄语和哲理思辨等十五大类。

“名言”其中虽有单句，但多为复句。读者可从中领略大师的智慧、哲理、精神与风范。

“名言”根植于他渊博的学识、丰厚的底蕴、深刻的感悟、正确的论断、闪光的思想、雄辩的思维、严密的逻辑、艺术的语言、超人的智慧与大师的风范。

“名言”朗朗上口，很接地气，在社会上广泛流传。幸有燕杰先生弟子董光海、颜永平、孙朝阳用心整理，承蒙李元授教授亲自指导，确保准确无误、真实可靠。

一、理想信念类

1. 演讲的第一智慧是道德。

2. 德，成才之前提。无德之人，即使有才，也难成大器。

3. 德、智、体，是成功之前提。无体，为废品；无智，为劣品；无德，为危险品。

4. 德与法，都重要。重德，以自律。重法，则为他律。重德，促人向善。重法，使人去恶。道德是软性的法律，法律是硬性的道德。德与法，如鸟之两翼、车之两轮，二者缺一不可。

5. 德，为国之基。义，为人之本。有德，有义，为国，为民。

6. 德，以爱国、爱民为大德，为至德。一个叛国之士，即使有小德而不爱国，也是无德。

7. 德同则心同，心同则志同。法同则轨同，轨同则道同。志同、道同，则业成。

8. 有德之人，应表里如一，言行一致，那些只用鞭子抽打别人的人，不可为伍。

9. 君子之交，淡淡如水，君子与君子相交，以德为朋。小人与小人相交，口甜如蜜，小人与小人相依，以利为据。

10. 智慧是人走向成功的阶梯；智慧是人走向成功的桥梁；智慧是人走向成功的船舶。

11. 智慧中有最佳点。一个成功者，多是在自己的智慧中找到立足点，又找到制高点，然后再找到切入点。找“点”是学问，也是艺术。

12. 人类智慧的可贵之处，就在于能在苦闷中发挥力量，在黑暗中见到光明，在绝望中看到希望，在显露丑恶一面的同时也能展示给人们美好的一面。

13. 智者之智慧，在于分辨是非。人生一切变化都是在美与丑之间、光明与黑暗之间、正义与非正义之间徘徊。智者，总会理智地对待这一切。

14. 智者的智慧在于提高自己生存质量的同时，也提高他人的生活质量；使自己幸福的同时，也使他人幸福。

15. 一个聪明人懂得：用智慧做圆心，以时间累积出来的经验为半径，靠辛勤画出一个圆满的人生，才是成功的人生。

16. 智者，永远要有自己的意旨。每个人在前进途中，总会受客观形势的制约。然而，聪明的人，决不会让别人牵着鼻子走。智者，虽然懂得过去的历史，但更善于抓住现在。智者深知只有抓住今天，将来才会有所收获。

17. 智慧可以引发感悟，感悟可以求得真理，真理可以促人成功。

18. 智慧是种子，可以生成利于成功的各种果实。它可以产生敏锐的思想、演讲的思辨、机敏的行动。

19. 有智慧的人，多是大度的人。大智与大度往往成正比。惟宽可以容人，惟厚可以载物。有学问的人，不见得有智慧。有智慧，利于掌握学问。有智慧的人，既会为人处世，又能掌握学问。

20. 智者，耳聪，目明。他善于观察一切，善于倾听一切，做到他人还没敢想的一切。智者与智者急需互助。你给我一个苹果，我给你一个苹果，各自还是只有一个苹果。你给我一个智慧，我给你一个智慧，我们彼此就赢得了双倍的智慧。

21. 智慧来源于先天，也来源于后天。先天，靠聪明；后天，靠磨练。我十分欣赏这句名言：懒惰是躯体的愚蠢，而愚蠢是智慧的懒惰。

22. 智慧，是人类文明的花朵。智慧是人们走向成功的根基。

23. 富翁的财富，是金钱。成功者的财富，是智慧。缺少智慧比缺少金钱更糟糕。正如哲人所说：智慧比金钱更可贵。一个人善于发现自己的聪明是一种智慧，一个人善于发现自己的不足，是更值得重视的智慧。

24. 智慧的标志，是全面地认识过去；智慧的标志，是正确地理解现在；智慧的标志，是超前地预见将来。

25. 智慧助人超越历史，智慧助人超越现实，智慧助人超越自我。

26. 智者，往往把智慧埋在心底，而愚者却处处显示自己的智慧。智者，之所以不以智者自居，因为他深知，聪明的人并非事事聪慧。

27. 思考与追求是智者变成智慧的钥匙。

28. 需要精神生活越多的人，其智慧也越高。

29. 庸人，经常怪罪于客观，埋怨处境之险恶。智者，经常思考如何改造处境。化险为夷，是智者的思路。

30. 人生在世，也许可以没有金钱，但不能没有智慧，有智慧可以换得金钱，金钱却不能买到智慧。金钱不是万能的，但没有金钱是万万不能的；智慧不是万能的，但失去智慧更是万万不能的。

二、人生追求类

31. 人的一生追求至真、至善、至美。

真，真实，科学。真实是人生的命脉，是一切价值的根基。世界上的一切没有比真实、真诚、真切更可贵，更可爱的了。

善，善良，道德。善是讲人的内心、人的自律。

美，美好，美丽。美像真理一样，最朴实，最有光辉，最有魅力，美的事物给人以永恒的喜悦。

十全十美是上天的尺度，而努力实现十全十美这种愿望则是人类的尺度。

爱因斯坦说：有些理想为我们指引过道路，并不断给我们新的勇气以欣然面对人生。那些理想就是真善美。

32. 黑暗，并不可怕，可怕的是你自己没有追求并创造光明的勇气。阴冷，并不可怕，可怕的是你自己没有追求并创造温暖的智慧。

33. 只要天空还有阳光在照耀，我们就不怕大海中还有浪涛。让别人去做象牙塔中的安乐王子吧，我们的使命是要战胜海上的风暴。

34. 人生在世，既不要随波逐流，也不必愤世嫉俗，需要的是清清白白地做人，兢兢业业地做事。

35. 每座高山背后都有一道峡谷，人生旅途中怎能企望永远是平坦的大路？大海在风平浪静之后也会出现汹涌波涛，只有乘风破浪、勇往直前的人才能到达光辉的彼岸。

36. 一个人活世上，重要的不在于活了多久，而是在有限的生命中，是否为人们献上了一颗赤子之心；通过自己的辛勤劳动，把幸福与美好的东西献给他人。

37. 不断地用辛勤的创造、汗水和心血换来成果，来充实自己的生活，这才是真正有光彩、有活力的生活。

38. 人生活在世上不过百年而已，多做一件好事，就等于延长了自己的生命。少做一件好事，就等于缩短了自己的生命。争分夺秒地工作，分秒必争地学习的人是有识之士。

39. 人生最美好的，是在生前用灵魂、心血、情感、声音、语言去塑造一颗颗美好的心，而且让它在人民中延伸。在你停止呼吸之后，还能用你所创造的一切为后人效力。

40. 生命中的一天，就是历史上的一页。真正能掌握时间的人，才真正掌握了自己的生命。真正掌握生命的人，才真正掌握命运。

41. 用智慧做圆心、以时间累积出来的经验为半径，靠辛勤画出一个圆满的人生，才是成功的人生。

42. 人生在世，既不要随波逐流，也不必愤世嫉俗，需要的是清清白白地做人，兢兢业业地做事。

人生在世，少不了寂寞失意，坎坷磨难，甚至阴暗笼罩，困苦相伴。面对挫折与困难，智者总会为自己打气壮胆告诫自己——能经天磨真好汉，未遭人嫉是庸才。

奋斗者的人生，在拼搏中磨砺，在奋进中延伸，在创造中结果，在艰难险阻中走出自己的道路。

43. 一个没有自信力的人想取得成功，天下绝无此事，人间也绝无此理。自信力加毅力与成功成正比。

44. 如果说理想是引航人生的舵，毅力则是遨游人生的桨。沿着正确的方向，坚持到底，就能驶向彼岸。人生何所贵？所贵在始终。

45. 人生道路，平坦者少，崎岖者多。当走在坎坷的路上，一些人要退缩时，那些有意志力的人，一定会勇敢地再前进一步。这关键的一步，迎来的或许就是“柳暗花明又一村”。

三、修身养性类

46. 我们要讲修、齐、治、平。首先要修身，要做一个正直的好人，要“一身正气无媚骨，心底无私天地宽”。要齐家，要把家搞好，家和万事兴。要治国，要把国家建设好。要平天下，要使天下太平。如果把修身、齐家、治国、平天下排列成ABCD，那么在考虑BCD时，都不能忘记A，时时想到修身。

47. 一个想让别人提高道德的人，他自己必须有道德。一个想让别人提高智慧的人，他自己必须有智慧。人是万物之灵，人的价值高于任何物的价值，所以铸魂者要千方百计提高自身德、才、学、识、艺、体。

48. 我经常在想，你要关心祖国的未来吗？请你首先关心青年一代。要关心青年一代吗？请你首先关心青年教育。你要关心青年教育吗？请你首先研究教育的艺术和方法。教育艺术的最大价值，在于提高人的精神境界。教育艺术使受教育者如沐春风，在爱与美中增进智慧。

49. 真诚，是一种美的力度。真诚，是道德力量、智慧力量、意志力量的综合。真诚，是一种美的情感的体现。

50. 要想受到别人尊重，要想得到社会的重视，要想得到别人的厚爱，那么，首先要尊重别人，重视别人，厚爱别人。同时，要用自己的言行与作为证明自己值得别人尊重、重视、厚爱，别无他法。

51. 对他人的尊重，实际上是对自己的尊重，人与人在彼此间互相尊重时，显示了一种美与爱。礼仪，是一种习惯，是一种素质，是多种教育的集中体现。一个不懂礼仪的民族，一定是一个不文明的民族。

52. 海纳百川，是宽容；山容万木，是宽容。为了成就一番事业，必须宽以待人。荀子说：君子贤而能容罢，知而能容愚，博而能容浅，粹而能容杂。

53. 诚信，仰不愧于天，俯不怍于地。独行不愧对影子，独睡无愧对衣被。

54. 谦逊的人，是美的；而狂妄的人，则是丑的。中外古今，概莫能外。有人说："狂妄，是野心的暴露。狂妄，是胆怯的掩饰。狂妄，是无知的证实。狂妄，是病态的展现。"

55. 善良是演讲人心态的营养素，
宽容是演讲人心态的安全散，
乐观是演讲人心态的不老丹，
淡泊是演讲人心态的免疫剂，
多思是演讲人心态的健脑丸。

56. 生活中，给自己安排一个适度的位置，既不要妄自尊大，又不要妄自菲薄。把自己摆得太高，就要失去地气，把自己摆得太低，又难接上空中的浑元大气。适度才潇洒，潇洒必适度。

57. 一个人在讲台上夸大事实，炫耀自己，绝无好处。因为群众的眼睛是雪亮的，一个人想在台上用几句话掩人耳目，几乎是不可能的，即使掩饰一时，也不能掩饰永世。我曾在报纸上看到这样几句话："靠嘲弄别人抬高自己的人，往往是自己作践自己，靠吹嘘和谎言美化自己的人，最终只会丑化自己"。请记住，如果一千个人听讲，就有一千双耳朵、一千双眼睛在听在看。

58. 当人们研究"人生观"时，往往忽略了研究"人死观"，如果只懂得如何有意义地活着，却不懂死亡在某些时刻的价值，就不可能出现文天祥、董存瑞这样的英雄人物，也不可能感受到他们视死如归的英雄气概。

59. 大爱无外，大爱无内，大爱无私，大爱无畏，大爱无怨，大爱无悔。

大智有谋，大智有慧，大智有德，大智有识，大智有才，大智有学。

大美至真，大美至善，大美至柔，大美至刚，大美至纯，大美至伟。

四、教育理念类

60. 教育是科学，更是艺术。如果把教育艺术仅视为一种方法，必然把它当成雕虫小技。只有把教育艺术视为真正的艺术时，才能从宏观到微观全面提高教育质量，从内容到形式都使教育成为一种美的享受。所以，真、善、美的传播，是教育艺术实践永不褪色的主题。因为，真，是科学；善，是道德；美，是艺术。

61. 什么是教育艺术的魅力呢？它是吸引力、诱发力、感染力、感动力等征服人心的力的总称。教育艺术魅力，是教育美感动力系统所产生的多因一果作用，即诸多因素形成的一种诱人的力度。教育工作者如果不懂教育的艺术，那他的教育教学实践就不可能有魅力。

62. 教育艺术如一团火，在人的灵魂深处燃烧，发光，发热。把火分为光和热。创造过程是燃烧。决不能只重视光，不重视热。更不能只重视光的照耀，而忘记热的辐射。

63. 人类，创造了伟大的艺术，伟大的艺术又创造了全新意义上的人。人类，创造了伟大的教育艺术，教育艺术必将增进人的智慧，去塑造人的美好灵魂。教育艺术的目的在于净化灵魂，开启智慧。教育艺术，是教育家心灵深处闪烁的智慧和光彩。

64. 任何民族如果不能向人类思想史贡献一个或几个铸魂育才的大师，它便无法向世界证明自己民族的优秀，无法证明本民族的精神品位和文化层次，它就无法改变有学问却无文化、有学历却无智慧的局面。

65. 大本大元求大智，
大爱大美利大成，
求真求善又求美，
立德立言再立功。

66. 德识才学共进，
修齐治平谐行，
魂道器术兼顾，
习熏悟化升腾。

67. 读《精忠岳传》，记住一个“忠”字，
读《水浒传》，记住一个“义”字，
读《西游记》，记住一个“悟”字，
读《红楼梦》，记住一个“情”字，
读《三国演义》，记住一个“谋”字。

68. 宇宙全息论：天与人，
大成智慧论：宏与微，
羲皇文化论：阴与阳，
神州谋略论：奇与正，
铸魂艺术论：美与丑，
演讲美术论：道与术，
中外对比论：中与外，
古今对照论：古与今。

69. 为什么要实现中国梦？
为了老百姓过好日子。
为什么要讲社会主义核心价值观？

为了人民有个好活法。

为什么要学习中华优秀传统文化?

为了人民有好营养。

增强全国人民的归属感、认同感、自豪感、责任感、使命感、危机感。

70. 要走正路,

不走邪路,

要走活路,

不走死路。

71. 我们是龙的传人。

龙是

马的脸,

牛的眼,

虾的须,

鹿的角,

蛇的腰,

鱼的鳞,

虎的腿,

鹰的爪。

72. 由于教书育人的需要,品德必须高尚。

由于授业解惑的需要,学问必须渊博。

由于科学研究的需要,观念必须超前。

由于为人师表的需要,身心必须健康。

73. 教育艺术,是美的双向导通。教学相长,互相启迪。在动态结构中,使人感受到一种强劲的力度。动中有静,静中有动,动中有诗,静中有美。听众在默默无言中去体会、去感受。

74. 演讲是科学,演讲更是美学。二者的统一,迸发出一种无形的力,它吸引人、感染人、感召人,而且使人动情、动容,净化思想,再造灵魂。

75. 教育艺术的语言,有张有弛,有急有缓。有时如潺潺流水,有时娓娓动听,有时如雄狮怒吼,气势磅礴,有时如急雨直射,有时如雨中停歇。

76. 科学，需要艺术化；艺术，也需要科学化。教育，是科学；教育，也是艺术。它们从塔底分手，如今又在塔尖结合。我们研究的教育艺术，就是科学与艺术的结合，我们要使随着历史而分手的领域，又随着历史的前进而携手。

77. 教育艺术的价值："不在于让人拿到一副好牌，而在于让人打好坏牌。"这里有崎岖、有坎坷，但也有平川、田园、广阔的碧空、无垠的绿野，在上下、四方、六合之内，引发无尽的情思，通向明天，走向未来，进入一个更新的天地。

五、演讲艺术类

78. 演讲是一种艺术，是一种综合艺术。任何艺术都需要创造，同时也需要借鉴，甚至采取拿来主义，拿过来为我所用。记得但丁说："不只从自己的智慧中摄取清水供人一饮，还要掺入我们从别人那里取来或收集来最好的东西，好使我们能够提供最甜美的蜜水。"

这话讲得多好，一个演讲家每天要充分开掘自己的智慧源泉，同时又要从别人那里取来最好的东西，其目的是为了听众。总之，任何创作都需要从这两方面入手，争取为大家提供最甜美的蜜水。

79. 艺者，植也。植者，辛勤劳作也。既然是一种艺术，就应当是一种创作，创造出来的，也应当是美的。一次好的演讲一定是多种艺术的综合体现，包括诗歌、音乐、小说、戏剧、相声等艺术。这些艺术都有使人快乐的功能。好的演讲，如能做到诗化、美化、艺术化、哲理化，它就应当使人百听不厌，在美的享受中提高智慧。它使演讲人与听众双方获得精神上的满足，且得到精神上的愉悦、心理上的平衡，进而升华为一种高尚的情操，促使整个精神世界更加充实和谐。如果演讲能为听众提供快慰、振奋和享受，听众必然在听讲中自愿地在潜移默化中接受演讲人所宣传的真理。如果把演讲视为教育的话，就是寓教于美，寓教于乐。

80. 演讲是一门学问，是一门艺术，演讲也是一种事业。一个著名的演讲家对他来说，演讲是一种事业，而不单纯是一种职业。他们有的把毕生的经历都献给了演讲事业，鞠躬尽瘁，死而后已。

81. 一个演讲家要懂得艺术，要使枯燥的说教变成一种艺术，形成一种美，而且要按道与法的法则形式。在演讲中要超象出群，就需要源于生活，又高于生活，基于现实，又高于现实。所以每场演讲都要平中有奇，要善于区别不同时间、不同地点、不同对象，然后讲出特色，讲出新意。

82. 演讲家要有诗歌般的真情，有小说般的人物，戏剧般的矛盾冲突，相声般的幽默，书法般的气韵，电影般的蒙太奇手法。为了使听众在听讲时得到一种美的享受，演讲家就要使自己的演讲过程成为美的享受。

83. 演讲是要有魅力的。魅力是指演讲的吸引力、感染力、感动力、感召力、向心力、凝聚力。

84. 有人说：眼睛是心灵的窗户。而我要说：嘴巴是智慧的窗口。

85. 作家让字躺在纸上，让读者读；演讲家让躺在纸上的字站立起来，走到听众心中。

86. 在活山活水之间，有了园中园、景中景，再有河流水，自然情趣盎然。一次演讲中，有几首诗，几个故事，几个寓言，再有几段哲理，波澜起伏，就会大大增强它的吸引力。

87. 老子是演讲家，他过世了，时代需要新的老子；孔子是演讲家，他过世了，时代需要新的孔子。今天，需要老子与孔子相结合，形成新时代的智慧。

88. 演讲，从内容到形式，形成有机体，也可称之为极复杂编织物。自然科学是经线，人文科学是纬线，二者结合才能构成锦缎。

89. 无论大人还是孩子，听讲过程精神的集中往往是有限的，为此，演讲家在演讲中要善于变换手法，大约20分钟要有一个变化。

90. 演讲家站在台上，语言要通俗，不要庸俗；心是要有傲骨，不要有傲气。

91. 人在演讲中，面对听众，既要目中无人，又要心中有数，二者缺一不可。

92. 雕刻家要把该削掉的削掉，泥塑家要把该补的补上，演讲家则应该补则补，该削则削，行乎所当行，止乎所当止。

93. 演讲应言简意赅。一句话变成十句话，不算伟大；十句话变成一句话，才是语言的天才。

六、演讲技巧类

94. 如何学会演讲？我的回答是，经常讲！如何成为演讲家？我的回答还是：

经常讲！一个人永远不讲话，无论如何也成不了演讲家。要想讲话，就得有素材，有理论，就得排列组合。总之，要多读、多看、多干，多动脑筋。反正不能盼望天上掉馅饼。记得一位老同志讲，要想干好一件事儿，就得有五个“千”字，千方百计，千辛万苦，千山万水，千家万户，千言万语。

我认为这个概括不错，一个人如果没有这“五千”精神，任何事也干不成。

95. 我上台前都要用无限标准来衡量自己的演讲，力争符合这五项基本原则。一般来讲，符合这五条一定能胜利：

第一，时代性、针对性；

第二，实用性、操作性；

第三，科学性、系统性；

第四，艺术性，强磁性；

第五，恒久性、延伸性；

有了这五条，再加上相应的艺术技巧，演讲一定能成功，所以能泰然自若，这是建立在五项基本原则之上的必胜信念。

96. 大千世界，万事万物，都有矛盾，有差别。演讲家要善于突出自己的特点。时代有风尚，民族有风俗，社会有风气，山河有风光。演讲家在观察万事万物时，既要了解相同点，又要掌握它的特异点，然后认真加以区别。要了解到风格是内容与形式的统一、主观与客观的统一、外在与内在的统一。我每到一个新地方，首先要调查研究，到街上走一走，到群众中听一听，看一看，千方百计掌握第一手资料，有的放矢地演讲，这样才能取胜。

97. 一般能够受欢迎的演讲家，至少应该在下述方面做得好些，即其言可信，其人可爱，其魂可敬。

98. 在每次演讲时，展示几幅包含深意的书法条幅，可以起到画龙点睛的作用，十分提神。如：

海到无边天作岸，

山临绝顶我为峰。

远望方觉风浪小，

凌空乃知海波平。

99. 最佳语言是哪些？

是能叫人眼亮的语言，

是能使人动情的语言，

是能使人惊叹的语言，

是能使人感悟的语言。

这其中有诗情，有哲理，应发人深省，应掷地有声。

我每天在听，在看，在想，在积累，已收集了一大批语言素材，只要一动脑筋，就可以把那些睡眠中的语言惊醒，召之即来，来之能用，用之能胜。

100. 演讲中的声音十分重要！写文章靠文字，演讲靠声音！我在演讲中非常重视声音的运用。

第一，声音大小要适合会场大小。会场很大，声音太小固然不好，会场很小，声音很大也不好。

第二，声音的运用要根据内容变化，要时而大些，时而小些，不要从头到尾一个调。除了大与小之外，还有一个快与慢的问题，快慢要随着内容变化。

总之，有声语言要准确、清晰，要善于变化，要有耐久力，要有爆发力，要越讲越带劲，不能越讲越没味。

101. 声音有很大的魅力与力量，为此发言时必须赋予声音磁场能量、共鸣性、信赖感、说服力与穿透力。

好的声音圆润、深厚、清亮，差的声音沙哑尖刻，低暗、呆滞，好的音质招人喜欢，差的音质惹人反感。要向演员学习，做到字正腔圆，要想字正腔圆，声若洪钟，则是三腔共鸣。所谓三腔，指口腔、鼻腔、喉腔，总之只要多听、多学、多想、多练，总会提高。

102. 我在演讲中比较重视这三者的关系：

第一，声，很重要。演讲是一种口头表述，是一种有声艺术。当然，要重视声音，既要讲音色，也要讲音量，又要讲音质。这三者能配合得好，首先就能使听众感到悦耳。这无疑是演讲时的第一效果。

第二，情，我的理解是，在演讲中要有理，也要有情。在演讲中要情理结合，情理交融，二者缺一不可。在演讲时，一定要十分重视情感，要情感到位，要爱憎分明，要得体得当。

我是最重感情的演讲人，我一直强调要用全身心的感情来演讲，在演讲中要情深意挚。

第三，形、形体、形态、形象都十分重要。我在演讲中，从面部表情到肢体动作手势，都十分注重。这里就包括演讲中讲而演。在演讲中，要使演讲的形式与讲的内容和谐统一。一个演讲者有了声、有了情，又有了形，才会使演讲臻于完善，进而达到臻于完美。

103. 说出听众的心里话，喊出了听众心中的声音，使听众欲行欲动，彼此产生强烈共鸣共振，使听众坐不住，立即行动。

104. 在演讲中要说服、征服群众，必须有一定的征服力：

第一，要有人格力量，首先自己做人要正，言行如一。

第二，要有情感上的力量，要真挚，要实在，感情充沛。

第三，要有逻辑的力量，要言之成理，自圆其说，不能语无伦次。

第四，例证要动人。

第五，语言要坚定鲜明，生动有力，掷地有声。

人格要高尚，感情要充沛，逻辑要严谨，例证要动人，语言要生动。

总之，从演讲本人到演讲稿，从讲的内容到讲的形式，从感性到理性，都应当要有相应的力度，才有可能形成演讲的征服力。

105. 一次成功的演讲，不仅要有语言、情态、手势、道具，而且要有感情、有哲理、有新意、有趣味。

106. 要想有气势，必须高屋建瓴，建字通“倾”，泼水之意。瓴，指装水的瓶子，在高高的屋顶，倾瓶出水，势不可当。

我们在讲台上采取三势主义：

一是造势，

二是蓄势，

三是攻势。

107. 走神、忘词、思维中断，在所难免。每当遇到这种情况，演讲人很容易紧张，搞得很难堪，甚至弄得手足无措。

我也曾出现过这种情况。解决的办法是：

第一，平时把演讲的内容记得熟熟的，但千万不要死记硬背，只要记个概括，到台上就可以发挥，千万不能像朗诵那样死记硬背。

第二，善于从现场实际出发，联系现场听众中的事迹，形成与现实相结合的蒙太奇手法。

第三，尽可能快地在停顿处加上一些格言、警句，或换上一个故事，使停顿时间限制在最短时间内。

第四，还可以在停顿时理理头发，挪挪讲稿。喝一口水，定定神，这时马上会恢复记忆。

108. 在改稿过程中，主要有下列方法：

第一，要先把那些书面语言改为口头语言，消除那些半文半白的话，这是首要的。

第二，把生僻的词改为常用词。

第三，把一些古诗词译成白话，有时还分三步走：（1）解词（2）串意（3）译成白话。

第四，有时还有意识地将某些名词、术语变为当地的语言或所在单位、所在系统的行话。

总之，要时时注意向群众学习语言，如能做到一句话、四五种说法，在台上就可以随机应变，运用自如。

109. 演讲不能凭仗花里胡哨的词藻，不能靠那些奇特的形象，也不靠那些怪异的形式，而在于：

情的感染力，

理的说服力，

美的诱惑力。

110. 运用成语要注意：

第一，要文体相符，万万不能文不对题，用得不妥，会起到反作用、副作用。

第二，要明白易懂，不要使人“丈二和尚摸不着头脑”。

第三，一段演讲中，只用一两个成语或三四个成语为宜，不要用得太多。如果在一段演讲中用了七、八、十来个成语，必然使人感到啰嗦累赘，也不美。

111. 在演讲中提问大有好处：

第一，有利于情感交流。

第二，引起听众的注意。

第三，有利于深化对问题的认识。

我在演讲中提问有如下几种情况：

一是提出问题，等待听众的回答，真的让听众回答。

二是提出问题不一定让听众回答，只是问问而已，目的是引起注意。

三是提出问题自己回答，这实际是一种反诘语句。

另外还有一种有意让听众作出错误的判断，作出错误的回答，然后再纠正，形成会场上的矛盾冲突，以利于积极思考。这样做不仅可以调节会场情绪，而且可以增加快感。

112. 我在演讲中常常采用劝说的方法，即规劝，就是让别人听信的话。关键有二：

第一，要立论正确，只有正确，才能立于不败之地。

第二，要善于表达，让人家理解。也许说不服别人，但只要达到理解，也就成功了一半。

在规劝中，要言之有理，言之有物，言之有据，而且要将心比心，成功的奥秘在于替别人多想想。

113. 楹联用于演讲中，好处有很多，比如下例楹联：

“大地无边黄河无敌汇集千山雨水，

曦黄永在文化永存熏陶万代儿孙。”

有气势，讲对仗，寓意深刻。为了弘扬中国传统文化，我们借用了这幅对联，好处颇多，一新颖，二形象，三简洁。

114. 演讲该长则长，该短则短，这要看内容如何。我曾讲过：“一句话变十句话是蠢才，十句话变一句话是天才。”

我主张言简意明，言简意赅，千万不要拖泥带水，弄成烂婆娘的裹脚布——又臭又长。

115. 一个好的开端语，可以迅速缩短演讲人与听众的距离，不仅在感情上接近，而且在认识上接近。所以有人称开场白是彼此的桥梁，有了桥梁才好过渡。

开头，主要是三点：

一是对听众的称谓要适当，

二是题目要有诱发力，

三是第一个论断有雄辩力或者善于引人注意。

116. 无声的态势，有时比有声语言还重要，即“此时无声胜有声”。因为态势语言适度，可以包容有声语言不能表达的内容，有时还可意在言外，寓意其中。

最好的手势是“纯任自然，恰到好处”，要达到这个程度，就要做到：

一看，观察别人演讲中手势如何，好的则学习之，不好则避免之。

二想，认真揣摩，对着镜子研究自己手势的优劣。

三练，包括台上讲台下练，只有这样做才能臻于完美。

117. 道具语言，或称审美刺激物，具有独特的作用。

第一，它直观，一目了然。

第二，它形象，可以使抽象语言具象化。

第三，它可以起到聚焦作用。当你展示实物时，听众很容易把注意力集中到演讲台上，这不仅利于听讲，利于看，而且利于记忆。这一瞬间不但可调动听众听觉，而且可以调动听众视觉，听觉与视觉的相结合，必然起到互补互利的好作用。因此，我每次演讲都用审美刺激物。

118. 在演讲中运用刺激物，不要过多使用同一类型的东西，而要交错使用，时而用照片，时而用其他事物，参差错落效果才好。比如我用条幅让它起到提纲挈领的作用，用照片证实确有其事，用书本的某一论断证明其准确性，到底怎样算多？怎样算少？这要自己体会，如同厨师做菜，佐料、火候都要靠个人体会总结。

119. 逻辑顿歇在剧本中主要体现在标点符号上，逗号、顿号、分号、句号等，都能起到逻辑顿歇的作用。演讲上台前，要把台词中的句号、逗号搞清楚，演讲人在演讲时要注意句号、逗号等的停顿。停顿无疑也是一种语言，这是无声语言，这些无声语言也能表述演讲人要表达的情感。

120. 一个演讲家必须懂得人的心理。在演讲中，我经常考虑心理相融的原则，特别是给不熟悉的人演讲。必须强调三个“解”：

一是了解。事先要调查研究，对听众中的大多数应有所了解，无论优点与缺点，成绩与不足，都应略知一二。

二是理解。一个演讲家，对每个行业的人都应该做到理解，无论在内容方面还是在形式方面，都能使听众感到对自己并不生疏。

三是谅解。听众中有优势也有劣势，演讲人应当在全面了解的基础上，对他们一分为二，对他们的缺点与不足要谅解。

121. 一次演讲，如能使听众感到是一种享受，演讲者必须在事先花大工夫，下大力气。“台上一分钟，台下三年功。”“三年胳膊五年腿，十年也难练这张嘴。”“要给人一杯水，自己首先要有一桶水。”

122. 一人说话常有理，二人说话有对比，三人说话见高低，众人说话有真理。如古人所说：万人万双手，拖着泰山走。因为山高有顶，海深有底，群众智慧则无穷无尽。

123. 演讲者在大庭广众之下讲假话骗人，绝无好结果，偶尔骗了一些人，那是因为他骗术高明。有人讲、“最容易上当的谎言是被掺进虚假的实话。最易受骗的谬论是被稍加歪曲的‘真理’。”

这话讲得太好了，妙极了。演讲者、听讲者都应该仔细回味，从中悟出点哲理。

124. 我十分重视演讲高潮，我从准备开始就想到如何出现高潮。在演讲过程中，我逐步推向高潮，在高潮到来之前，尽最大可能把演讲推向高潮，从例证到警句都认真考虑，一步一步地推向高潮，一个高潮过去之后，再准备推向另一个高潮。这时我千方百计地强化自己的音色，增强音量，同时也要不断地改进音质。

125. 一个演讲者不能受到欢迎，大多数是因为只想取，不想给。生活是爱的源泉，爱只有在生活中才能发光。人的自我价值在自我中不能实现，只有在事业中，在为别人服务中才能实现。演讲家的爱只有在演讲中体现。爱是人类共同的需求，不懂得起码的常识，请不要当演讲家。

七、演讲美学类

126. 我主张人生在世，应当有爱与美的追求，要生活得充实、惬意，怎能没有爱与美？有人讲：“我们的时代需要美；我们的生活需要美；我们的心灵需要美；我们要播种美的种子；我们要冶炼美的矿石；我们要酿造美的甘泉；美学，任重道远。我愿是一束小小的烛光，伴随在美学攀登者身边。”

这里也道出了我们的心声。我想再补充一句话，演讲是美学的支持者、宣传者，最后也与美学融为一体，即演讲美学。

127. 诗是充满感情、饱含哲理的语言，简练，精辟，发人深省。有人说，诗，能激发人们思想的火花；诗，能掀起人们情感的波澜；诗，能促进人们精神的振奋；诗，能唤起人们心中的愉悦。为此，用诗演讲，何乐而不为，利于演讲中的艺术创作事半功倍。

128. 诗，应以天地为中心，以造化为师，以真为骨，以美为神，以社会人生为源，又以人间喜怒哀乐为怀，使之成为历史的回声、时代的折光。

129. 我经常在演讲中以诗与歌为载体。有时我直接引用古人的诗，如讲爱国时，我援以屈原、杜甫的诗，有时我改组古人的诗，赋予新意为我所用，甚至反其意而用之。另外，我自己也写诗，几乎每到一处即写一两首诗，有时连续写七八首诗，还经常借助原有歌谱填写新词，为我的演讲服务。

130. 我们作为演讲家，就要使“言有尽”而意不穷，在这“有”与“无”之间，用最少而又最准的语言起到美化作用，使演讲求得最佳时效性。为此，我一再主张诗化、美化、哲理化，特别是强调哲理化。

131. 诗是天地自然之音，哲学是天地自然之音，演讲也是天地自然之音。

132. 凡是有生命之光闪动的地方，就一定有诗。诗，是无形的画；画，是有形的诗。教育艺术家不仅要善于写诗，并且要善于绘画，要有声，有形，有色，有礼，声色并茂，形理相容。

133. 如何修辞？需要读读修辞学并且多读一些相关的文章。一阅读，二体察，三实践，四总结，坚持下去，一定会使自己的演讲变得更加美好。

134. 教学为了传播美，科研为了探讨美，演讲为了歌颂美，劳动为了创造美，我生活的一切，都在美的追求中。教师的一生是爱与美的历程，以全部爱奉献给学生，奉献给未来，与学生一道探索美，追求美，创造美，因为人类社会是按照美的规律创造一切。

135. 古往今来，谈美则很多，众说纷纭，什么是美呢？我不想从定义出发，而是想从实际出发。“凡能够引起美感的事物都是美的”，“美的东西必然引起人们的美感，人们在美的感受中体验，这本身又是一种美的享受”。

为此，我们的演讲应该使演讲内容与形式美化，使听众感到美，进而形成一种美的享受。

136. 演讲家，要想使听众发笑，首先自己要有愉悦心之情，要有乐观主义精神，要善于表述愉悦之情，又要善于使听众理解、接受这种感情。一次长篇演讲，没有掌声，没有笑声，必然是呆滞乏味的演讲，这种演讲不可能取得最佳功效。

137. 幽默是智者眼中的微笑，幽默是天才的智慧火花。

幽默是优质的情绪调节剂，也是人际关系的润滑剂。

幽默风趣是一种性格、气质、素质、品质的体现，源于一个人的文化修养、生活态度。

138. 含蓄是一种爱惜，一种尊重，一种恰到好处的微笑。

139. 柏拉图说："我们应该寻找一些有本领的艺术家，把自然的优美方面描绘出来，使我们的青年们像处在风和日暖的地带一样，四周的一切都对健康有益，天天耳濡目染于优秀的作品，像从一种清幽境界呼吸一阵清风，使他们不知不觉地从小就培养起对美的爱好，并且培养起融美于心灵的习惯。"这句话讲得多好，我这几十年中的演讲实践也证明了柏拉图这种论断的价值。

140. 我认为演讲者走上讲台之后，要有这样的自我要求，有状态、有神韵、有意境。

要有演讲加庄重而又谦逊的状态。

要有艺术加美妙而又质朴的神韵。

要有诗人深邃而又引人入胜的意境。

进而要形成个人风格独特的魅力，

包括自己的语言、声调、手势、情态，都要认真思考。

要真！使真走进听众！

要善！使善走进听众！

要美，使美贴近听众！

使这三者互动互补，形成一种演讲的美学，传承的艺术。总之，不是高高在上，不是哗众取宠，不是华而不实，要实而美美，要真真而善，要出神入化，要不同凡响。

141. 任何一个艺术家、美学家似乎都要研究愉悦这个令人快慰的字眼，一个演讲家也不例外。有人说，笑是一面胜利的旗帜，笑声中增进自信力，笑声中提高自觉性，笑声中揭露假恶丑，笑声中歌颂真善美。

142. 笑，可以缩短人与人之间的距离。我在演讲中的笑料是美化语言、活跃气氛的一种手段。

笑中，使人思考。

笑后，使人感悟。

笑声中，看到美，懂得丑，化紧张为轻松，化愁苦为愉快，化老气为青春！

使人笑，也是一种艺术。或者还可以说，使人笑，是一种才能，一种智慧，一种灵气，一种财富，一种美。

143. 人的趋乐避痛性，既是一种生理现象，也是一种心理现象。人都追求快乐，谁又愿意痛苦？所谓快感，是指好的演讲艺术使人产生愉快感情的体验，它起源于人对实际需求的满足。换句话说，演讲之所以能引起人的快感，是因为在演讲中，某些内容或形式可以使听众得到某种满足。为此，演讲人要经常研究听众的需求，包括外在的，也包括内在的，包括浅层的，也包括深层的。

144. 人都希望高兴，而笑则是高兴的表现。笑有多种，微笑、中笑、大笑、痴笑、狂笑、傻笑，有闭着嘴笑，张着嘴笑，咧着牙笑，仰天大笑，捧腹大笑，破涕而笑，忽啼忽笑，还有冷笑、假笑、苦笑。除后三者外，前边的笑都是愉悦的表现。俗语云，笑一笑，十年少。还有人张着嘴笑，比皱着眉笑的人，活得长远。为此，我主张通过演讲使听众得到某些满足，使人们笑起来也是一种艺术。

八、人生感悟类

145. 感悟，觉悟，醒悟。人生，是一个不断“悟”的过程。

146. 少年读书，如隙中窥月。

中年读书，如庭中望月。

老年读书，如台上观月。

147. 生活，是一位公正无私的审判官。它不仅让我们每个人学到生动、丰富、深刻的知识，而且会毫不留情地剖析我们每个人的心灵、思想。将我们一切恼人的缺点、弱点暴露无遗。

148. 不甘于寂寞的人最寂寞，人只有甘于寂寞才不寂寞。能忍受痛苦才能去除痛苦，不能忍受痛苦是最大的痛苦。

149. 什么都不懂的人，什么也不怀疑。什么都怀疑的人，什么也不真懂。一个正常的人应当理智、科学地对待客观事物，该疑则疑，不该疑则不疑。

150. 山脉有崎岖坎坷，海洋有波峰波谷，人生有艰难险阻。这些都是自然规律。它让人们懂得世界上没有平静的海、平平的山、坦直的路。

151. 即兴演讲的体会是：

第一，要不断扩大知识面。

第二，要善于组织材料。

第三，要善于突出主题与主线。

第四，要有较强的表达技巧。

第五，要善于应变。

掌握了上述这些还是不够的，一定要实践，要练习，熟能生巧。

152. 要想在事业上做出一些成绩，需要三才：一口才，二文才，三干才。

一是口才。口才是交流思想、传递信息、抒发感情的工具，无论到什么时候，口头表达总是不能消灭的，

二是文才。文字表达也很重要，写文章、写讲稿、写报告、写通知、写总结，都要动笔。

三是干才。要想事业发展，必须实干。毛泽东讲，我们要的是实干家，不是空头理论家，要会干，会实践。

以上三才相辅相成，相得益彰。在实际工作中，这三才往往融为一体。

153. “良药苦口利于病，忠言逆耳利于行。”这句古语似乎已成为人们公认的警句。良药，可不苦口。忠言，可不逆耳。我们的实践证明：甜口良药，更利于治病。顺耳忠言，更利于行。何乐不为呢?

154. 我们给子女留下什么样的世界，很大程度上取决于我们给世界留下什么样的子孙。

155. 记得有人讲：没有人是更优越的，没有人是更低劣的，也没有人是相同的，每个人都是独一无二的。世界上没有相同的沙粒，世界上没有相同的指纹。问题是要善于发现，开掘独特的自我。

156. 成熟的人，往往是有威望的人。在他的威望后面，一定是在默默无闻中做人做事，一定是在轰轰烈烈中治学治事。既能做人做事，又能治学治事，必然变得日益成熟干练。

157. 一个善于超越的人，往往是那些善于跨越的人。跨越学科，跨越时间，跨越国界。一个积极超越的人，善于上下贯通，善于内外沟通，善于左右联通。一个善于超越的人，又往往是多谋、善断、实干。

超越，是一种感受。超越，是一种喜悦。超越，是一种成就感。超越，是一种创新感。事业上的超越，需要行动上的超越，行动上的超越，需要思维、观念的超越。

158. 人的变化反映了自然界的变化，自然界的变化又影响着人的发展。

天有日月，旋转不停。

地有江河，川流不息。

人有气血，往返循环。

天体运行规律与人体生理变化不仅密切相关，而且有相似的节律。地球绕日公转、月球绕地球运行的规律，决定了地表一年四季十二个月、二十四个节气的气候变化的规律。

人体则由十二经脉和五脏六腑组成的二十四经腑与之对应。从这个意义上看，人是一个小宇宙。

159. 善观者，观滴水而知大海，观一指而知全身。不以其已之，蔽其所未之，而常以其所已知推，其所未知，是之谓慧观。

160. 人生最美好的是在生前用灵魂、心血、情感、声音、语言去塑造一颗颗美好的心，而且让它在人民中延伸，在你停止呼吸之后，还能用你所创造的一切为后人效力。

161. 善与恶、美与丑，在不同的时代，虽然有着不尽相同的内容与标准，但是要善不要恶，要美不要丑。趋善与向美是正常人的共性。

162. 卑微者不会永远卑微，高贵者不会永远高贵。在茫茫的黑夜中看不到光明，但我绝不丢弃对光明的向往与追求。奇迹是在人与人、人与自然发生激烈矛盾冲突、在遇到重大灾难当中实现的。

163. 跳出地球看人类，跳出中国看中国，跳出当前的小行当看全社会，而且要用第三只眼看未来。为此，我一再研究六论：宇宙全息论、大成智慧论、羲皇文化论、神州谋略论、铸魂艺术论、演讲美学论。

164. 我一贯不主张只学一家，要兼容并包，兼收兼蓄。儒家伟大，道家伟大，墨家、兵家都伟大。今天要善于综合研究，要集中各家之兴，弥补各家之短，形成今日的共识、共用、共爱，总之要找到规律——即道：学道，悟道，弘道。

165. 云中看山，必有山在。雾中看花，必有花在。云中看月，必有月在。山中，花中，月中，必有寓意，花不同，寄意也不同。梅之傲雪寄意无味，菊之傲霜寄意坚韧。月不同，圆月寄意团圆，半月寄意别思。山不同，春山郁郁寄意兴旺，秋山萧瑟寄意艰冷。从朦胧的山中、花中、月中，使我们悟出人生与社会的哲理。

166. 从史书中我发现一个十分重要的规律：讲到政治时，特别是讲到乱世时，总会出现一批论述文化创新的文学家，或者像演讲的大学者、圣贤，如孔子、孟子等。

讲到教育事业，我们发现，自古以来凡是书院、学院的掌门人，都是演讲家，如朱熹。

讲到经济改革、经济变迁，以及商道、商帮、商圣时，也会出现一大批演讲家，如子贡、范蠡。

当我们讲到军事家时，历朝历代的高级将领，在各种战略行动中，也会表现出卓越的演讲才能，如孙膑、吴起。

又比如物质文明发生变化的时候，出现一些科研、科技创造时，也会出现一批演讲家，如墨子。

总之，从中国历史上观察，凡大变革都会出现演讲家，真的是“一人之辩重于九鼎之宝，三寸之舌强于百万雄师”，“口能言之，身能行之，国宝也”。

167. 生命对于一个人来说，只有一次，绝无二回。我们首先要找到人生的支柱，要懂得为什么活着，怎样做人，然后在演讲中才有立场、观点、方法，才会以不变应万变，才不会人云亦云。

168. 记得有位老朋友在诗中写道：

在舞台中央，

有人想到

一丝不苟，

有人却想到

唯我独尊。

我们要的是一丝不苟、谦虚谨慎，绝不能唯我独尊、忘乎所以。要了解掌声中有些属于人们对你的赞扬，有些仅是出于礼节。

169. 哲理是对事物本身的洞察力，也是对事物内涵的概括力，同时也是对事物表达的审美力。在演讲中，为强化自己的观点，尽可能用带有感情的语言及富有思辨的理念，给人以启迪，只有形成哲理情趣，才能产生较好的实效。

170. 我在生活中时时学习、处处学习，每个时间、空间都在学习——都在充实自己，向别人学，这是肯定而无疑的。我曾讲过：

取之于古人，用之于今天。

取之于洋人，用之于国人。

取之于老年，用之于青年。

取之于青年，用之于老年。

171. 学问是一种大概念，既要重视书本知识，更要重视生活中的学问。俗语云："世事洞明皆学问，人情练达即文章"。这是我在幼年时从邻居大门上看到的对联。它告诉我们一个道理，我们不仅要向书本学习，更要向生活学习。我曾讲过，要善于取用。

取之于校外，用之于校内。

取之于北京，用之于全国。

取之于中国，用之于世界。

在取用之间去观察、研究、思考，进而形成自己的学识，以利于演讲。

172. 时代要求我：

积极进取的人生态度，

顶天立地的自立意识，

争强好胜的竞争心态，

异想天开的创造精神，

超群拔萃的现代智慧，

坚贞不渝的爱国情怀。

像这些话多读几遍肯定大有好处，在不知不觉中形成一种力量，我把它称为“吸取精神营养”。

九、教书育人类

173. 育人，是一种教育艺术。教育艺术家，首先要懂得爱。爱之于教育艺术，犹如海水之于大海，没有海水，就没有大海；没有爱，也就没有教育艺术。

174. 一个不会育人的人，即使在个人业绩上有较大的成就，也只是“狗熊掰棒子”，前边掰，后面丢。

175. 为了教好学生，必须了解学生；要了解学生，必须深入学生。有人讲，深入学生精神世界，是教师的金科玉律。我赞同这种看法。

176. 师生之间，应如师如友。师生之间，师友之间，应互相尊重。教育成功的重要诀窍是尊重学生。即使批评学生，也要以尊重学生为前提。

177. 人类社会第一个圣人的知识，不是从书本上学到的，而是从大自然中，从实践中学到的。仰观天，俯察地，从中看鸟兽万物，天地、山川、鸟兽都是老师，都是无字教科书。

178. 一个好的教育工作者，要在有限的时空中，扩大学生的视野；要在无限的时空中，强化学生观察问题的能力。要有显微镜，更要有望远镜，二者缺一不可。

179. 理解，是人际交往的调节剂。理解才能尊重，尊重才利于育人。

180. 俗语云：严是爱，松是害。我认为：严应有方，严应有度，严应有理，严应有效。

181. 教育的过程，应当是智慧增进的过程。师生之间互赠一个苹果，各人手中一个苹果；如互送一个智慧，那么彼此各有两种智慧。

182. 伯乐，善于发现千里马。但是发现千里马不是目的，强化千里马，使千里马不只日行千里，能逐渐日行万里，才是最终目的。

183. 学生，不一定无知。教师不一定事事正确。古人云：吾爱我师，吾尤爱真理。先做学生，后当先生。要懂得“学生是我师，我是学生友”的道理。

184. 血管里流出的是血，水管里流出的是水，污水沟里流淌的只能是污水。

教育艺术工作者应以自己的心血与真诚，反映现实中的美。

185. 人是按照美的规律来创造一切的，人是按照美的标准来审视一切的，人是按照美的形式来体察一切。

186. 人人离不开金钱，因为离开钱就不能生存。但人活着不能只为钱，我们切不可见钱眼开，绝不能像有些人，心本来是红的，一见钱，就变成黑的了。眼珠，本来是黑的，一见钱，就变成红的了。

187. 我十分赞成"君子之交淡如水"，人与人之间建立了友谊是好事，但每天凑到一起，到一定时候，物极必反。我倒主张朋友之间应保持一定的距离。从数学上讲，距离是两点间线段的长度，既然是两点，那么这个距离就必然存在的。

188. 以易增智，以道强慧，以儒修身，以佛养心，以兵安邦。

以法正矩，以墨济民，以医养生，以史为鉴，以艺增魅。

十、创新思维类

189. 一个人要想取得事业的成功，必须有很强的自信力与创造力。一个既没有自信力，又没有创造力的人在事业上取得伟大成果，我们说，天下绝无此事，人间绝无此理。

190. 学我者生，似我者亡。无论军事家、政治家、文艺家都需要创新。任何伟大事业的创造者，都不是依靠抄袭而取胜的。抱残守缺、踏常龙故，决不能有大突进。

191. 人类今日的进步、安康、幸福，无一不是创新者为我们创造的。

192. 一个人如果陶醉在鲜花掌声之中，实际上是搁浅在平静的港湾。未来的辉煌、成功、胜利，将属于那些有继续奋斗精神和坚韧不拔有毅力的人。

193. 坚定的信念、无畏的气概、创造的精神、团结的艺术，是一切成大器的人的先决条件。而认准方向一往无前，是一切成功者的座右铭。

194. 一切成功的人，多是想前人不敢想、做前人不敢做的人。他们敢于另辟蹊径，敢于突破。在他们成功后人们赞赏他是智慧的人，他会告诉你：只有智慧而无意志与毅力，必将一事无成。

195. 人的追求是无尽的，正如人世间的道路是无尽的一样。

196. 我们要向昨天要经验，向今天要成果，向明天要动力。

197. 一个人要善于观察机会，在没有看准之前，要像千眼神那样仔细观察；看准以后，要像千手佛那样牢牢抓住。

198. 积极利用机遇的人是强者，消极等待机遇的人是弱者。

199. 想象，是人的智能的重要组成部分。一个善于教育的人，要善于启发人的想象。想象比知识更重要。

200. 翻开人类历史，那些有大作为的都是善于联想又善于创造的人。

201. 一直走在平坦的大道上，只能算散步，不能算奋斗。奋斗的人生是在没有路的地方找到新路。

202. “开”字是值得赞许的。开山、开路、开启、开放等。进而开拓的精神，开放的思路，开明的态度，开阔的胸怀，开朗的性格，开创的目标——这一个又一个的“开”字给予我们的是创新的精神、广阔的视野、无限的前程。

十一、家国情怀类

203. 我们中国，具有传统的精神文明，具有一种其他民族不可比拟的深厚而强烈的民族意识和民族情感。这种传统文明，这种民族意识和情感，是任何东西也不能摧毁的，凡是炎黄子孙都被它所吸引，形成一种坚固无比的精神支柱，形成一种巨大的凝聚力和向心力。

204. 一个国家，一个民族，要想立于世界强者之林，首先需要有向心力。如果没有向心力与凝聚力，就像一盘散沙，最后必然四分五裂。

205. 一个中国人，如无爱国之心、报国之志，怎能算得上炎黄子孙？一个中国人如无强国之才、建国之行、卫国之勇，怎能对得起我们的祖先与子孙？

206. 我们中国人不应有傲气，但必须有骨气、志气、豪气、勇气。

207. 爱国的高风亮节，是炎黄子孙的传统美德，是中华民族向前发展的巨大推动力量。

208. 一个人要有爱国之心、革命之志、献身之德、自信之力、创造之欲、竞争之能、远见之明、广博之学、团结之诚、赤子之情、求实之风、生活之趣、才能形成一种美的力度。

209. 正邪之间，求其正，利于成。心正、性正，乃至气正，形成浩然之气、蓬勃朝气、昂扬锐气，利于成人、成才、成功。

210. 至达则至容：容人、容物、容事、容天、容地，一个人到无所不容时，则为万物所容。

211. 怀仁爱之心，则轻于财富。存义勇之心，则轻于灾难。既有仁爱之心，又有义勇之怀，则无所畏惧。

212. 匹夫，以其勇，而前仆后继；统帅，以其谋，而统帅三军；圣哲，以其智，而陶冶万民。

213. 仁人志士，面对大千世界之千变万化，应权衡利弊。权，知其轻重；度，知其长短。权衡之后。趋利避害，方利于成器。

214. 我是一个嗜书如命的人，造烛求明，读书求理，燃灯求光，读书求美。我就是要在万卷书中去寻求人类真、善、美的轨迹，去总结人类不断进化、不断完善自己的规律和经验。我要把毕生的精力献给人类伟大的教育事业——这是我的精神支柱，是我从不为周围环境所动的根本原因。

215. 人生，是需要选择的。雄鹰选择苍穹，麻雀选择屋脊，骏马选择疆场，青蛙选择池塘。

216. 一个人对生活的哪一方面付出的精力最多，哪一方面的生活内容就是他生活的基调与主旋律。

217. 遭遇到失败的痛苦，不一定全是坏事，坏事往往能生出好的结果。经历失败与痛苦后，你将更明白事理，这也许是值得珍惜的规律。

218. 精气神。精：先天之精，元精也，元精无形，寓于元神、元气之中，内流全体而不息，润行百骸而不枯。

气：先天之气，元气也，乃先乎天地之气也；后天气者，即呼吸之气也。先天之气如木之根本，后天之气如木之枝梢。先天之气主易，后天之气主断，气断则命绝。

神：先天之神，元神也；后天之神，识神也。先天固有之真性，本寓于先天元神中。神者，示也，田也，上通天，下入地，立于田地之中也。

219. 中国传统文化视精气神为修“性”与“命”，即性、命双修。既要有一种内在，又要有一种外在，即身心健康。经过修养磨练。逐渐达到延长寿命，并提高生命质量的作用。

生命时间——强调寿命长短；

生命质量——关注贡献大小；

生命素质——健康状况；

生活环境——人际关系。

总之，有生，才有命。有了生命，才谈得到福、禄、寿、禧等。如果说过去人们追求福禄寿禧纯粹是为个人，那么今天就要为国家、为民族、为单位、为企业。无论事业与健康，都不单纯属于个人，有了精气神是为了搞好事业。

220. 我经常在想，人处大千世界，总应当有点儿理想，或者说应该有一个世界观，以便从整体上把握宇宙或人生，克服无所适从的彷徨情绪。为了获得更多的价值，在宇宙时空中多做一些大事、好事。有一份热，发一份光，有一份热，发千百份光。为此，我选择了演讲这个事业，或说演讲事业选择了我。当我明白了演讲事业在于弘扬真善美以后，就进一步确定了这些就是我的光，我的热，我的卡路里，我要让它释放更大的能量。

221. 人类不能没有爱，人生不能没有爱。人活在世界上，就是要呈上一片爱心，爱祖国，爱人民、爱青年、爱事业，爱自己所献身的铸魂系统工程。有人说，从未爱过的人从未活过，正是爱使这个世界生生不息，爱使我献出一切乃至生命，爱能征服一切。

十二、励志奋斗类

222. 活到老，学到老。学习，为穷物理之必然；学习，为求人生之规律；学习，为求生命的价值；学习，利于成功与成才。

223. 学问，靠积累而得，聚沙成塔，集腋成裘。长城靠一块一块砖垒成；运河靠一铲一铲挖成；学问靠一天一天积累。书一页一页地读，路一步一步地走。学问与生命一天天地延伸。

224. 一个希望走向成功的人，一定要读书，既要读有字的书，又要读无字的书。一本好书，引导你走正路；一本坏书，误导你走邪路。读书为了求知，求知在于使自己懂得世界上需要我做什么，同时也使自己懂得该做什么，不该做什么。

225. 尽信书，不如无书。有人说知识就是力量，如果把一切书都视为知识，误以为书中一切都给人以力量，那就是极大的错误。善于读书的人善于寻求事物的根本。善助人者固其本，善理疾者绝其源。

226. 嗜书比嗜酒强，嗜酒者，最终被酒湮没；嗜书，则在知识海洋里畅游。

227. 泥土是百花之母，学问是人生之父。花无泥土难开花，人无学问难成才。

228. 大千世界上万种动物，只有人类创造了书，所以人类聪明；大千世界数十亿人，只有那些关心读书的人，才能走向新的高度。

229. 孩提时代，是播种的时代，这时播下什么种子，将来开什么花朵；青年时代，既是播种又是耕耘的时代，这时付出多少辛劳，将来收获多少果实。

230. 幻想是青年的一大特点，理想好像天上的星星，这颗灭了，那颗又开始闪烁。

231. 许多有作为的人，在回首往事时都会得出这样的结论：青年人的字典里没有“困难”二字，有的只是奋进。

232. 年轻的人要下决心超过前人；前人也要帮助青年超过自己。真正伟大的人，应当成为青年人的“人梯”。青年人要超过老一代的，如果一代不如一代，人类社会怎能发展？

233. 一个有作为的青年，应该能自豪地说：我在家庭中是一个好儿女，我在学校里是一个好学生，我在社会上是一个好公民，仰不愧于天，俯不怍于人。

234. 任何人都想在人生历程中干出一些大事、好事。哲人们基于人类的经验告诉我们：任何干大事、干好事的人，都要在青年时期打下基础。

235. 春天，是值得赞美的，因为它是一年中的第一个季节；青春，是值得赞美的，因为它是人生的起点。春天过了，明年还会有一个春天；人的青春过了，却是永不再回。

236. 青春是生理与心理的年轻。有精力，有信心，有勇气，有干劲，像激流，如梦幻，显示了一种一往无前的活力，随时随地都迸发出一种智慧。生理上的青春，稍纵即逝；心理上的青春，却可伴随自己积极向上的情绪而延长、持久，形成一种美的力度。

237. 世有伯乐，然后有千里马，千里马常有，而伯乐不常有。一个聪明的管理者，既有爱马之心，又应有伯乐般识人之慧眼。“山川不改仗英雄，浩气能排岱麓松。”为此，管理者既要识人，又要用人，并要团结人。

238. 我欣赏这个口号：“有为才有位。”一个想成功的人应当——有德、有才、有学、有识、有为、有量；常思、常干、常讲、常写、常习、常练。

239. 真理永远向追求真理的人倾斜。真理使人变得伟大，而不是人使真理变得伟大。真正的人生，是追求真理的人生。

240. 做难事必有所得，做苦事必有所获。人要取得小胜靠自己，要取得大胜需要靠对手。

241. 书房里摆满了书，比铁柜里塞满了钱更为有益。钱是不可或缺的，而书更是不可缺少的。

242. 生活中的许多事，你错过了一瞬间，就可能错过了一生。

243. 时时体察成功之乐，时时感受失败之苦。失败乃成功之母，信心乃成功之父。

244. 有志者，在平凡中拼搏，在拼搏中创造，在创造中奉献。在有志者眼里，人是伟大的。在志士面前，再高的山也能踩在脚下。“海到无边天作岸，山临绝顶我为峰。”

十三、幸福情感类

245. 人的情感是人内在能量的宣泄，它应当体现真善美，应显示朋友之爱。没有友谊，生命之树就会在时间的涛声中枯萎；心灵之壤就会在季节的变奏里荒芜。

246. 友爱也应是一种奉献。人要先爱别人，别人才会爱你；人要自爱，才能得到别人的爱。

247. 真实的人总是敞开自己，希望有更多的人了解自己；虚伪的人总是封闭自己，他们从不懂得人间确有真诚在。人与人之间失去了真诚，则不可能有真朋友。如果你想获得友谊与信任，你就必须首先付出真诚与信任。对朋友有疑心，就无法相信朋友；对朋友有疑念，就不能宽恕朋友；对朋友有疑惑，就不会与朋友共事。

248. 人的天性是不喜欢孤独的。人需要扶助，而朋友是最好的扶助。当见到朋友失误时比失误者还难过，见到朋友成功时比成功者还高兴，你们彼此之间一定是真正的友谊；当看到别人取得成绩时感到嫉妒，当看到别人失误时幸灾乐祸，那么你们之间一定没有友谊与真诚。

249. 如果你非要问我爱情是什么，我只能告诉你，是诗，是梦，是美，是人生中美好的集结。甜言蜜语不是爱情，海誓山盟不等于爱情，爱情是彼此心心相印，是梦中诗，是诗中梦。

250. 爱情是生命的火焰，失去它就失去了光与热。但如果在生活中只有爱情而没有理智与事业，也就失去了辉煌与成就。

真正的爱，是千百次地牺牲自己换来对方的幸福，决不能有一次以对方的牺牲来换取自己的快慰。

251. 要获得爱情的甜美，首先要使对方幸福，彼此在互爱中使感情逐步升华。

真正的爱情，不应该吞噬一个人的事业与理想，相反，应该鼓舞人，唤醒人内心沉睡着的力量和潜藏着的才能。

爱情需要的是一颗纯洁的心、专一而真挚的情感、共同的理想、共同的追求，这才是爱的真谛。

252. 一对有着共同的理想与追求的情意深笃的夫妇，总要比一对占有巨大财富而离心离德的夫妻要幸福得多。

婚姻是爱的结合。然而婚后需要互忍、互谅、互让，更重要的是互助。夫妻间仍能保持婚前的关怀与礼让，那样的生活就是人间天堂。

253. 人世间的事就是那么奇妙，一些人有爱却不能结合，一些人无爱却结成婚姻。又有爱又成婚姻，是值得艳羡的，我赞誉它为“兰芳碧坚”。

254. 恋爱时不要当奴隶，结婚后不要做君王。

255. 爱情是一种责任、一种付出、一种奉献，不负责任的索取，不是爱情。

256. 建立于金钱基础上的爱情，随着金钱的消失，爱情也会消失；建立于色相基础上的爱情，随着色相的消失，爱情也会消失；建立于权势基础上的爱情，随着权势的消失，爱情也会消失。

257. 什么是幸福？智者认为忘记一切不幸是真正的幸福。

258. 一个人在走向成功的路上，付出自己应付出的，得到所应得到的，是幸福。幸福与奋斗同行，幸福与付出同在，幸福与成功相伴，幸福与受益共存。

一个人生活在世界上，当你为成功而奋斗时，如果既感受不到奋斗的艰辛，又尝不到实现人生价值的甘甜，永远不会赢得真正的幸福。

259. 追求中，不损害别人，不图只利自己，光明坦荡，此时既赢得朋友，又赢了事业，在奋进途中，在阳光普照下感到的是幸福。

人生路上有所缺失不可怕，可怕的是人生之中无力创造所需、所补。一个人善于创造所需、所补，即是一种幸福。

集众人的智慧，又能得到众人的爱心。此时，你在鲜花与掌声中感受到的一切的综合，是一种人生幸福。

260. 智慧的第一含义，是创新；智慧的第一智慧，是道德。二者相汇，二者相合，形成一种快感，这是智者、仁者的幸福观。

261. 一个人，如果没有理想，即使在事业上取得一些成绩，也是无真正的幸福可言。理想的实现是幸福。

生命伴着希望，每粒种子是一个希望；希望伴着奋斗，每一次奋斗都显示一种能量；奋斗展现力量，每个力量都展现一种辉煌。希望着，奋斗着，当你以自己的力量赢得胜利时，是快乐的，是幸福的。

挣钱，不是目的，也不是希望，更不是幸福。花钱，会花钱，把钱用到对人类有益之处，是目的，是希望，是幸福，是智者幸福的选项。

十四、希望寄语类

262. 智慧而淡定，仁爱而持重，勇决而从容，博识而谦恭。

263. 真纯而高洁，善良而慈祥，美好而端庄，慧心而时尚。

264. 自重而不自骄，自励而不自傲，自信而不自负，自谦而不自卑。

265. 霸而不刁，狂而不骄，潮而不妖，博而不傲。

266. 有道方有理，有德方有威，有诚方有信，有爱方有美，有气才有势，有识才有胆，有情才有韵，有趣才有味。

267. 谦和为贵，过谦为伪，言准为度，智谋为宗。

268. 为人存正气，处事有清气，交往重和气。存正气，走正道，歌正声，成正果。

269. 读万卷书，行万里路，识万般友，吃万般苦。受千辛万苦，经千难万险，识千差万别，懂千奇百怪，走万水千山。

270. 演讲家应该怎样从严要求自己？在德行上：如松，如柏，如竹。言论，对社会有益，行为，值得人们钦佩敬爱。德行方面，一定要正直真诚，坦率真挚，表里如一。言行方面，要为听众树立榜样，谦虚谨慎又宽容大度。古人云："吾日三省吾身。"我认为每个人都应该经常反思，想想自己有哪些优点和成绩，也想想有哪些缺点与弱点，发扬优点，克服缺点，做到"苟日新，日日新，又日新"。这应当是演讲家的自律标准。

271. 一个演讲家必须言行一致，表里如一，否则，台上你讲，台下必然讲你。特别是在给青少年演讲时，更要言必由衷。记得有位著名的老师说过，老师的一言一行对孩子都是极有影响的。孩子的眼睛是"录像机"，耳朵是"录音机"，脑袋是"电子计算机"，录下来的信号装在电子计算机中存储起来，然后指导他的行动。

272. 寄语武汉大学李元授教授：

"希望你们能进行演讲艺术的应用研究、深度研究和比较研究，让我国的演讲理论研究水平能上一个新的台阶。"

273. 送给读者九句箴言：

非德高，不能入圣哲，

非智慧，不能启高远，

非学养，不能致深邃，

非广识，不能成博大，

非勤奋，不能达隽永，

非情真，不能动人心，

非艺美，不能增魅力，

非炼字，不能出华彩，

非坚毅，不能成韧长。

274. 讲到要正确对待伤害你的人时，我就引进了这么一些话：

感激伤害你的人，因为他磨练了你的心志。

感激绊倒你的人，因为他强化了你的双腿。

感激藐视你的人，因为他唤醒了你的自尊。

感激遗弃你的人，因为他教会了你独立。

凡事感激，学会感激，感激一切使你成长的人。

275. 这个《宽心谣》就很通俗，而且容易引起共鸣：

日出东海落西山，愁也一天，喜也一天。

遇事不钻牛角尖，人也舒坦，心也舒坦。

每月领取养老钱，多也喜欢，少也喜欢。

少荤多素日三餐，粗也香甜，细也香甜。

新旧衣裳不挑拣，好也御寒，赖也御寒。

常与知己聊聊天，古也谈谈，今也谈谈。

内外儿孙同样看，儿也喜欢，女也喜欢。

全家老少互慰勉，贫也相安，富也相安。

276. 《养心八珍汤》：慈爱心一片，好肚肠二寸，正气三分，宽容四钱，孝顺常想，老实适量，奉献不拘，回报不求。以上八味药，共置宽心锅内研，不焦不躁，再放公平锅内研，越细越好。三思为末，淡泊为引。菩提子大小，和气汤顺下，清风明目，早晚分服，可净化心灵，升华人格，物我两忘，荣辱不惊。功效：诚实做人，认真做事，延年益寿，消灾解祸。

277. 《六心健康法》：

信心：信心十足，坚韧不拔。

粗心：难得糊涂，不计较、不挑剔。

善心：助人为乐，与人为善。

舒心：将烦化乐，转忧为喜。

同心：天真活泼，无忧无虑。

欢心：豁达乐观，笑口常开。

278. 我想向大家推荐一本书，是很值得读的书，名为《群书治要》。据说这是唐太宗李世民的羊皮卷，是他手不释卷的枕边书，又是他奠定盛世大唐的治国宝典。它又被称为历代帝王治国资政之精要，从政者必读的精选；还被视为每个人身心安乐、家庭幸福、事业永续的智慧宝典。书中涉及君道、臣术、贵德、为政、敬慎、明辨等多方哲思。

279. 对孩子说：人生无忧无虑，处处充满了幸福，这是在讲童话。

对青年说：人生无悲无戚，处处充满了欢乐，这是在讲笑话。

对老年人说：人生无苦无怨，处处充满了快慰，这是在讲神话。

哲人说：懂得了人生的坎坷，战胜了困难，才能换来快慰、欢乐、幸福。

280. 向全世界呼吁：但愿大千世界无灾难，但愿人类社会无征战，但愿人的生活环境无污染，但愿人的一生无病患。

十五、哲理思辨类

281. 老生常谈我不谈，人云亦云我不云。

282. 星星只有在黑夜中闪光，睿智只有在平庸中发亮。天空中如不能出现夜晚，怎能显示星光？人世间如果一片聪慧，怎能显示哲人的力量？

283. 人的一生：

能干大事干大事，干不了大事干小事，干不了小事不干事，千万不要干坏事；

能帮大忙帮大忙，帮不了大忙帮小忙，帮不了小忙不帮忙，千万不要帮倒忙；

能当大官当大官，当不了大官当小官，当不了小官不当官，千万不要当贪官。

284. 一个人：

做人上要有方有圆，

工作上要有声有色，

事业上要有板有眼，

学习上要有博有约，

朋友间要有情有义，

夫妻间要有恩有爱，

生活上要有滋有味。

285. 人之所以有两腿，为了可进可退。

人之所以有两手，为了可得可舍。

人之所以有两耳，为了兼听则明。

人之所以有两眼，为了睁一眼闭一眼。

睁那一眼要：一视同仁、一目了然、一望无际。

不能怎样？不能目中无人、目空一切、目无尊长，更不能鼠目寸光。

286. 哲学，是文明之花，是文化之魂；演讲，是文明与文化的重要载体；哲学，是演讲之花、演讲之魂。

287. 所谓“易学”，至少在以下六个方面给我以启示，或说是在六种学问上给我以启迪：

第一，人学，以人为本，古人从需要出发，研究变易、不易、简易的道理。

第二，实学，从实际出发，实事求是，求实而不求虚。

第三，和学，讲天地，讲男女，既讲区别，又讲和合为贵。

第四，美学，为了一切达到美与善。古人从人品到审美提出一系列的哲思，启示后人。

第五，智学，研究规律、研究前途、研究处世为人等，形成智慧与谋略。

第六，哲学，哲学就是爱智慧，而易学给人以大智大慧，因为它从文化本元上思考问题，所以它不仅利于古人，也利于今人。不仅对中国人有用，对外国人也有用。为此，我在演讲中经常体现一些易学哲思。

288. 外来和尚固然会念经，本地和尚也不见得不会念经。有内有外，既要有外来经，又要有自家经，方能奏效。

289. 面对困境，很多时候我们不是缺少机会，缺少的往往是胆识与勇气。失去了线的牵引，风筝也就失去了飞向蓝天的自由。遵守游戏规则是永远自由的法则。

290. 真正能掌握时间的人，才真正掌握了自己的生命，真正掌握生命的人，才真正掌握了命运。一个人只有懂得了这句话的真谛，才懂得了人活在世界上为什么要珍惜时间。

291. “前车之覆，后车之鉴。”这句话已讲了若干年，但一些人在行动中对前面的覆车置若罔闻。人欲是天良的大敌，天良战胜人欲则可成仁取义。人欲战胜天良，必然祸国殃民。

292. 文中有戏，戏中有文，识文者看文，不识文者看戏。

音里藏调，调里藏音，懂调者听调，不懂调者听音。

293. 人生在世，一直是处在矛盾之中。苦与乐、忙与闲、胜与败、是与非、荣与辱等，在平衡与不平衡之间，考验着人们。冷静与智慧的人，会在诸多矛盾中求得平衡与发展。在不幸中求得平衡，是不幸中的万幸；在平衡中自满自足，是幸运中的大不幸。

294. “不是任何鞋都合脚。”“不是任何帽子都能戴在自己头上。”这就需要既会选择，又能适应。度，是要选择的。善于选择的人，总会一心向善。做善事的乐趣，是智者人生唯一可靠的幸福选择。

295. 成功者的经验，固然值得借鉴，而失败者的教训，更值得重视。胜利者的奖评固然值得赞赏，而失败者的奋斗精神同样值得敬佩。智慧人，会把失败视为“清醒剂”。而愚昧者，往往让成功成为“迷魂汤”。

296. 不向西方学，是无知。只向西方学，是弱智。

不学国粹是忘本，只学国故是倒退。

297. 头脑有道德。

两耳有东西。

双眼有中外。

口中有智慧。

双肩有责任。

腰背有支撑。

两臂有抓手。

双脚有平台。

胸中有情怀。

298. 送给大家四味营养品：奉献丹、知足散、宽容膏、感恩丸。

299. 在德才与得失间，要重视这种哲理：

无德无才做人难，

无德有才难做人，

有德无才能做人，

德才兼备做能人。

300. 青年是我师，我是青年友！

学生是我师，我是学生友！

人民是我师，我是人民友！

参考文献

1. 颜永平，杨赛. 演讲与口才教程[M]. 上海：华东师范大学出版社，2011

2. 魏臣波. 大学生实用口才[M]. 北京：国防工业出版社，2009

3. 李玉杰. 实用演讲教程[M]. 北京：中国经济出版社，2004

4. 邵守义. 演讲学教程[M]. 上海：高等教育出版社，2006

5. 李屹之. 实用口才全书[M]. 北京：新世界出版社，2007

6. 蒋红梅，张晶，罗纯. 演讲与口才实用教程[M]. 北京：人民邮电出版社，2014

7. 李文慧. 论演讲有声语言的表达艺术[J]. 现代交际，2017(1)

8. 张岚. 演讲有声语言研究[D]. 安徽大学硕士论文，2011

9. 李海林. 言语教学论[M]. 上海：上海教育出版社，2000

10. 董乃群. 演讲与口才实训教程[M]. 北京：清华大学出版社，2021

11. 刘志敏. 演讲与口才实用教程[M]. 北京：人民邮电出版社，2017

12. 张晶，蒋红梅. 演讲与口才(双色版)[M]. 北京：人民邮电出版社，2020

13. 李燕杰. 不是第一就是唯一[M]. 北京：清华大学出版社，2013

14. 李元授，邹昆山. 演讲学(第四版)[M]. 武汉：华中科技大学出版社，2022

15. 李元授. 演讲与口才(第四版)[M]. 武汉：华中科技大学出版社，2022

16. 李元授，白丁. 口才训练(第四版)[M]. 武汉：华中科技大学出版社，2022

17. 李元授. 人际沟通艺术[M]. 武汉：华中科技大学出版社，2022

18. 李元授. 交际礼仪学[M]. 武汉：华中科技大学出版社，2007

19. 李元授. 交际与口才[M]. 武汉：华中科技大学出版社，2007

20. 李海林. 言语教学论[M]. 上海：上海教育出版社，2000

21. 张鸿苓. 中国当代听说理论与听说教学[M]. 成都：四川教育出版社，2000

22. 王占馥. 思维与语言运用[M]. 广州：广东教育出版社，2003

23. 李燕杰. 总有一种方式让你脱颖而出——李燕杰论演讲美学400问[M]. 北京：清华大学出版社，2008

24. 李燕杰. 演讲美学[M]. 上海：上海人民出版社，1984

25. 黄海平. 点亮自我——李燕杰传[M]. 广州：华南理工大学出版社，2020

26. 李燕杰. 人生九级浪[M]. 北京：清华大学出版社，2013

27. 童肇勤. 即兴口语表达[M]. 杭州：浙江大学出版社，2016

28. 李元授，李军华. 口才学[M]. 武汉：华中科技大学出版社，2003

29. 李元授，张强. 谈判学[M]. 武汉：华中科技大学出版社，2003

30. 刘德强. 现代演讲学[M]. 上海：上海社会科学院出版社，1996

31. 孙朝阳. 全国青少年主题演讲比赛实用读本[M]. 北京：光明日报出版社，2015

32. 刘建群. 演讲与口才应用知识大全[M]. 长沙：湖南人民出版社，1998

后　记

《新编演讲学》的出版，相信每一位读者均可从中获益。教材编撰的背后，有作者的辛勤耕耘，更多的是感谢。

感谢伟大的新时代，让每个人都有出彩的机会。使得每一位有梦想、有追求、有情怀、有行动的人们能够在奋斗中为演讲事业的发展增光添彩。

感谢“共和国演讲泰斗”李燕杰，即使他离开我们已经是第六个年头了，但他的演讲思想与精神仍然激励我们努力以“讲”育人，不敢有半点懈怠。

感谢本书主编李元授教授，虽然已是“80后”，却依然保持一颗“90后”的激情之心，带领“晚辈”深耕细作演讲研究园地。

感谢演讲界同仁在本书的编写与出版的过程中给予的热情鼓励与大力支持。本书由熊福林老师审定，王威、许大田、李玉超、季文静、由浩杞、范晶、李玉姣、林雅曦、赖丽丽等诸多演讲者提供了优秀的获奖稿件，在此表示感谢。

感谢诸多高校及省市演讲机构的联袂推介和大力宣传。

欢迎各位读者对本书疏漏之处给予批评指正，以便今后修改完善。

作　者

2023年6月